일본인심리상자

우리가 몰랐던 **일본인의 24가지 심리 코드**

일본에 페이스북보다 트위터 이용자가 많은 이유

후쿠시마산 농산물을 먹은 아이돌은 정말 암에 걸렸을까

일본 젊은이들은 정말 화장실에서 혼자 밥을 먹을까

고통에 대한 '직면'이 필요한 원피스 세대

왜 일본 야구 대표 팀의 별칭은 '사무라이 재팬'일까

일본 사회의 주류가 된 오타쿠

맞장구치지 않으면 불안하다 - "통화할 땐 2~3초에 한 번 꼴"

일본의 무서운 왕따 - 친구가 은밀하게 따돌린다

유리같이 섬세하고 조심스러운 일본의 연애법

도쿄의 패션이 무채색인 까닭 - 리크루트 슈트를 입는 신입 사원들

후쿠시마산 농산물을 먹다가 백혈병에 걸렸다?

쓰나미로 딸을 잃은 엄마는 정말 웃음을 보였을까

일본인 심리 상자

— 유영수 지음 —

한스미디어

제대로 된 '일본 교과서'가 등장했다

최인철(서울대학교 심리학과 교수, 《프레임》, 《Present》 저자)

한 문화에 대해 '안다'는 것은 두 가지를 의미한다. 하나는 그 문화에서 살아지는 일상적인 삶을 자세히 들여다보는 것이고, 다른 하나는 그런 일상적인 삶을 설명할 수 있는 개념적 도구들을 보유하는 것이다. 삶을 통해 개념을 확증하고 개념을 통해 삶을 해석하는 순환 작업이 무수히 반복될 때, 그때 비로소 한 문화에 대해서 '안다'고 할 수 있다. 그간 일본 문화에 관한 책들이 많았지만, 이 순환 작업을 충실히 마친 책은 드물었다.

유영수 기자의 《일본인 심리 상자》는 놀라울 정도로 학구적인 동시에 손에 잡힐 듯 일상적이다. 일본에서 직접 체험한 삶과 일본에 관한 학술적 공부가 과하지도 부족하지도 않은 선에서 절묘하게 서로를 보완하고 있다. 더욱이 개념과 사례가 방송 특유의 시사 보도 형식으로 구성되어 있어서 읽는 내내 긴장감이 팽팽하고, 흥미진진하다. 읽으면서도 다음 페이지가 궁금해서 견딜 수가 없다. 그렇게 해서 이 책은 낯선 일본 문화를 친숙하게 만들어 주는make the strange familiar 역할을 충실히 하고 있다.

저명한 문화심리학자 헤이즐 마커스와 시노부 키타야마가 미국인과 일본인의 심리적 차이에 관한 연구들을 본격적으로 쏟아내기 시작한 1990년대 이후, 심리학자들은 논문을 통해 일본인의 독특한 심리적 구조에 대해 많이 알게 되었다. 그 무렵 나는 '일본인이 정말 이 정도로 미국인과 다른가', '미국인과 일본인의 심리적 차이를 강조하기 위해 일본인의 심리적 특징을 과장되게 기술하는 것은 아닌가' 하는 생각을 떨쳐 버릴 수가 없었다. 이후 몇 번의 일본 방문을 통해 그런 생각이 조금씩 바뀌기는 했으나, 이 책은 내 마음속에 남아 있던 나머지 의구심마저 깨끗하게 해소해 주었다. 일본인은 정말 다르다!

《일본인의 심리 상자》는 단순히 일본 문화를 이해하는 도구가 아니라 한국인의 심리를 비춰 주는 거울과 같은 기능을 한다. '일본인은 정말 다르다'라는 이 책의 결론은 우리의 문화를 새롭게 보게 한다. 서양인과의 비교를 통해 얻은 우리에 대한 인식이 다소 거칠고 단순 이분법적인 것이라면, 일본인과의 비교를 통한 우리 스스로에 대한 인식은 훨씬 정교하고 세련될 수 있다. 결국 이 책은 익숙한 우리 문화를 낯설게 보게 하는 make the familiar strange 역할도 충실히 해내고 있다.

또한 학술서로서도 전혀 손색이 없다. 자신의 주장과 해석을 다양한 연구 결과로 뒷받침하려고 집요하게 애쓴 노력이 배우 고무적이나. 고맙다. 한국에도 이런 기자가 있다는 사실이. 일본에 대해 '대충' 알고 있으면서도 '많이' 알고 있다고 착각해 온 우리 사회에 제대로 된 '일본 교과서'가 등장했다.

논문을 통해 일본을 알고 있던 사람들에게는 풍성한 사례를, 일본과 관련된 단편적 에피소드만을 가지고 있던 사람들에게는 깊이 있는 개념적 도구를 발견하는 즐거움이 있을 것이다. 이 책이 널리 읽히기를 간절히 소망한다.

수수께끼 같은 일본인이 선명하게 보이기 시작한다

김소원(SBS 아나운서, 연세대학교 심리학과 졸업)

일본 여행은 편했다. 붐비는 거리에서 어깨를 부딪힐 일도, 시끄러워 눈살 찌푸릴 일도, 바가지 상술에 당할 일도 별로 없었다. 그렇다고 마냥 편한 것만은 아니었다. 한낱 관광객인 내가 뭐라고, 이따금 눈치 보듯 전전긍긍하는 그들을 마주할 때면 졸지에 내가 나쁜 사람이 된 것만 같았다. 과연 저들이 가학적인 '핑크 무비'를 즐기고 할복이나 가미카제를 명예로이 여기며, 지역 축제에서는 북한의 집단체조 뺨칠 만큼 광란의 일사불란함을 보이는 사람들이 맞나 싶을 정도였다. 이 부자연스러운 괴리를 납득하기 위해서는 설명이 필요했다.

봉건제 아래 무사 계급의 오랜 통치에 '질식'한 것일까, 메이지유신 후 쌓은 부(富)로 제국 열강에 들었다는 집단적 자부가 모든 것을 덮은 것일까, 2차 세계대전의 패배를 딛고 다시 경제 부국이 됐으니 전체주의와 군국주의에 대한 성찰과 반성은 물 건너갔던 것일까, 그러다 버블 붕괴를 맞닥뜨려 그만 '멘탈 붕괴'가 온 것일까……. 얄팍한 지식으로 얼기설기 짜 맞춰 봤자 여러 개로 분열된 그들의 모습이 속시원하게 하나로 규명될 리 만무했다.

답답하던 차, 도쿄 특파원을 미치고 돌아온 신배인 저사와 종종 일본 이야기를 나누게 됐다. 대화는 흥미롭고 '쿵짝'도 잘 맞았다. 같은 심리학도여서일까, 경제, 역사, 사회 구조를 종횡무진 넘나들다가도 흐름은 언제나 일본인의 심리로 소실점처럼 모였다. "역시 '심리'가 답이지요!" 나는 호기롭게 맞장구쳤다.

게다가 다른 나라도 아닌 일본이다. 우리와는 오랜 은원恩怨이 쌓이고 이해관계가 얽힌 사이. 지각변동이 없는 한 멀리 떨어질 수도, 없는 척 외면할 수도 없는 지척의 이웃. 그들의 '마음'까지 제대로 알아야 할 이유는 이미 충분하지 않을까. 외교 정책을 세우든, 물건을 사고팔든, 하다못해 여행을 하기에도 훨씬 도움이 될 테니 말이다.

일본인을 들여다보는 것은 한국인으로서 우리 자신을 이해하는 데에도 도움이 된다. 좋아하든 미워하든 샘내든 깔보든, 계속 의식하며 번번이 비교하게 되는 가까운 상대는, 우리가 실제 어떤 사람인지 거울처럼 비추어 깨닫게 해준다. 이 책에는 저자가 공들여 발굴한 한일 비교 연구 사례들이 빼곡해서 한국인인 우리 모습을 떠올리지 않고는 한 페이지를 넘기기가 쉽지 않다.

개인적으로는 책을 읽어 가며 나름의 추론을 하는 재미도 쏠쏠했다. '혼밥' 현상과 오타쿠 문화에서 노벨상 수상 비결을 떠올린다든가, 개인적 사과는 반복하면서도 과거사 문제 사과에는 인색한 이유를 찾아본다든가, 일본 문학이나 영화에 자주 나오는 '담담한 시선'이 실은 한국인이 짐작하는 관조의 경지와는 다른 맥락일 수도 있지 않을까 하는 식으로 말이다. 나를 비롯해 누구든 책을 덮고 나면 수수께끼 같은 일본인이 조금 더 선명하게 보이기 시작할 것이다.

저자는 열정 가득한 기자와 늙지 않는 심리학도의 자세로 답을 구해 뛰었고 찾아 모았다. 여느 책들처럼 일본인과 일본 사회에 대한 흐릿한 인상평評으로 그치지 않은 것은, 오로지 기자와 학자의 미덕을 두루 놓치지 않으려 애쓴 선배의 철저함 덕이다. 그가 부지런히 모아 정리한 방대한 자료와 그에 덧붙인 의견은 마치 방방곡곡 뒤져 최상의 재료로 만든 수많은 밑반찬 같다. 그 자체로도 훌륭하게 맛있지만, 관심 있는 모든 이에게 영감과 통찰을 제공해 또 다른 훌륭한 상차림의 바탕이 될 것이라 기대한다.

프롤로그

　일본에서 생활할 때 아이를 가까운 일본 초등학교에 보냈다. 일본
학교는 겉은 한국 학교와 비슷해 보였지만, 속의 학교생활은 여러 가
지로 달랐다. 무엇보다 모든 것은 '철저하게' 정해져 있었다. 매일 날아
오는 긴 가정통신문에는 '하지 말아야 할 일'과 '해야 할 일'들이 빽빽
하게 적혀 있었다. 모든 규율은 칼 같았다. 예외는 허용되지 않았다.

　우리 가족은 각자 일본 생활에 연착륙하기 위해 나름대로 부단히
노력했다. 적극적으로 모임에 나가고, 어울리려고 애썼다. 그렇게 '일
본인 속'에 들어가 생활한 덕분에, 그들과 우리의 차이가 피부로 확 느
껴졌다. 우리가 당연하다고 여긴 일들을 그들은 이상하게 받아들였
다. 서로 오해하고, 오해를 받았다. 한국과 일본의 사고방식 차이는 예
상보다 컸다. 호기심으로 책을 찾고, 지인들에게 물어보면서 차이의
이유를 이해하려고 애썼다. 덕분에 많은 의문들이 풀렸지만, 끝까지
수수께끼로 남아 있는 것도 적지 않았다.

　1년간의 게이오대 방문 연구원 생활을 마치고 귀국하니, 이번엔 그
동안 당연하다고 여겼던 우리의 것들이 다르게 보였다. 안에 있을 때
는 잘 보이지 않던 것들이었다. 꽉 짜여 때로는 숨이 막히던 일본 생
활보다 여유 있고 마음도 편했지만, 타인에 대한 배려 부족은 자꾸 마
음을 불편하게 했다. 내가 살아온 방식, 내 생각, 내 태도에 대해 하나

하나 뒤집어 보게 됐다.

2010년 초 3년 임기의 도쿄 특파원으로 다시 일본에 가게 됐다. 6개의 주요 일간신문과 5개 방송사 뉴스를 매일 모니터링하는 것이 가장 기본이 되는 일과였다. 내 역할을 '일본을 보는 창窓'으로 규정하고, 그 창을 항상 잘 닦아 둬야 한다고 마음을 다잡았다. 좋은 기사를 쓰고 싶었다. 현상의 깊은 곳까지 잘 이해하고 분석해서, 시청자들에게 일본의 실상을 정확하게 전달하고 싶었다.

특파원 생활 1년이 지날 때쯤 3.11 동일본 대지진이 일어났고, 후쿠시마 원전 사고가 터졌다. 내 생활도 변하고, 일본도 변했다. 일본인은 눈에 띄게 자신감을 잃어 갔다. 특히 정치적 이유로 한일 관계가 얼어붙으면서 혐한론이 고개를 들기 시작했고, 일본은 급격하게 '오른쪽'으로 기울어 갔다. 최근 찾은 일본에서 그들은 한국에 대해 강한 적의를 공공연하게 드러냈다. 2007년 처음 일본 생활을 시작했을 때 한국에 호의적이던 일본의 모습은 없었다.

내가 본 일본의 얼굴은 그때마다 달랐다. 변화무쌍한 그들을 어떻게 이해해야 할까? '보통 일본인'의 마음을 읽고 싶었다. 단순한 체험에서 비롯된 자의적 해석이 아니라 체계적인 공부를 하고 싶었다. 수

백 편의 논문, 일본과 한국 서적을 탐독했다. 공부를 하면서, 그동안 전혀 별개라고 여겼던 현상들이 조금씩 연결돼 하나로 통합됐다. 깨달음에 '아하~' 감탄하며 무릎을 칠 때도 있었다.

전공인 심리학은 여러 가지로 도움이 됐다. 관련 지식과 경험은 책과 논문을 해석할 때 든든한 밑바탕이 됐다. 또 기존과 다른 관점에서 일본을 바라보는 시각과 사고의 틀을 제공했다. 지인들은 내가 풀어놓는 일본 이야기를 들으며 '관점이 독특하고 설득력이 있다'며 흥미로워했다. 막히거나 이해가 잘 안 될 때면 이제는 교수가 된 과 동기와 선후배들에게 조언을 구했다.

글은 쉽게 읽히는 데 중점을 뒀다. 딱딱한 학문적 용어 대신 가급적 우리가 평소 쓰는 말로 표현하려 애썼다. 방송기자 일을 오래 하면서, 기자의 장점은 전문가와 시청자를 이어 주는 '지식 매개자'라고 생각하게 됐다. '아무리 보석 같은 내용이라도 시청자 마음에 닿지 않으면 아무것도 아니다'라는 마음가짐으로 글을 다듬었다.

각 장의 구성은 시사 프로그램 방식을 응용했다. 기억에 남거나 재미있는 사건 사고 또는 현상을 앞에 배치하고, 뒤에는 학문적 해석으로 받쳐 이해를 돕는 형식을 취했다. 단, 앞쪽에 제시된 사례는 단순히 자극적인 흥밋거리가 아니라, 일본인의 독특한 심리를 잘 보여 주는 전형적인 사례만을 골랐다. 일반적이라고 보기 어려운 사건은 뺐다.

다음과 같은 독자들에게 이 책은 유용할 것 같다. 일본 소설이나 영화·드라마 등을 보며 '우리와 정서가 다른 것 같은데 왜 그럴까?'라며 호기심을 품었던 이들, 여행 또는 사업상 만난 일본인의 독특한 말과 행동을 보며 어떻게 이해해야 할지 고민했던 이들, 그리고 마지막으로 학업 또는 업무상의 이유로 일본에서 살아야 하거나 살고 있는 이들이다. 이 책을 읽으며 '아, 그래서 그런 거였구나'라고 공감한다면 무척 보람 있을 것 같다.

글을 함께 고민하고 교정까지 도우며 큰 힘이 되어준 사랑하는 아내와 우리 가족의 자랑거리이자 보물인 아들, 그리고 항상 나를 믿고 격려해준 친구들에게 먼저 고맙다는 말을 하고 싶다. 일본에서 생활할 수 있는 기회를 준 회사, 기자 선후배와 동료에게 감사하다. 출판사 한스미디어 식구들을 비롯해 이 책을 갈고닦아 빛나게 해준 분들에게 머리 숙여 고마움을 건넨다.

지은이 유영수

PART 1

일본 젊은 세대의
심리 코드

PART 2

커뮤니케이션
심리 코드

PART 3
가정과 일상의
심리 코드

PART 4

대지진과 불안의
심리 코드

PART 1

일본 젊은 세대의
심리 코드

일본인 심리 상자

01

프렌드 렌탈 서비스를
아시나요

대인 관계

∨∨∨∨∨∨∨∨

일본 젊은이들은 정말 화장실에서 혼자 밥을 먹을까?

지난 2009년 7월 일본 〈아사히신문〉에 '친구가 없어서 변소 밥便所飯 (벤조메시)'이라는 제목의 기사가 실렸다. 내용은 충격적이었다. 일부 대학생들이 화장실에서 혼자 밥을 먹는다는 내용이었다. 왜 하필 더러운 화장실일까? 혼자 밥 먹는 모습을 남들에게 보여 주고 싶지 않아 안전한 곳을 찾다 보니 급기야 화장실까지 가게 됐다는 설명이었다. 신문은 이런 대학생들 때문에 골치를 앓던 학교 측이 화장실 내 흡연과 낙서에 이어 식사도 금지했다고 보도했다.

많은 일본인들이 '쇼그'를 받았다. "그 정도까지라니", "너무 충격을 받았다", "서글프다"라는 반응이 잇따랐다. 믿고 싶지 않은 사람들이 많았던 탓일까. 기사의 진위 여부를 놓고 갑론을박이 이어졌다. 특히 도쿄대를 비롯해 해당 학교들이 '변소 밥'을 금지한 사실이 없으며 일부 학생들의 장난인 것 같다고 밝히면서 진실 공방은 가열됐다. "재미 삼아 꾸며 낸 이야기에 신문사가 '낚인' 것 아니냐"라는 반응이 나오기도 했다.

그러자 〈아사히신문〉은 두 달여 뒤 후속 기사를 게재했다. 호세이대학의 오키 나오키 교수가 학생 400명을 대상으로 조사해 보니, 2.3%에 해당하는 9명이 화장실에서 밥을 먹은 경험이 있다고 답했다는 내용이었다. 다른 인터넷 조사에서도 5%가 넘는 일본인이 변소 밥을 먹은 적이 있는 것으로 나타났고, 방송과 잡지에서도 화장실에서 밥을 먹은 경험담이 잇따라 소개됐다. 인정하고 싶지 않지만 변소 밥은 기정사실로 받아들여졌다.

혼자 밥 먹는 사람 = 가치 없는 인간?
― 런치메이트증후군·고독혐오증후군

정신과 의사 마치자와 시즈오는 이 현상을 자신이 명명했던 '런치메이트증후군'이 극단적으로 나타난 사례라고 설명했다. 런치메이트증후군은 학교나 직장에서 혼자 식사할 경우, 주변 사람들이 자신을 가치 없는 인간으로 보지 않을까 과도하게 불안해하는 현상이다. 마치자와에 따르면, 이 증후군에 빠진 사람들은 혼자 밥을 먹으면 남들이 자신을 매력 없고 가치 없는 인간으로 여길 것이라고 생각한다. 따라서 혼자 숨어서 밥 먹을 장소를 찾아다니는데, 아무에게도 들키지 않고 안심하고 먹을 수 있다는 면에서 화장실을 택했을 것이라고 해석했다.

"원래 일본에서는 홀로 밥 먹는 게 일상적인 풍경 아닌가?"라며 의아해할지도 모르겠다. 사실 런치메이트증후군에 빠진 사람들은 혼자서 밥 먹는 것 자체를 싫어하는 게 아니다. 친구가 없는 것 아니냐는 주변의 시선을 두려워하고 견디지 못하는 것이다. 다른 사람의 평가에 민감한 나머지, 일종의 과잉 반응을 하는 셈이다. 연령상으로는 20대가 많으며 특히 여성의 비율이 높다.

이 현상을 가볍게 웃어넘길 수 없는 것은 이들이 불안을 넘어 '공포'까지 느낀다는 점이다. 아예 식사하는 것을 포기하거나 심한 경우에는 학교나 일을 관두는 사람도 있다고 한다. '혼자서 밥 먹는 사람 = 따돌림 당하는 사람 = 친구가 없고 불쌍한 사람'이라는 사고에 갇혀 대인 관계에서 소외감을 느끼고 스트레스를 받는다. 자기 폄하를 반복하고 스스로가 무가치한 인간이라는 생각에 휩싸여, 상상 이상으로 괴로워한다.

학자들은 그래서 이들이 집단에서 고립되는 것을 두려워한다는 점에 주목해 '혼자임을 견디지 못하는 증후군' 또는 '고독혐오증후군'이라고 이름 붙이기도 한다. 이들은 실제 외톨이가 되거나 외톨이로 인식될까 봐 강박적으로 노력을 하고 에너지를 쏟는다. 집단 내에서 자신이 조금이라도 거부된다고 여겨지면 쉽게 소외감을 느끼고 상처를 받는디.

둘만의 식사와 잡담이 힘겹다 ─ 교제공포증후군

반면, 런치메이트증후군과 완전히 반대되는 증상의 젊은이들도 있다. 이른바 '교제공포증후군'이다. 런치메이트증후군이 어떻게든 함께 식사할 친구를 찾는다면, 이 증후군은 반대로 친구들과 식사하며 잡담하는 것을 무척 불편해한다. '잡담공포증후군', '회식공포증후군'으로 불리기도 한다.

한마디로 교제공포증후군은 '깊은 만남'을 거부하는 증후군이다. 얼굴을 아는 정도에서 더 친밀한 관계로 발전할 때 어려움을 호소한다. 표면적이고 형식적인 인간관계를 맺는 데는 별문제가 없지만, 깊은 관계를 구축하는 단계로 들어가면 갑자기 무척 힘들어한다. 얕은 관계를 지향하기 때문에, 개인적인 일을 상담하거나 고민을 털어놓는 행동은 아예 시도하지 않는다. 그래서 잡담을 나누거나 둘이서 식사하는 상황도 싫어한다. 어른이 됐지만 여전히 낯가림을 하는 셈이다.

일본의 학자들은 이 증후군의 원인으로 젊은 세대가 자신이 상처받을까 봐 두려워하기 때문이라고 분석한다. 관계가 깊어지면 스스로를 드러내야 하는데, 상대방이 나를 싫어하면 어쩌나 하는 걱정과 두려움이 앞서서 사람과 '엮이는' 일 자체를 피한다고 설명한다. 겉으로는 원만함으로 포장하지만, 관계를 얕게 유지함으로써 자신을 보호하는 셈이다. 남들의 시선을 신경 쓰지 않는 듯 보이나 실제로는 거절에 매우 예민하다. 이와 같이 심리적으로 불안정하다 보니, 역설적으로 대인 관계에 많은 에너지를 소모한다.

남의 눈을 과도하게 의식하는 불안 장애 — 가벼운 대인공포증

학자들은 런치메이트증후군과 교제공포증후군은 겉으로만 상반될 뿐 공통점이 많다고 본다. 둘 다 남의 눈을 과도하게 의식하는 데서 오는 불안장애라는 점이다. 한쪽은 지나치게 예민해서 과잉 반응하고, 다른 쪽은 아예 관계를 차단하고 회피한다는 차이가 있을 뿐이다. 그들에게 중요한 것은 남의 시선이지, 충실한 인간관계가 주는 만족감이나 위안이 아니다.

둘 다 정서 발달이 미숙한 채로 머물러 '갈등 처리 능력'이 결여됐다는 점도 공통점이다. 두 증후군은 중고등학생 때보다 대학생 때 많이 나타난다. 대학생이 되면서 인간관계를 맺는 데 상대적으로 자유가 주어졌지만, 어떻게 사람을 사귈지 몰라 어려움을 겪는다. 사람을 만나다 보면 크고 작은 갈등이 생길 수밖에 없는데, 그들은 갈등을 푸는 방법을 배운 적이 없어 당황한다. 그래서 사람들에게 다가가지 못해 끙끙 앓거나, 연결 자체를 차단해 자신을 보호한다.

그래서 두 증후군을 일본인의 높은 대인 불안 성향과 관련짓는 학자들도 많다. 인간관계를 맺는 데 어려움을 겪는 일본인의 전형적 특성이 '마음의 병'으로 나타난 현상이라는 설명이다. 특히 대인공포증, 히키코모리(은둔형 외톨이)와 함께 거론되는 경우가 많다. 실제 교제공포증후군은 '가벼운 대인공포증' 또는 '가벼운 히키코모리'로도 불린다. 증상이 극단적이지 않은 데다 일상생활에 심한 곤란을 겪지 않아 치료 대상이라고 말하기는 어렵지만, 기본 양상은 비슷하기 때문이다. 대인공포증과 히키코모리는 왜 '가장 일본적인 병리'로 불리는 것일까? 관련 실태를 살펴보자.

일본 문화병의 대명사, 대인공포증

대인공포증은 사람을 만날 때 과도한 불안이나 긴장을 느껴 대인 관계를 기피하게 되는 사회 불안 장애 중 하나다. 이 증세가 심한 사람은 자신의 외모와 냄새, 표정, 몸짓 등이 주변 사람들에게 불쾌감을 줘서 상대방이 나를 싫어하게 되지 않을지 지나치게 걱정한다. 다른 사람들 앞에서 얼굴이 달아오르고, 목소리와 손발이 떨리고, 발표나 공연을 못 하기도 한다. 물론 누구나 이런 경험은 있다. 그런데 대인공포증에 빠진 사람은 자연스러운 불안과 긴장을 과도하게 의식하고 억누르려다가, 오히려 악순환에 빠져 사회생활이 불가능한 신경증 수준으로 악화시킨다.

대인공포증의 영어 명칭은 Taijin Kyohuso. 일본어 발음이 그대로 영어가 됐다. 일본에서 처음 보고된 데다 환자가 많고, 오래전부터 많은 연구가 이루어졌기 때문에 그대로 통용되고 있는 것이다. 그래서 일본에서 두드러지는 '문화의존증후군'으로 불린다. 일본 문화병病인 셈이다. 미국 정신의학회도 이를 일본 특유의 공포증이라고 공식 분류하고, 일본 정신의학계의 진단 시스템을 인정하고 있다.

물론 이것이 일본인에게만 국한된 증상은 아니다. 한국을 비롯한 다른 나라에서도 발생하는 사회 공포증의 하나로 받아들여지고 있다. 100명 중 2~3명은 가벼운 사회 공포 증세를 갖고 있다는 연구도 있다. 하지만 각종 국제 비교 연구를 보면 역시 일본인 대인공포증 환자 수가 압도적이다. 미일 대학생을 비교한 한 연구에서, 일본 대학생들이 느끼는 대인 불안은 사회 공포증 환자와 평균적인 미국 대학생의 중간에 위치하는 무척 높은 수준으로 나타났다.

학자들은 "주변에 폐나 불쾌감을 끼치면 안 된다"라는 일본 문화 특유의 규범이 강박적으로 나타난 것으로 본다. '왕따'를 당하지 않기 위해 사회의 기준에 자신을 억지로 맞추려는 과잉 적응 행동 때문이라는 설명이다. 일본인들이 다른 사람의 거절에 과도하게 민감한 성향, 이른바 '거절 감수성'이 높아서 빚어진 질환이라는 진단도 있다. 어찌됐건 남들에게 배척당하지 않기 위해, 즉 생존을 위해 발달시킨 독특한 행동 전략이 원인이라는 데는 이견이 없는 셈이다.

〰〰〰〰〰〰

日 히키코모리는 '에스프레소', 韓 히키코모리는 '카페라테'

대인공포증과 마찬가지로 일본어 그대로를 영어로 표기하는 정신장애 관련 용어가 있다. 히키코모리, 이른바 '은둔형 외톨이'로 2010년 옥스퍼드 영어사전에 Hikikomori로 등재되었다. 이는 대인공포증과 마찬가지로 일본의 문화의존증후군으로 분류하기도 하는데, 1990년대 중반부터 사회문제로 떠올랐다. 후생노동성은 '일터나 학교에 가지 않고 가족 외의 사람들과 교류를 거의 하지 않으며 6개월 이상 집에 틀어박혀 있는 상태'를 히키코모리의 기준으로 삼고 있다. 일본 내각부의 2010년 공식 발표로는 70만 명 이상, 2005년 NHK 조사로는 160만 명 이상인 것으로 파악되었으며 가끔 외출하는 준准히키코모리까지 합치면 300만 명 이상으로 추산된다. 여성보다 남성이 약 4배 많고, 경제적 여유와는 큰 상관이 없는 것으로 나났다. 2015년 일본 후지TV에서는 16세부터 무려 27년간 히키코모리 생활을 한 40대 남성의 다큐멘터리가 방영돼 화제가 되기도 했다.

역시 한국을 비롯해 전 세계적으로 보고되고 있지만, 일본 사회에서 유독 많이 나타난다. 은둔형 외톨이 치료의 한국 최고 권위자이자 한일 히키코모리를 비교 연구해 온 여인중 동남정신과 원장은 일본의 히키코모리를 진한 에스프레소에, 한국의 은둔형 외톨이를 부드러운 카페라테에 비유한다. 일본 히키코모리는 은둔 기간이 길고 증상도 훨씬 심하다는 것이다. 여 원장은 은둔형 외톨이는 좌절에 대한 면역력이 약하고 커뮤니케이션 능력이 떨어진다고 진단한다. 상처를 입은 사람들이며, 더는 상처 받고 싶지 않다는 마음에 세상과 나를 분리했을 뿐이라고 말한다.

〰〰〰〰〰

결국 자존감의 차이 — 日 대학생 절반 "나는 쓸모없는 학생"

왜 이런 증후군들이 유독 일본에서 두드러지게 나타나는 것일까? 일본 문화의 어떤 특성이 각종 병리 현상이 자라날 사회적 풍토를 제공하는 것일까? 학자들은 일본인들의 문화적 가치관이 그와 깊은 연관이 있다고 본다. 공통적으로 지적하는 원인은 앞서 본 것처럼 일본인이 '남'의 눈, 일본어로 세켄世間을 너무 의식한다는 점이다. 자신에 대한 평가 기준이 외부에 있어 불안의 정도가 높다고 말한다.

한국인도 체면을 따지는 등 일본인 못지않게 남을 의식하는데 왜 일본에 비해 발병률이 크게 낮을까? 각종 한일 비교 연구는 자아 존중감의 차이를 이유로 든다. 한국의 경우 상대적으로 높은 자존감이 각종 증후군의 발병을 어느 정도 억제해 주는데 비해, 일본인은 낮은 자존감 때문에 그렇지 못하다는 것이다. 정확히 말하자면 한국인의 자존감이 높다기보다, 일본인의 자존감이 '비정상적으로' 낮다고 분석하기도 한다. 김미령 상담심리학 박사는 한국인이 높은 자존감을 바탕으로 대인 불안을 감소시키는 반면, 일본인은 상처 받지 않기 위해 아예 도망간다고 말한다.

여러 비교 연구는 한국인의 자존 감정이 일본보다 높다는 점을 일관되게 보여 준다. 와세다대 조선영 박사는 고려대와 와세다대 학생을 대상으로 자존 감정을 비교 조사했다. "나는 실패자라는 느낌이 든다", "나는 자랑거리가 많지 않다", "나는 자신을 소중하게 생각하는 면이 부족한 것 같다" 등의 항목에서 일본 대학생의 자존감이 훨씬 낮았다. 심지어 일본인이 "자존감이 높다"라고 말하는 기준치가 한국인의 평균치보다 더 낮게 나왔다. 즉 자존감이 높다고 여겨지는 일본인도 한국인들 사이에 끼면 자존감 낮은 사람으로 분류된다는 이야기다. 다른 연구에서도 절반에 가까운 일본 대학생들이 자신을 쓸모없는 학생으로 생각하는 등 극단적 자기 비하 경향을 보였다.

왜 일본인은 '긍정적 환상'을 갖지 않을까

한국인과 일본인의 자존감 차이를 단적으로 보여 주는 것이 있다. 현실을 자신에게 유리하게 왜곡하는 경향인 '긍정적 환상'의 차이다. 많은 연구에서 한국인은 자신이 평균보다 뛰어나고, 로또 당첨 같은 운도 마음먹은 대로 잡을 수 있으며, 미래도 낙관적으로 생각하는 '긍정적 환상'을 갖고 있는 것으로 나타났다. 반면 일본인은 모든 면에서 비관적으로 생각하는 성향을 보였다. 즉 자신이 평균보다 못하고, 운명은 어찌할 수 없으며, 미래도 비관적으로 생각하는 등 자신을 과소평가하는 것으로 나타났다.

긍정적 환상은 과대망상이 아닌가 싶지만, 심리학에서는 인간이 갖는 기본적인 특성으로 여긴다. 누구나 자신에 대해 어느 정도 높게 평가하고 싶어 한다는 점에서 인간의 본성에 가깝다고 본다. 그리고 이같은 왜곡된 자기관이 정신 건강과 현실 적응에 도움이 된다고 이야기한다. 긍정적 환상은 성공에 대한 동기를 부여하고 노력과 인내심을 향상시켜, 실제 성공 가능성을 높이는 것으로 나타났다. 또 좋은 인간관계를 형성하는 데도 도움이 되는 것으로 확인됐다.

1990년대 초 미일 비교 연구에서 일본인에게는 긍정적 환상의 성향이 없고 오히려 자기 비하의 성향을 보이는 것으로 나타났다. 그래서 당시 일본 학자들을 중심으로, 겸손을 중시하는 동양 문화권에서는 긍정적 환상이 없다는 주장이 있었다. 하지만 같은 동양 문화권의 한국인이 서양인과 비슷한 수준의 긍정적 환상을 보이면서 이 주장은 힘을 잃었다. 또 일본인이 자신의 외모와 능력에 대해서는 비하하지만, 배려심과 친절, 성실함 등 일본 사회에서 미덕으로 간주하는 특성과, 자신이 속한 집단에 대해선 긍정적 환상을 갖고 있음이 확인됐다. 이는 일본 문화가 선택적 비하를 강요하고 있음을 시사한다.

결혼사진 거실에 걸어 두는 한국인에게 충격받는 일본인

일본인이 자기 비하를 하는 이유는 자신을 공개적으로 높게 평가해서는 안 된다는 규범이 무척 강해서다. 사회심리학자 히로시 아즈마는 일본인은 자신에 대해 말할 때 좋은 것은 삼가고 부정적으로 이야기하는 경향이 있으며, 자랑과 과시는 남을 위협하는 공격적인 성질을 띠는 것이어서 피한다고 지적했다. 다른 연구에서도 일본인은 자기 자랑을 하는 사람을 무척 싫어할 뿐 아니라 심지어 능력이 떨어진다고 보는 것으로 나타났다. 흔히 일본인은 '자기 자랑을 하다니, 저 사람은 바보구나'라고 생각하고, 만남을 꺼린다는 것이다.

또 일본인이 생각하는 겸손의 의미도 달랐다. 일본에서 겸손은 자기 비하를 하는 태도라고 여겨지는 데 비해, 한국에선 상대를 존중해 자신을 드러내지 않는 태도로 여겨진다. 즉 일본에서 겸손은 반드시 자기 비하를 동반해야 한다. 일종의 셀프 디스_self dis_가 들어가야 하는 것이다. 일본인은 특히 공개적인 자리에서 더욱 자기비판적인 것으로 나타났다.

사실 일본인을 만나 대화하는 한국인들은 그들의 지나치게 겸손한 표현에 당황할 때가 많다. 일본인들은 '제가 머리가 나빠서'와 같은, 자기 비하에 가까운 표현을 남발한다. 심지어 자신의 가족에 대해서도 확 깎아서 이야기한다. '어리석은 아내', '어리석은 자식'이라는 상투어를 요즘도 쓰곤 한다. 그런 일본인의 모습에 굳이 저렇게까지 해야 하나 싶어 비굴해 보인다고 말하는 한국인도 많다.

반대로 일본인은 한국인들이 자기과시가 심하다고 생각한다. 특히 자기 자신이나 가족을 칭찬하는 것에 대해 의아해한다. 우리가 커다란 가족사진이나 결혼사진을 거실에 걸어 놓는 것을 보고 많은 일본인들이 '문화 충격'을 받는다. 부끄럽고 민망하지 않느냐며 놀란다. 일본인의 눈에는 한국인이 자화자찬을 많이 하는 사람으로 비치는 셈이다. 실제로 많은 일본인들이 한국인의 자랑질이 심하다고 오해한다. 그처럼 겸손과 자랑은 두 나라의 문화적 가치관이 충돌하고 오해를 빚기 쉬운 영역이다.

〰〰〰〰〰〰

일본의 문화적 각본 — "상대의 자기 비하에 강하게 부정해 줘야"

일본인이 자기 비하를 할 때 우리는 어떻게 대처해야 할까? 일본인의 자기 비하 경향을 꾸준히 연구해 온 심리학자 요시토미 치에는 강하게 부정하는 것이 정답이라고 말한다. 그의 연구에서 일본인은 자신의 비하에 상대방이 강하게 부정해 줄수록 호감을 갖고, 미지근할수록 무례하다고 여기는 것으로 나타났다. 겉으로는 자기 비하를 하지만 속으로는 상대방이 부인해 주기를 바라는 셈이다. 마치 '짜고 치는 고스톱'처럼 일본인들끼리는 내가 비하하면 상대방이 이를 강하게 부정하는 '문화적 각본'이 있어, 사실상 칭찬을 받듯 정신적 위안을 얻는다는 것이다. 결국 자기 비하를 해야 바람직하다는 문화적 규범과 사회적 압력 때문에 그렇게 표현할 뿐이다.

이와 관련된 야마기시 토시오 교수의 재미있는 실험이 있다. 일본인 대학생 실험 참가자들에게 '인지능력 테스트'라는 명목으로 검사를 하고, 자신의 성적이 평균보다 위일지 아래일지 물었다. 참가 학생의 71.8%가 '평균보다 아래일 것'이라며 자기 비하 경향을 보였다. 이번에는 질문을 달리했다. 자기 평가를 정확히 하면 현금 보너스를 주는 조건을 제시했다. 그러자 대답이 극적으로 바뀌었다. 자신의 성적이 '평균보다 위일 것'이라는 학생이 69.2%를 차지했다. 완전히 반대 결과로, 긍정적 환상이 드러난 셈이다. 이는 일본인의 자기 비하는 '겸손하기를 바라는' 사회 가치관에 적응한 일종의 전략임을 보여 준다.

그런데 겉으로는 자기 비하를, 속으로는 자기 긍정을 하는 것은 생각보다 어려운 일이다. 이는 자존감에 마이너스로 작용하는데, '이중 자기관'을 갖는 셈이어서 자아에 일종의 분열이 생기기 때문이다. 사회심리학자 다카다 토시타케 교수는 일본인의 자존 감정이 상황에 따라 불안정해서 결국 대체로 낮을 수밖에 없다고 지적했다. 남의 평가에 좌우되기 쉬워 대인 불안감이 크다는 분석이다. 반면 한국인처럼 자신이 갖고 있는 자기 평가와 남에게 표현하는 자기 평가가 크게 다르지 않을 경우, 자존 감정이 안정적으로 유지되는 경향을 보였다.

일본인의 자기 비하 경향에는 부모의 양육 태도가 결정적인 원인으로 작용하는 것으로 나타났다. 교제공포증후군을 겪는 사람들의 가족 관계를 분석한 한 연구를 보면, 그들이 기억하는 어머니의 이미지는 '모성이 결여된 남성적 어머니'였다. 어린 시절 따뜻한 말을 들어 본 적이 없으며, 어머니가 너무나 엄격해 칭찬에 인색했고 아이의 말을 들어 주지 않은 경우가 많았다. 그들은 어머니와 애착 관계를 맺지 못했다. 대인공포증 환자의 경우는 아버지가 엄하고 권위주의적인 경우가 많았다. 또 다른 연구에서, 대인 불안이 높은 사람은 가족에 대해 부정적인 이미지를 갖고 있었다. 관용적이고 따뜻하며, 자율성을 존중하는 부모 밑에서 자란 경우 상대적으로 자존감이 높았다.

"런치메이트 대행합니다" — 프렌드 렌탈 서비스의 성행

런치메이트증후군이나 교제공포증후군 모두 '밥(식사)'과 관련된 마음의 병이다. 전자는 함께 먹기를 간절히 원하지만 혼자 먹게 되고, 후자는 아예 거부해서 결국 혼자 먹는다. 한국도 '혼밥족', 즉 혼자 밥 먹는 20대가 부쩍 늘었다고 한다. 일본과 같은 이유도 있지만 취업 준비로 시간이 없어서인 경우가 많다고 한다.

그 때문인지 누군가와 함께 밥을 먹고 싶을 때 대응하는 방식에서 차이를 보인다. 일본은 '런치메이트'를 대행해 주는 프렌드 렌탈 서비스friend rental service가 성행하고 있다고 한다. 시간당 3~5만 원을 지불하고 대화 상대나 식사 상대를 빌린다. 반면 우리나라에서는 혼밥족이 모르는 사람과 함께 식사하도록 돕는 앱app이 등장하고 SNS를 통해 게릴라 형식으로 만나 밥을 먹는 모임이 활성화되고 있다고 한다. 인간관계를 고민하는 건 같지만, 외로움과 남의 시선에 대해 풀어 나가는 방식은 다른 셈이다.

02
'친구 지옥'에 빠진
젊은이들

세계관

〰〰〰〰〰

'나카마'가 제일 중요한 원피스 세대

넓은 세계에 나카마仲間(동료)와 같이 살고 있다. 나카마와 함께 있는 시간이야말로 인생이다. 직장이나 학교 등 소속된 조직은 나카마와 같을 필요가 없다. 가족은 나카마와 같이 중요한 존재다. 나는 자유다. 내가 판단하고 행동한다. 중요한 것은 내 꿈이고, 나카마의 꿈이다.

사람들이 나에게 규칙을 강요하고 있다. 그것에 하나하나 따를 필요는 없다. 진짜 룰은 내가 고민해서 행동하는 것이다. 내가 어떻게 생각하느냐, 나카마가 어떻게 느끼느냐가 중요하다. 배려와 협조는 중요하다. 그러나 규칙과 사회를 위해 내가 희생할 필요는 전혀 없다. 내가 희생해야 한다면 그것은 유일하게 나카마를 위해서다.

칼럼니스트 스즈키 다카히로가 《'원피스 세대'의 반란, '건담 세대'의 우울》(국내 미출간)에서 일본 젊은 세대의 세계관을 묘사한 내용이다. 독특하게도 그는 당대 인기 만화로 세대를 나눴다. '원피스 세대'는 현 최고 인기 만화 〈원피스〉에서, '건담 세대'는 1980년대 인기 애니메이션 〈기동전사 건담〉에서 가져왔다. 그의 분류에 따르면 건담 세대는 1960년대생, 원피스 세대는 1978~1990년생이다. 인기 만화와 세대를 연관 지은 이유는 그들이 10대 시절 열광한 작품이 그 세대의 가치관 형성에 큰 영향을 미친다고 보았기 때문이다.

원피스 세대가 건담 세대의 가치관과 가장 큰 차이를 보이는 부분은 '수평 사회' 지향이다. 지금까지 일본인은 조직 내 서열을 중시하는 '수직 사회'를 지향했지만, 젊은 세대는 그렇지 않다. 원피스 세대는 자유와 '나카마'를 중시한다. 건담 세대가 "저는 ○○ 회사에 근무하고 있습니다"라고 자신을 소개해 왔다면, 원피스 세대는 "나는 A와 B의 나카마입니다"라고 소개한다.

"나카마는 결코 버리지 않는다" — 형제보다 더 뜨거운 동지애

일본 젊은 세대의 키워드인 나카마는 우리말의 동료보다는 더 넓은 개념의 단어다. 친구일 수도, 동지일 수도 있다. 때로는 '패거리' 같은 부정적 의미로 쓰이고, 한국 사회에서 '동업자'라는 단어가 은어로 쓰일 때와 가깝기도 하다. 무엇보다 자신이 그 집단에 속해 있다는 상한 소속감, 동지애와 같은 끈끈한 유대감이 있다. 〈서유기〉에서 온갖고생을 하며 여정을 함께하는 손오공과 삼장법사, 저팔계, 사오정이 전형적인 나카마 관계다.

만화 〈원피스〉에서 그려진 나카마 관계는 더 극적이고 멋지다. 만화의 가장 인상적이고 감동적인 포인트가 바로 나카마다. 밀짚모자 루피 해적단원 9명은 형제보다 뜨거운 동지애를 보여 준다. 선장 루피의 명대사인 "결코 나카마를 버리지 않는다"처럼 루피 해적단은 나카마를 위해 자신의 생명을 버리는 것도 두려워하지 않는다. 전쟁터의 전우와도 비슷하다. 기무라 타쿠야 등 일본의 톱스타가 "〈원피스〉에서와 같은 나카마를 갖고 싶다"라며 광팬을 자처한다. 이 책이 4억 부 가까이 판매된 이유로 만화에서 묘사된 매력적인 나카마 관계가 언급되기도 한다.

칼럼니스트 스즈키는 일본의 젊은 세대가 만화 〈원피스〉처럼 끈끈한 유대감으로 뭉친 나카마들과 함께 세상의 어려움을 헤쳐 나가기를 꿈꾼다고 분석한다. 그리고 그는 종신 고용의 신화가 무너지고 조직 서열에 의존하는 건담 세대의 가치관이 더 이상 통용되지 않는 시대에, 대등한 수평 사회를 지향하는 원피스 세대의 반란이 성공해야 일본의 잿빛 미래가 바뀔 수 있다며 그들을 응원한다.

日 20대 5명 중 4명, "생활에 만족한다"?

그의 분석이 적중한 것일까. 각종 여론조사는 일본의 10대와 20대가 친구 관계를 통해 만족감을 얻고 있음을 보여 준다. 2014년 일본 내각부의 '국민 생활에 관한 여론조사'를 보면 20대의 79.1%가 현재의 생활에 만족한다고 답했다. 모든 세대 중 가장 높은 비율이다. 그들은 만족감의 이유로 "친구들과 이야기를 나눌 때"를 가장 많이 꼽았다(60.1%). 또 NHK의 2012년 중고등학생 조사에서도 96%의 학생이 "학교 생활이 즐겁다"라고 답했고, 일본 청소년연구소의 같은 해 조사에서도 친구 관계에 만족한다고 답한 고등학생이 90.4%에 달했다.

그러나 이런 높은 수치에도 불구하고, 일본의 많은 학자들은 젊은 세대가 다름 아닌 친구 관계 때문에 실제로는 "행복하지 않다"라고 말한다. 과도한 나카마 중시가 오히려 독이 되어 그들을 '친구 지옥'에 빠트려서 고립된 '섬 우주'에 살게 하고, 항상 '공기'를 읽느라 진땀 빼며 '가짜 웃음'을 짓게 만든다고 진단한다. 어떻게 된 일일까?

친구 지옥에 빠진 젊은이들

일본의 사회학자 도이 다카요시는 자신의 책에서 일본의 젊은 세대가 이른바 '친구 지옥'에 빠져 있다고 지적했다. 지옥인 이유는 고통스럽기 때문이다. 친구, 즉 나카마로부터 따돌림을 당할지 모른다는 두려움이 그들의 삶을 피폐하게 만들고 있다고 진단한다. 나카마와 좋은 관계를 유지해야 한다는 중압감 속에 대립과 마찰을 회피하는 것을 최우선으로 삼다 보니, 하루하루가 힘겹다는 것이다. 그는 나카마에게 밉보여 사서 배제되고 고립될지 모른다는 두려움과 공포가 일본의 젊은 세대를 삼키고 있다고 우려한다.

일본 젊은 세대의 노심초사는 과하다. 그들은 혹시 자신이 나카마에게 상처를 줄까 봐 지나치게 친절하다. 도이 다카요시는 젊은 세대가 "사방에 안테나를 켜고 살얼음을 밟듯 섬세하게 상대의 반응을 살피며 행동하다 보니 항상 긴장감이 흐른다"라고 표현했다. 매 순간 나카마의 안색을 살펴 마치 지뢰밭을 걷는 것처럼 아슬아슬하다. 왜 공포까지 느낄까 싶지만, 앞서 말한 것처럼 원피스 세대에게 나카마는 인생 그 자체이기 때문이다. 한번 나카마로부터 배제되면 그걸로 끝이다. 만회할 기회는 주어지지 않는다. 일본 특유의 폐쇄적 인간관계 때문에 한번 고정된 관계를 리셋reset하기가 거의 불가능하다.

게다가 대인 관계에 사용할 에너지 대부분을 나카마에게 집중하다 보니, 다른 깊은 관계를 맺기가 어려워진다. 더욱이 나카마는 '조폭의 의리'를 연상케 하는 강한 헌신을 요구한다. 만약 나카마보다 우선하는 것이 많다면 나카마로 인정받지 못한다. 룰을 따르지 않으면 따돌림도 당한다. 협소한 세계 속에서 관계는 고착화되고, 그만큼 더 매달리게 되는 악순환에 빠지기 쉽다. 나카마는 갈수록 절대적인 자리를 차지한다.

도이는 그러나 이들이 아무리 괴로워도 나카마와의 관계에서 벗어날 수 없다고 진단한다. 그것이 '자기 긍정감'을 유지하는 유일한 기반이 되기 때문이다. 공허하지만 서로 승인을 해 줌으로써 서로를 필요로 한다. 이상할 정도로 낮은 자존감 탓이다. 자유를 말하지만, 실제로는 나카마의 끊임없는 인정에 목을 매고 있는 셈이다. 일본의 젊은 세대는 어쩌면 헤어 나올 수 없는 지옥에 빠져 있는지 모른다.

섬 우주화 — 사라진 공동 코드

사회학자 미야다이 신지는 일본의 젊은 세대가 '섬 우주'에 살고 있다고 이야기한다. 이유는 역시 나카마에 대한 과도한 집중이다. 오직 그들만의 관계에 몰두하다 보니, 다른 나카마 집단과 단절돼 있다는 것이다. 마치 작은 우주가 섬처럼 서로 떨어져 있듯이, 보통 2~4명씩 구성된 나카마 집단 간에 서로 소통하지 못하고 외딴 섬처럼 흩어져 있다고 표현한다. 같은 학교, 같은 직장에 있지만 완전히 딴 세상을 사는 셈이다.

섬 우주는 취향이 같은 사람들끼리 만든 견고한 우주다. 다른 섬 우주와는 소통이 되지 않다 보니 공감의 띠도 형성되지 않는다. 과거와 달리 공통의 가치관이 사라졌기 때문이라는 것이 미야다이의 진단이다. 그들은 자신이 속한 집단의 룰만을 중시하고 따를 뿐이다. 더욱이 소통의 필요성 자체도 못 느낀다. 일종의 소통 불능 상태다. 일본 사회 전체로 넓게 보면 세대 간뿐만 아니라 세대 내에서도 함께 공유할 수 있는 '공동의 무엇'이 없어진 셈이다.

아이러니한 것은 섬 우주 간 소통은 안 되지만, 연결 자체는 많아졌다는 사실이다. 스마트폰과 인터넷, SNS의 발달 덕분에 과거보다 '아는 사람'이 많아져서다. 하지만 어디를 봐도 깊은 관계는 드물다. 풍요 속의 빈곤이다. 말 그대로 현대의 '초연결 사회'에 살고 있지만, 연결의 고리는 약하고 부실하다. 가치관이 서로 워낙 다르기 때문에 공회선만 있을 뿐이다.

"공기는 절대적 권력을 가진 요괴" — 독공술은 필수

2007년 일본에서 'KY'라는 단어가 크게 인기를 끌었다. KY는 '쿠키오 요메나이空気を読めない'의 약자로, 직역하면 '공기를 읽지 못한다'라는 뜻이다. 우리말로 '눈치가 없다', '분위기 파악 못 한다' 정도로 번역할 수 있겠다. 당시 이에 관한 책도 쏟아져《자리의 공기를 읽는 기술》, 《끌림을 부르는 공기를 읽는 방법》등이 히트를 쳤다. 이런 책들은 공기를 읽는 기술, 이른바 '독공술'을 수련해야 한다고 주장했다.

분위기 파악을 하려고 책까지 읽는 호들갑을 떨 필요가 있나 싶지만, 일본에서 공기 읽기가 그만큼 중요하다는 것을 알 수 있다. 먼저 이 '공기'는 우리말의 '분위기'와는 뉘앙스가 다른 단어다. 약간 살벌한(?) 느낌마저 난다. 공기는 무조건 복종을 요구하기 때문이다. 꼭 지켜야 할 암묵적인 룰인 셈이다.《공기의 연구》의 저자 야마모토 시치헤이는 일본인은 항상 보이지 않는 공기에 구속되어 있으며, 공기를 '절대적 권력을 가진 요괴'라고까지 표현했다. 그만큼 강력한 힘이 있다는 이야기다.

공기의 강력한 힘은 페널티로부터 나온다. 공기를 읽지 못할 경우 고립과 같은 사회적 제재가 따른다. 공기를 거스른 사람은 이른바 '항抗공기죄'로 사회적으로 매장될 수도 있다. 광고대행사 하쿠호도의 청년연구소장인 하라다 요헤이는 일본의 젊은 세대가 바로 이 공기를 과잉으로 읽는다고 지적한다. 실제로 2013년〈아사히신문〉조사에 따르면 '자리의 공기'를 신경 쓴다는 20대는 90%나 됐다.

"공기 읽기는 피곤" — 한국인은 공기를 못 읽는다?

일본에서 이 공기를 읽는 일은 생각보다 많은 에너지를 필요로 한다. 교육심리학자 가네코 미쓰루는 실증 연구를 통해 일본 청소년들이 공기를 읽는 일을 무척 피곤해한다고 지적한다. 많은 청소년들이 이를 귀찮고 번거롭다고 했다. 친구들과 있을 때 '항상 신경을 써야 하고', '상대를 배려해야 하고', '리액션을 생각하면서', '이런저런 흥미를 보여야 하니까' 그렇다는 것이다. 그의 연구에서 청소년들은 자신의 의견을 갖지 못하고, 공기를 맞추는 데 신경 쓰느라 '너덜너덜할 정도로 피곤한' 모습을 보였다.

그렇다면 어떤 사람들이 공기를 읽지 못하는 사람으로 분류될까? 대학생 대상의 한 조사에서 넉살 좋고, 말이 많고, 감정이 표정에 드러나는 사람이 공기를 읽지 못하는 사람으로 지목됐다. 자기주장이 강해 남을 헤아리지 못하고 배려심이 없다는 이유에서였다. 자기주장을 하는 사람에 대한 일본 사람 특유의 거부감과 불편함이 여기서도 드러난다. 그들이 말하는 '공기를 잘 읽는 사람'은 그저 분위기에 묻어가는 사람, '좋은 게 좋은 것'인 사람이다.

이는 우리가 생각하는 '분위기 파악 못하는 사람'과는 다르다. 앞의 성향이 우리에게는 친화력 좋고 사회성이 뛰어난 사람의 전형이지만, 일본 문화에서는 사회성이 떨어진다고 인식된다. 우리처럼 분위기를 빨리 파악해 적극적으로 행동하는 것을 일본인들은 못마땅해하고 불편해하기 쉽다. 그들은 분위기, 즉 대세에 순응하며 잠자코 있기를 바란다. 일본인들은 공기를 읽지 못한 사람에게 충고도 해 주지 않는다. 겉으로 잘 드러내진 않지만 마음속으로 경멸하며 조금씩 거리를 두다가 관계를 끊는다.

'아이소 와라이' — 젊은 세대의 그늘진 웃음

일본 학자들은 젊은 세대들이 분위기를 깨지 않기 위해 고도의 커뮤니케이션 기술을 발달시켰다고 분석한다. 대표적인 것이 바로 얼버무리기다. 극단적이거나 단정적인 의사 표현 또는 자기주장 대신 "아, 그렇구나"처럼 반혼잣말·반의문형 표현을 한다. 발언의 초점을 흐리게 해 마찰을 빚지 않기 위해서다. 때로는 일체감을 '연출'하기도 한다. 누군가 "저거, 이상해" 하면 함께 "맞아. 이상해, 이상해"라며 과하게 리액션을 해 준다. 이때 '옳은 것'은 중요하지 않다. 공기를 따르는 것이 중요하다.

즐거운 분위기는 더더욱 깨뜨리지 말아야 한다. 그래서 나카마와 함께 있어 즐겁고 행복하다는 점을 과장되게 강조한다. 큰 소리로 "와, 즐겁다!"라고 외치고, 돌아가는 길에는 반드시 "오늘은 즐거웠어. 다음에 또 놀자고!"라며 메시지를 보낸다. 그들 사이에서 웃음은 즐거운 분위기를 만드는 데 무척 효과적인 수단이다. 웃는 것 자체가 즐거움을 뜻하는 신호고, 웃음은 친구를 하나로 묶는 성질도 있어서다. 진지한 이야기를 피하고 싶을 때도 웃음은 유용하다.

그런데 기분이 좋아서 자연스럽게 나오는 것이라기보다 분위기 유

지를 위한 수단이다 보니, 웃음은 '가짜 웃음'일 때가 많다. 아이소 와라이愛想笑い라는 단어가 있다. '꾸민 미소', '억지 미소'로 번역할 수 있는데, 상대에게 나쁜 인상을 주지 않기 위해 짓는 미소를 말한다. 상대방의 체면이나 입장을 배려한, 상대방을 기분 좋게 하기 위한 미소라고 생각하기 때문에 대체로 나쁘게 여기지 않는다. 서양인들은 일본인의 이런 미소가 수수께끼 같다며 재패니즈 스마일japanese smile이라고 부른다.

일본의 젊은 세대는 특히 아이소 와라이를 많이 짓는 것으로 나타났다. 한 연구소의 조사에 따르면 일본의 20대와 30대의 절반 이상이 자주 아이소 와라이를 짓는다고 답했다. 다른 연령대보다 유독 비율이 높았다. 감정사회학을 연구해 온 세누마 후미아키가 대학생을 대상으로 실시한 연구에서도 68%가 가짜 웃음을 많이 짓는다고 답했다. '웃지 않으면 안 될 것 같아서' 웃는 경우가 많다고 했다. 3명 중 2명은 "과하게 재미있는 척하며 웃는다", "싫은 것을 강요받았을 때 화내지 않고 무리해서 웃은 적이 있다"라고 답했다. 그들에게 웃음은 일종의 연기인 셈이다.

〰〰〰〰〰

대립을 막아 주는 또 다른 장치 — 가상의 자신, '캐릭터'

세누마는 공허한 '꾸민 웃음' 말고 그들 사이에 생길 수 있는 갈등을 완충해 준 도구가 있다고 말한다. 바로 '캐릭터'다. 캐릭터는 기본적으로 다른 사람이 만들어 준 가상의 자신인데, 나카마가 혹시 지뢰를 밟더라도 그들을 보호해 주는 역할을 한다는 것이다.

캐릭터가 유용한 점이 또 있다. 나카마 외의 다른 인간관계에서 그때그때 캐릭터 변신을 통해 헤쳐 나갈 수 있다는 점이다. 스마트폰과 인터넷, SNS의 발달 때문에 젊은 세대는 그냥 '아는 사람'들과의 얕은 관계를 맺을 수밖에 없다. 자신과 잘 맞지 않지만 관계를 끊지 못하고 현실적으로 유지해야 하는 이들은 상대의 스타일과 상황에 맞춰 변신한다.

그들의 캐릭터 변신은 능수능란하고 변화무쌍하다. 전문가들은 마치 옷을 갈아입듯 캐릭터를 바꾼다며 놀라워한다. 겉모습뿐만 아니라 성격까지 너무 자연스럽게 바뀌 전혀 딴사람같이 느껴진다고 혀를 내두른다. '캐릭터 바꾸기'를 뜻하는 캬라 가에キャラ替え라는 신조어도 생겼다. 그러나 그 변신이 건강하지는 않다는 평이다. 그 자리에 적합한 캐릭터, 나카마에게 인기 있는 캐릭터로만 변신하기 때문이다. 개성과 정체성을 포기해 버린 것 아닌가 하는 우려가 많다.

〰〰〰〰〰

서글픈 달관 세대―그들은 왜 '달관'에 이르렀나

일본의 젊은 세대를 가리키는 말로 최근 자주 언급되는 용어가 있다. 세상을 달관했다는 의미의 '달관 세대'다. 현실을 냉정하게 직시해 인정하고 적응하는 세대다. 쓸데없는 노력이나 충돌을 피하고, 큰 꿈이나 바람이 없으며, 합리성을 중시한다. 장기 불황이 낳은 세대라는 평의 그들은 현실에 좌절해 무기력해진 모습이다.

그래서 달관 세대의 '행복'은 다른 의미로 해석해야 한다고 말한다. 일본의 사회학자 후루이치 노리토시는 저서 《절망의 나라의 행복한 젊은이들》에서, 장래 가능성이 있고 희망이 있는 사람들이 "지금 불행하다"라고 말한다고 해서 자신을 부정하는 것은 아니라고 언급했다. 또한 이를 역으로 말하자면, 이제 이 이상은 행복해지기 어렵다고 느낄 때 사람은 "지금의 생활이 가장 행복하다"라고밖에 말할 수 없다고 지적한다. 즉 젊은 세대가 "행복하다"라고 말하는 것은 적극적인 현실 긍정이 아니고, 현재 자신의 상태가 장래에 개선될 수 있을 것이라는 전망이 없기 때문이라는 것이다.

고통에 대한 직면이 필요한 원피스 세대

만화 〈원피스〉에서 그려진 나카마의 끈끈한 우정과 동지애는 정말 매력적이다. 그러나 그들이 누구보다 강하고 끈끈한 유대감을 가질 수 있었던 것은 생사를 오가는 극한의 어려움을 함께한 덕분이었다. 또 누구에게도 알리고 싶지 않던 자신의 깊은 상처를 나카마들과 공유한 덕분이었다. 대립과 갈등, 결별과 화해의 과정을 반복해 얻은 단단한 결정체인 셈이다. 만화에서도 이 과정은 절절히 그려진다. 고통과 상처의 공유가 없었다면 그들은 결코 그렇게 단단한 관계가 될 수 없었을 것이다.

《진구 지옥》의 서사이기도 한 노이 나카요시는 일본 젊은이들이 이런 과정을 생략하고 오직 결과만 탐하려 한다고 지적한다. 서로의 깊은 내면에 들어가지 않기 위해 고통이나 상처와 같이 민감한 부분은 건드리지 않고 '원활하게 지내기'에만 몰두한다는 것이다. 그는 "고통 없는 삶이란 카페인 없는 커피나 다름없다"라는 말을 인용하며 '고통 없이는 행복도 없다'는 평범한 진리를 이야기한다. 그러면서 일본의 젊은 세대가 친구 지옥에서 벗어나기 위해서는 자신들을 성장시켜 줄 삶의 고통을 정면으로 마주해야 한다고 호소한다. 결국 이들에게 필요한 것은 '직면'의 용기다. 물론 이는 우리 모두에게도 해당하는 말 이다.

03

연애자본주의의
음모에 맞서다!

오타쿠

∿∿∿∿∿∿∿

오타쿠와 매력녀의 신데렐라식 러브 스토리 〈전차남〉

전형적인 오타쿠 청년이 우연히 전철 안에서 취객으로부터 희롱당하던 미모의 여성을 구한다. 그녀는 감사하다는 말과 함께 답례로 에르메스 Hermès 찻잔을 선물로 보낸다. 이상형인 그녀와 사귀고 싶지만 여태껏 연애 경험이 전혀 없었던 이 남성은 답답한 마음에 자신의 사연을 인터넷 게시판에 올린다. 어떻게 해야 할지 몰라 조언을 얻기 위해서다. 게시판의 나카마(동료)들은 그의 연애 성공을 전폭적으로 응원하며, 애정이 담긴 댓글로 상담을 해준다. 데이트를 신청하는 방법, 옷 입는 방법 등 세세한 부분까지 일러 준다. 이런 고치 덕분에 '진차남'으로 불리던 남성은 '에르메스'로 불리는 상대 여성과의 연애에 성공한다.

인터넷 실화를 바탕으로 소설이 쓰여 100만 부가 넘게 팔리고, TV 드라마와 영화로도 제작되어 크게 히트한 〈전차남電車男〉의 줄거리다. 오타쿠의 순애보 러브 스토리로 일본뿐만 아니라 한국에도 팬이 많은 작품이다. 당시 인기 없는 오타쿠와 잘나가는 매력녀의 연애 자체가 현실에서는 불가능한 동화 같은 설정이어서 큰 화제를 모았다. 사람들은 오타쿠판 신데렐라 스토리를 보듯 열광했다.

〈전차남〉은 연애자본주의의 음모, '뇌 속 연애'가 진짜 순애보

〈전차남〉이 한창 붐을 이루던 2005년 일본에서 《전파남》이란 평론집이 발간됐다. 이 책의 저자 혼다 도오루는 〈전차남〉을 맹렬히 공격했다. 〈전차남〉이 '연애자본주의'의 이데올로기를 노골적으로 드러낸 대표적인 작품이라는 이유에서다. 그가 명명한 연애자본주의는 연애를 상품화하고 소비로 연결시키는 자본가의 음험한 가치관을 뜻한다. 〈전차남〉의 주인공이 에르메스 여성에게 받아들여지기 위해 오타쿠라는 정체성을 버리고 그들의 세계로 동화되는 스토리 자체가 연애자본주의의 달콤한 논리라고 주장했다. 책 제목인 '전파남'도 전차남을 비꼬기 위해 지었다.

스스로 못생긴 오타쿠임을 자처하는 그는 꽃미남만이 승자가 될 수 있는 연애자본주의 세계를 규탄하고, 진정한 사랑은 '뇌 속 연애' 임을 선언했다. 뇌 속 연애는 만화나 애니메이션, 게임 속 미소녀 캐릭터와의 사랑을 의미한다. 그는 "(연애자본주의에 물든) 현실의 여자는 필요 없다"라며 뇌 속 연애야말로 진정한 순애보라고 주장한다. 이어 그는 연애자본주의가 사회의 주류로 등장하고 있는 오타쿠들에게 서서히 마수를 뻗치고 있다며 그에 맞서 싸워야 한다고 강조했다.

일본 사회의 주류가 된 오타쿠

뇌 속 연애가 진짜 사랑이라는 말에 공감이 별로 가지는 않는다. '이들은 진짜 별세계에 사는구나'라는 느낌이 앞선다. 하지만 혼다의 논리를 듣다 보면 오타쿠들이 왜 캐릭터와 피규어에 열광하는지, 어떤 마음으로 그들이 가상의 캐릭터와 신혼여행까지 떠나는지도 어렴풋이 짐작된다. 그들은 그리스신화에서 조각상을 사랑한 피그말리온 왕처럼 자신의 이상형에 가까운 캐릭터를 사랑하는 것뿐이다.

그러나 전차남 이야기로 이 장을 여는 것은 그들의 생소한 연애관을 소개하기 위함은 아니다. 오타쿠 이야기가 당당히 베스트셀러가 되고, 그들이 "연애자본주의가 우리를 포섭하고 세뇌시키려 하고 있다"라고 경계할 만큼 이제는 오타쿠가 일본 사회의 주류가 됐다는 점을 말하고 싶어서다.

오타쿠인 듯 오타쿠 아닌 에세 오타쿠

오타쿠가 주류가 됐다는 사례를 몇 가지 더 보자. 요즘 일본 젊은

이들 사이에선 '에세ぇせ 오타쿠'라는 신조어가 쓰이고 있다. 우리말로 번역하면 '짝퉁 오타쿠' 혹은 '사이비 오타쿠'란 뜻이다. 이들의 특징은 오타쿠 지식이 깊지 않거나 거의 없음에도 스스로 오타쿠라고 부른다는 점이다. 갑자기 오타쿠가 됐다는 면을 비꼬아 '니와카 오타쿠', 즉 '벼락 오타쿠' 또는 '하루아침 오타쿠'로 불리기도 한다. 진짜 오타쿠는 이들을 야유하며 선을 그으려 한다.

이들은 오타쿠라고 부르기 민망한 분야인 디즈니랜드나 유명 아이돌의 오타쿠를 자칭하기도 한다. 아는 만화라고 해 봤자 〈원피스〉나 〈진격의 거인〉 시리즈 정도가 전부다. 오타쿠라고 부르기에는 확실히 많이 부족하다.

에세 오타쿠의 등장은 최근 오타쿠의 이미지가 적어도 젊은이들 사이에서는 '마이너스'가 아니라 '플러스'임을 시사한다. 이제 오타쿠라는 간판은 차별화된 자신을 드러낼 때 유용한 도구가 됐다는 것이다. 과거에는 패션이나 음악 같은 주류 문화로 자신의 개성을 드러냈지만, 이제는 오타쿠라고 자칭해야 개성 발휘가 가능해졌다.

"도대체 못하는 게 뭐야?" ─ 리얼충 오타쿠

더 이상 오타쿠가 비주류가 아니고 대세임을 드러내는 또 다른 신조어로 '리얼충 오타쿠'가 있다. '리얼충'의 '충'은 벌레를 의미하는 한자蟲가 아니고 충실하다充는 뜻이다. 따라서 리얼충은 비하어가 아니고 '현실 생활 특히 친구나 연애에 충실한 사람'을 가리키는 말이다.

즉 리얼충 오타쿠는 오타쿠이면서 현실 적응도 뛰어난 부류다. 우리 말로 하자면 '능덕', 즉 능력 있는 오타쿠로 부를 수 있겠다.

리얼충과 오타쿠는 얼핏 생각하면 완전히 반대쪽 개념 같다. 오타쿠는 사회성이 떨어지고 특히 전차남처럼 이성과의 교제에는 영 서툴다는 통념이 있다. 그러나 리얼충은 현실감각이 뛰어나 친구 관계와 연애에 발군이다. 그래서 리얼충 오타쿠는 약점을 극복한 오타쿠, 또는 오타쿠이면서 특정 장르의 지식이 풍부한 리얼충으로 불린다. 양쪽의 장점을 취한 양수겸장의 하이브리드형이라는 찬사도 있다.

그래서 리얼충 오타쿠를 향해 시기와 질투의 시선이 집중된다. 그들은 어딜 가나 인기남, 인기녀이기 때문이다. '일본 신분제도의 최상층에 서 있는 사람'이라는 부러움의 목소리도 나온다. 전형적인 오타쿠들은 "리얼충은 오타쿠가 되기 쉬워도, 오타쿠가 리얼충이 되긴 어렵다"라며 한탄한다. 그래서 논란도 따른다. 주로 리얼충은 진정한 오타쿠가 될 수 없다는 비판이다. 그러나 젊은 세대에 '진성 오타쿠'이면서도 리얼충인 이들이 늘면서 이제 대세로 인정받는 분위기다.

격세지감이다. 경멸과 혐오의 대상이었던 오타쿠가, 주류를 넘어서 때로는 선망의 대상이 됐다니 말이다. 어떻게 오타쿠는 '패배자'에서 '대세'가 됐을까? 오타쿠의 '흑黑역사'부터 살펴보자.

오타쿠 = 女兒 살해자·잠재적 범죄자·은둔형 외톨이?

원래 '당신', '댁'이라는 뜻을 지닌 단어 오타쿠가 현재와 같이 '만화와 애니메이션, 게임 등의 하위문화에 광적으로 몰두하고 탐닉하는 사람'의 의미로 맨 처음 쓰인 것은 1983년이었다. 그러나 오타쿠가 일본 사회에 대중적으로 크게 알려지는 데 혁혁한 공을 세운 것은 1989년 도쿄 사이타마 여아 연쇄납치 살인 사건이었다. 한 20대 남자가 어린 여자아이를 납치해 살해하고 시신을 훼손한 엽기적인 사건인데, 범인이 전형적인 오타쿠였다. 압수 수색한 범인의 집에서 6,000개가 넘는 비디오를 포함해 수많은 만화와 애니메이션이 발견됐다. 이 사건이 대대적으로 보도되면서 일본 사회는 오타쿠에 대해 '사회성이 떨어지는 은둔형 외톨이'로 낙인찍게 되었다. 더 나아가 잠재적 범죄자나 정신이상자로까지 취급했다.

오타쿠에 대한 알레르기 반응은 한참 동안 계속되었다. 부정적인 이미지 때문에 NHK는 1997년까지도 오타쿠라는 용어를 방송에 금지했다. '사회성과 상식이 결여된 사람', '성격이 어둡고 외로움을 잘 타는 사람', '성인 여성과 연애를 못하는 소아병 환자' 등등, 당시의 오타쿠를 수식하는 말에는 민망할 정도로 강한 경멸과 혐오의 감정이 담겨 있었다.

한 편의 논문이 불러온 반전 — 문화 초강대국이라는 환상

극적인 이미지 반전의 결정적 계기는 의외로 외부에서 찾아왔다. 서양, 특히 미국이 일본의 애니메이션에 주목하고 오타쿠 문화에 긍정적 평가를 내린 것이 결정적이었다. 터닝 포인트를 제공한 것은 미국의 언론인 더글러스 맥그레이가 2002년 미 외교지에 게재한 〈일본의 국민문화총생산Japan's Gross National Cool〉이라는 논문이었다. 그는 논문에서 "일본이 새로운 문화 강대국의 위치를 구축하고 있다. 대중음악에서 패션과 애니메이션, 음식까지 일본은 1980년대보다 더 큰 파워를 가진 것으로 보인다"라며 일본의 문화적 매력을 예찬했다.

논문의 '문화 초강대국'이라는 표현이 너무 감미로웠던 탓일까? 1990년대 거품경제의 붕괴 이후 자신감을 잃었던 일본은 새로운 소프트 파워soft power(정보 과학이나 문화·예술 등이 행사하는 영향력)라는 발상에 마치 구원의 동아줄을 발견하기라도 한 듯 열광했다. 방송에서는 대담이 벌어졌고, 호들갑이 이어졌다. 한 편의 논문이 성전처럼 받들어졌다. 이 논문은 이후 일본 정부의 문화 정책이 쿨 재팬Cool Japan으로 바뀌는 데 결정적 역할을 한다. '쿨', 즉 멋있다는 서양의 시선이 역수입된 셈이다. 서양에 대한 일본인 특유의 콤플렉스가 드라마틱한 반전을 불러온 것이다.

오타쿠는 미운 오리 새끼?
― 전염병 걸린 자식에서 문화 산업 역군으로

어찌됐건 일본 정부는 그동안 몹쓸 전염병에 걸린 자식처럼 등한시했던 오타쿠 문화가 외국에서 찬사를 받자 생각을 고쳐먹는다. 서양의 긍정적 평가를 역수입해 시각을 180도 바꾼 일본 정부는 오타쿠 문화를 일본 콘텐츠 산업의 중핵으로 보고 국책 산업으로 대우하며 전폭 지원한다. 콘텐츠산업진흥법이 생기고, 외무성은 국제만화상을 신설했다. 애니메이션과 가와이이 홍보 대사大使 제도도 만들었다.

2010년에는 경제산업성 산하에 '쿨 재팬실'을 설치하고, 오타쿠를 통한 문화 콘텐츠 산업 지원에 나섰다. 오타쿠 문화의 영역이 대부분 디지털 콘텐츠 산업과 겹쳐, '미래의 먹거리'로 훌륭했기 때문이다. 오타쿠는 일본이라는 브랜드 구축의 첨병(?)으로서 수출 역군으로 위상이 오른다. 일본의 독자적 문화로까지 칭송받는다.

700명에서 59만 명으로 — 세계 최대 만화 축제가 된 코미케

외국에서의 인기와 정부의 태도 변화는 일반 국민들도 '오타쿠 문화'를 새롭게 보는 계기로 작용했다. 오타쿠에 대해 자랑스럽게 생각하고 호기심을 갖는 일본인들이 늘기 시작했다. 단적으로 알 수 있는 사례가 오타쿠들의 전시회인 코미케Comicket, コミケ의 참가 규모 변화다. 1975년 당시 인원은 700명에 불과했지만, 2013년에는 무려 59만 명이 모이는 대규모 행사로 발전했다. 일반인의 참여 급증 덕분에 세계 최대의 만화 축제가 된 것이다.

지난 2007년 일본 게이오대에서 언론 연수를 할 때 코미케 행사장을 찾은 적이 있다. 엄청난 규모와 55만이 넘는 인원에 압도됐다. 당시 행사장에는 전형적인 오타쿠들도 많았지만, 일반인과 여성도 적지 않았다. 특히 코스프레를 하는 오타쿠들은 높은 인기를 누렸다. 오타쿠들은 더 이상 음지에 있는 것 같지 않았다.

오타쿠 세대의 성장 — "우리는 더 이상 비주류가 아니다"

물론 해외의 인기 덕분에 한순간에 모든 것이 바뀐 것은 아니다. 일본 내에서도 이미 오타쿠 문화는 조금씩 주류로 자리 잡아 가던 터였다. 오타쿠 제3세대로 불리는 1980년대 전후생들이 성인이 되면서 오타쿠 층은 연령 폭이 넓어지고 존재감도 커지게 됐다. 그들은 오타쿠 문화에 대한 편견과 거부감도 없을 뿐만 아니라, 이를 자신들의 문화로 인식하고 있었다.

오타쿠가 많아지면서 소비 시장에서 차지하는 비중이 커진 것도 영향을 미쳤다. 불황에도 오타쿠의 소비는 줄지 않았다. 한 전문가는 "오타쿠가 장기 불황에 빠진 일본 사회에 갑작스럽게 등불이 되었다"라고까지 표현했다. 일본의 대표적 민간 싱크탱크인 노무라종합연구소는 2005년 발표한 보고서에서 오타쿠는 약 172만 명, 오타쿠 시장은 약 4,110억 엔 규모로 추산했다. 일본 국내시장에서 그들은 무시할 수 없는 '큰손'이 되었다.

'성지순례' — 죽어 가는 지방을 살리는 구원투수

그들은 지자체와 관광업계로부터도 주목을 받고 있다. 바로 오타쿠 관광이다. 오다쿠 관광은 만화와 애니메이션, 게임의 무대가 됐던 장소를 직접 찾아가 체험하는 관광이다. 일종의 체험 관광, 테마 관광이다. '성지'처럼 여겨지는 곳을 방문한다고 해서 '성지순례'로 불리고, 영어로도 Anime Pilgrimage라는 표현으로 정착됐다. 한류 팬들이 드라마 〈겨울연가〉의 촬영 장소인 강원도 춘천과 남이섬을 찾았던 것과 유사하다. 《성지순례, 애니메이션 & 만화 속 무대 열두 곳 돌기》 등의 가이드북까지 출간될 정도로 성지순례는 오타쿠에게 '인증'을 위한 필수 코스다.

이러한 성지순례가 각광을 받는 이유는, 다 죽어 가던 마을을 잇달아 살려 냈기 때문이다. 사이타마현의 한 신사는 오타쿠의 성지가 되면서 참배객 수가 몇 배로 늘어났다. 지자체들은 오타쿠 관광의 폭발력에 눈뜨고, 경쟁적으로 오타쿠들에게 러브콜을 보내 이들을 유치하려 애썼다. 귀한 손님이 된 그들은 침체에 빠진 지방을 살리는 구원투수로 대우받기 시작했다.

오타쿠의 사회화? 사회의 오타쿠화?

오타쿠는 틀림없는 주류가 되었다. 그러나 '양지'로 나온 만큼 그만큼의 대가를 감수해야 했다. 오타쿠 내 위계가 생기고 정체성 논란도 빚어지기 시작한 것이다. 앞서 소개한 에세 오타쿠와 리얼충 오타쿠가 대표적 사례다. 경계는 모호해졌다. 일본인 모두가 오타쿠라고 자칭하는 게 유행이 됐다며 '1억 오타쿠 시대'라고 비꼬는 말도 나왔다. 사회가 오타쿠화된 것인지, 오타쿠가 사회화된 것인지……. 어찌됐건 누구나 오타쿠인 시대가 됐다.

한국의 오덕후들 — "우리는 루저 아니라 능력자"

일본의 오타쿠는 우리의 '오덕후' 문화에도 큰 영향을 미쳤다. '오덕후'라는 말 자체가 오타쿠의 한국어식 발음이다. 일본처럼 초기 오덕후의 이미지는 썩 좋지 않았다. 역시 사회성 부족이 핸디캡이었다. 은둔형 외톨이와 혼동되기도 했다. 자신이 '덕후'임을 밝히는 것을 성 소수자들의 커밍아웃에 빗대 '덕밍아웃'이라고 부를 만큼 사회적 시선이 곱지 않았다.

일본에서 오타쿠의 이미지가 개선됐듯이, 요즘은 한국에서도 오타쿠가 풍기던 부정적 이미지가 희석되고 긍정적으로 바뀌기 시작했다. 유명인들이 덕밍아웃하면서 거부감도 약해졌다. 지상파방송에선 덕후가 주인공인 프로그램도 생겼다. 심지어 워너비wannabe 모델로 치켜세워지기도 한다. 덕후들은 당당히 외친다. "우리는 루저가 아닌 능력자"라고 말이다.

"조건 없는 열정을 발휘하는 모습이 쿨해 보인다"

물론 우리나라에서 덕후의 이미지 변신은 일본처럼 외국의 호의적 평가 때문이 아니다. 한 언론은 스펙 쌓기에 골몰하는 시대에 덕후들이 조건 없는 열정을 발휘하는 모습이 대중에게 긍정적으로 비치기 시작한 것 같다고 분석한다. 돈 안 되고 쓸모없어 보이는 대상에 몰두하는 모습이 '쿨'해 보인다는 사람들이 늘었다는 설명이다.

덕후 열풍은 전망이 불투명한 이 시대의 자아 찾기로도 해석된다. 더 나은 미래가 보이지 않고 답답한 시대에 '내가 좋아하는 것은 무엇일까?'라는 질문을 던지며 자신만의 깊이를 추구하는 덕후의 열정이 주목받는 것 같기도 하다.

직업이 곧 덕후 생활이 되는 것을 '덕업 일치'라고 한다. 덕후들이 도달하고 싶은 최고의 경지다. 덕후는 아니지만 나 역시 그와 비슷한 삶을 꿈꾼다. 누구나 마찬가지일 것이다. 묘한 동질감이 느껴진다.

04

일본판
<마흔 살까지 못 해 본 남자>

男 연애관

~~~~~~~~~~

중년 숫총각들은 왜 누드화를 그리고 있을까

도쿄의 한 교실에서 남성 10여 명이 데생을 하고 있다. 맨 앞에서 여성 누드모델이 포즈를 취한다. 뒷모습만 보일 뿐이지만 남성들의 분위기는 사뭇 진지하다. 수강생이 모두 30, 40대 남자란 것을 빼면 평범한 누드 미술 수업처럼 보인다. 그런데 이들 수강생들에게는 한 가지 공통점이 있다. 모두 성 경험이 없는 '모태 솔로' 총각이라는 점이다.

이는 2015년 CNN이 보도한 이른바 '총각 학원'의 풍경이다. 왜 이 곳에서는 여성 누드모델을 보고 그림을 그리는 수업을 할까? 바로 여성의 나체를 보는 것이 중년 숫총각 문제를 해결하는 첫 단계라고 여기기 때문이다. 여성의 성적 매력에 관심을 갖도록 유도하는 것, 그것이 누드 수업의 목표다.

여성 누드모델을 그린다고 도움이 될까? CNN 기자도 취재 전에는 '언 발에 오줌 누기'가 아닐까 반신반의했다고 한다. 그러나 인터뷰에 응한 수강생들의 호응은 뜨거웠다. '진짜 여성'의 실물을 처음으로 또는 가장 가까이서 봤다는 반응이 많았다. 그들은 모두 여성의 몸이 믿기 어려울 만큼 아름다웠다고 입을 모았다. 기대했던 수업 효과는 거두고 있는 셈이다.

일본판 〈마흔 살까지 못 해 본 남자〉 ─ "진도 나가기가 어려워요"

이들은 어떤 사람들이기에 학원까지 다니며 '모태 솔로 탈출'을 꿈꾸는 것일까? 41세의 사카이 다카시(익명)는 지금까지 여성과 잠자리는 물론 키스조차 해 본 적이 없다고 고백했다. 교제 경험도 없고 기대도 없다고 했다. 할리우드 영화 〈마흔 살까지 못 해 본 남자〉의 실제 주인공인 셈이다.

그러면 그는 영화의 주인공처럼 사회성이 부족한 '찌질남'일까? 아니다. 외모는 준수한 편이고 교사라는 번듯한 직업도 있다. 취재를 담당한 CNN 여기자는 그가 미소도 매력적이라고 말한다. 주말에는 취미 생활로 클라이밍도 즐긴다. 스펙은 '훈남'에 가깝다. '그런데 왜?'라는 의문이 든다. 그는 인터뷰에서 여성을 만나면 어떻게 해야 할지 어렵고, 무엇보다 이른바 '진도'를 나가는 것이 어렵다고 호소한다. 기자는 이들이 평범한 중년 남성이라고 강조한다.

마흔 살이 넘어서도 숫총각인 이른바 '중년 동정남'이 일본에서 사회문제가 되고 있다는 내용으로, 2015년 CNN과 AFP통신 등 다양한 외신이 도쿄발 뉴스로 일제히 보도했다. 일본 국립연구소의 2010년 조사에서는 30세 이상 일본 미혼 남성의 25%가 동정이었다. 전문가들은 동정임을 부끄러워한 나머지 거짓 답변을 한 이들도 꽤 있을 것으로 보인다며, 실제로는 더 많은 수를 차지할 것으로 추정한다. 30대 이상 동정남이 늘면서 일본어로 '하지 않은'과 '삼십 줄'을 합쳐 '하지 않은 30대'라는 뜻의 '야라 미소やらみそ'라는 신조어도 등장했다.

초식남의 미래는 중년 동정남? ― 심각한 일본 사회

중년 동정남보다 우리에게 친숙한 단어가 있다. 바로 '초식남'이다. 여성에게 적극적이지 않다는 점에서 둘의 이미지는 매우 닮았다. 얼핏 생각하면 연령대만 달라 보인다. 적어도 젊은 초식남 가운데 나이가 들면 중년 동정남이 될 후보들이 적지 않을 것 같다. 실제로 중년 동정남은 초식남의 미래 모습, 중년 버전으로 읽힌다.

초식남은 '초식동물의 이미지로 여겨지는 성격이나 행동 양식의 남자'를 가리키는 말이다. 연애에 적극적이지 않아, 이성과 어깨를 나란히 하고 풀을 먹을 수 있는 신세대 남자로 묘사되기도 한다. 2009년 일본의 한 결혼 정보 회사의 조사에서 자신을 '초식계 남자'로 생각한 사람이 10명 중 7명이었다. 다른 조사 결과에서도 비슷했다.

日 여대생 "초식남, 연애 상대는 아니다"

일본 여성들은 초식남을 어떻게 생각할까? 여대생을 대상으로 한 조사에서 그들은 '초식남은 친구로는 괜찮지만 연애 상대는 아니다'라는 속마음을 드러냈다. '하룻밤을 같이 보내도 아무 일도 일어나지 않을 것 같은 남자', 이것이 초식남의 이미지다. 왕년의 인기 만화 〈영심이〉에서 영심이의 친구인 왕경태 같은 이미지, 즉 '검은 테 안경을 쓴 수줍고 마른 체형의 약해 보이는 남자'인 것이다.

일본 기성세대가 이를 좋게 볼 리 없다. 나이 든 사람들은 "초식남까지 나오다니 일본은 망했다" 하며 혀를 끌끌 찬다. 초식남은 '약해 빠진 젊은이'의 대명사다. 일본 대학생들이 해외 유학을 하지 않는 것도, 신입 사원이 정시 퇴근을 하는 것도 모두 초식화 탓이다. 심지어 자동차 판매가 줄어든 것도 그들 때문이라 본다. 방송은 초식남에게 계속 야유를 보낸다.

심지어 일본 여성계도 별로 우호적이지 않다. '평화주의자'인 초식남의 등장에도 가정폭력이 뚜렷이 줄진 않았다는 이유에서다. 페미니스트들은 사실 초식남은 남성의 폭력성을 은폐하기 위해 만든 유행어라고 단언한다. 남성 권력이 쳐 놓은 덫에 불과하다고도 말한다. 불쌍한 초식남, 여기저기서 치인다.

물론 부정적 시각만 있는 것은 아니다. 그들의 커뮤니케이션 능력은 높은 점수를 받는다. 여대생들은 말을 들어 주고 친구가 되기 쉽다는 면에서 초식남을 긍정적으로 본다. 와세다대 모리오카 마사히로 교수는 '초식남 현상'에는 대화가 가능하고 여성을 인격적으로 대우하는 남성에 대한 바람이 반영되어 있다고 말한다. 일본의 젊은 남자들이 '남자다움이라는 주술'에서 풀려났다고 의미를 부여한다.

"사랑과 섹스는 나의 선택지에 없다"

그러나 일부 긍정적인 시각에도 불구하고 전문가들은 이제 일본의 남성들이 초식을 넘어서 절식絶食으로 진행하고 있다며 우려한다. 일본 가족계획협회 이사장은 이성 교제를 귀찮아하고 결혼에 장점이 없다고 생각하는 젊은 남성이 늘고 있다며 걱정했다. 사랑과 섹스는 나의 선택지에 없다고 당당히 말하는 남성들이 늘어나는 것을 일본 사회는 미래의 골칫거리로 심각하게 여기고 있다. 당장 저출산과 인구 고령화 문제로 직결된다.

중년 동정남과 초식남으로 상징되는 일본 남성의 모습은 내겐 너무 낯설었다. 일본 남성의 이미지 하면 먼저 떠오르는 것은 사무라이로 대표되는 가부장적 마초macho 아닌가. 더욱이 모태 솔로는 더 연상이 안 됐다. 일본 사회는 성이 개방적이다 못해 문란하다고 들었는데 숫총각이 넘쳐 나서 문제라니, 그럴 수가 있나 싶었다.

중년 동정남을 취재한 CNN 기자도 홈페이지에 게재한 취재 후기에서 비슷한 이야기를 한다. 1980년대 그녀가 일본에서 싱글로 살고 있을 때 경험한 데이트 장면은 '뜨거웠다'고 밀힌다. 유행의 침단에서 '잘나가는' 일본 여성들은 혼전 순결도 개의치 않았다고 회상한다. 그러나 그녀는 지난 30여 년간 일본의 섹스와 이성관이 극적으로 변했다고 단언한다. 거품경제가 한창이던 1980년대에 25세 이상의 여성은 '크리스마스 케이크'라고 불렸다. 철 지나면 버려지는 크리스마스 케이크처럼 아무도 거들떠보지 않는다는 의미였다. 성적 의미도 있었다. 하지만 최근에는 이런 옛 유행어가 일소—笑에 부쳐진다고 했다. 〈산케이신문〉은 과거에 일본 사회는 너무 어릴 때 성 경험을 갖는 것이 문제였는데, 지금은 그와 반대되는 문제가 불거지고 있다고 지적했다.

"경제적 근육 잃자 자신감도 잃었다"
― 경제적 거세 당한 일본 남성들

AFP통신은 일본에서 중년 숫총각이 증가하기 시작한 시기가 경기 침체기와 겹친다고 분석했다. 한 결혼 문제 전문가는 "많은 일본 남성이 경제적 근육을 잃자 자신감까지 상실했다"라고 진단했다. 지난 20년간 이들이 안정적인 정규직을 찾느라 정력을 쏟는 과정에서 '남성성'이 희생됐다고 덧붙였다. 총각 학원을 운영 중인 비영리단체 대표는 "경제적 지위는 자존심과 밀접하게 관련이 있다. 수입 감소는 자존심 저하로 이어졌고, 연애에 힘을 쏟는 것이 어려워졌다"라고 말한다.

비정규직 증가 문제도 거론된다. 빈곤한 젊은 층에게는 연애도 결혼도 사치라는 것. 이솝우화 〈여우와 신 포도〉에서처럼 '신 포도일 거야'라며 아예 스스로가 성생활을 멀리한다는 설명이다. 이성을 매료시키는 '연애 자본', 즉 재력과 학벌, 외모 등에도 빈익빈 부익부 현상이 생겨 소수가 이성을 독점한다는 해석도 있다.

이성 교제를 대체할 만한 다른 흥밋거리들이 과거보다 많아져서라는 분석도 있다. 인터넷의 발달로 애니메이션, 게임, 스포츠 등 연애만큼 재미있는 엔터테인먼트를 손쉽게 즐길 수 있어, 굳이 연애를 하지 않아도 충분히 '심심하지 않게' 지낼 수 있다. 총각 학원의 대표는 "연애를 하면 남녀 관계에서 각종 고민들이 생기게 마련"이라며 "다양한 엔터테인먼트는 그런 고민에 빠질 필요가 없다 보니, 이성과의 관계에 점차 흥미를 잃는 것 같다"라고 말한다.

중년 동정남은 일본 연애 문화의 희생자?

그러나 앞서 거론된 이유인 불황과 인터넷의 발달은 일본만의 현상이 아니다. 그럼에도 유독 일본에서 중년 동정남이 두드러진다. 일본 특유의 문화에 이를 '증폭시키는' 원인이 있지 않을까? 이 지점에서 나는 중년 동정남과 초식남을 구별하고 싶다. 둘은 비슷하지만 문화적 배경에서는 결이 다르다.

많은 전문가들이 중년 동정남의 증가 배경으로 일본의 커뮤니케이션 문화와 완벽주의를 든다. 감정 표현을 장려하는 문화가 아니다 보니 남녀 간 소통이 원활하지 못하고, 완벽한 남녀 관계를 이뤄야 한다는 중압감이 너무 크다는 설명이다.

여기에 일본의 과거 가부장적 남성관까지 겹친다면 어떨까? 운 나쁘게도 삼박자가 맞아떨어진다. 그리고 그 세 축이 만나는 지점에 중년 동정남이 서 있다. 과장되게 말하면 이들은 일본 연애 문화의 '희생자'인 셈이다.

유리같이 섬세하고 조심스러운 일본의 연애법

일본 남성의 고전적인 데이트 신청 방법을 보자. "사귀자" 하고 박력 있게 말하는 경우는 지극히 드물다. 우리처럼 "차 한잔 마시자", "식사하자"라고 하는 것도 아니다. 호감 가는 여성에게 "동생과 영화를 보러 가기로 했는데 같이 못 가게 됐습니다. 티켓이 한 장 남았는데, 혹시 괜찮으시면……"처럼 뻔히 보이는 핑계를 대고 상대방의 반응을 본다. 거절당하면 자신을 좋아하지 않나 보다 생각하고, 이런 식으로 몇 차례 반응을 살피다 계속 거절당하면 조용히 포기하는 식이다. 상대방을 배려하기 때문이라는 설명이다.

참 섬세하고 조심스럽다. 상처를 주지도 받지도 않기 위해 애쓰는 것이 보인다. 처음 이 이야기를 듣고 살짝 문화적 충격을 받았다. 어렵고 복잡하게 사귄다 싶었다. 그리고 일본인 간에는 이런 '보이지 않는 룰'이 익숙하겠지만, 만일 둘 중 한 사람이 이 룰을 이해하지 못하면 어떤 일이 벌어질까 가정해 봤다. '비극'일 것이다. 남성이 호감을 표현했는데도 여성이 알아차리지 못해 기회를 놓치거나, 여성이 분명히 거부의 사인을 줬는데도 남성은 계속 대시할지도 모른다. 중년 동정남도 혹시 이런 룰을 숙지하지 못한 사람은 아닐까?

낮은 커뮤니케이션 능력, 결벽에 가까운 여성관
— 중년 동정남의 공통점

《르포 중년 동정》의 저자 나카무라 아쓰히코는 자신이 취재하면서 만난 중년 동정남의 특징으로 '콧대 높음', '소통 능력 없음', '결벽에 가까운 여성관'을 꼽았다. 특히 낮은 커뮤니케이션 능력이 그들의 발목을 잡고 있다. 대부분 여성에게 호기심도 있고 다가가고 싶지만 어떻게 해야 할지 몰라 답답해한다. 성에 관한 한 그들은 은둔형 외톨이에 가깝다고 말하기도 한다.

사실 연애에는 고난도의 커뮤니케이션 기술, 특히 공감 능력이 필수다. 아니, 최고로 발휘해야 한다. 상대방이 무엇을 좋아하고 싫어하는지, 약간의 힌트를 통해 눈치채야 하며 철저하게 상대방 중심으로 사고해야 한다. 사랑 표현도 잘해야 하고, 내 마음을 자주 전달해야 한다. 그렇지 않으면 상대방은 답답해서 떠나간다.

'엄친아' 총각 교수는 왜 '러브 돌'을 사랑하게 됐나

완벽주의, 상처, 실패 등에 대한 지나친 두려움도 독이다. AFP통신은 기사를 통해 한 건축가의 사례를 이야기했다. 49세의 그는 여성과 감정적 육체적 관계를 맺을 수 없다는 무기력으로 고통받고 있다. 그는 지금껏 살면서 단 두 번, 여성에게 설레는 감정을 느꼈지만 모두 거절당했다고 밝혔다. 그는 "상실감이 이루 말할 수 없었다. 내 인생에 아무 의미가 없고 살 이유도 없는 듯했다"라고 회상했다.

이 기사를 읽으면서 일본에서 교수로 재직 중인 한국인 지인이 해 준 이야기가 생각났다. 일본인 남자 동료 중 40대 초반의 '엄친아' 미혼 교수가 있다고 했다. 그와 꽤 친해진 어느 날, 단도직입적으로 왜 결혼을 안 하는지 묻자, 취기가 오른 탓인지 그가 집에 지인을 데려가 비밀을 알려 줬다. 방에는 놀랍게도 여러 개의 '러브 돌'이 있었다.

그는 "아무에게도 보여 준 적이 없다. 당신이 한국인이니 내 비밀을 말하는 거다"라며 고백했다고 한다. 과거 사귀던 여성과의 연애에 실패한 것이 큰 상처가 돼서 다시 여자를 만나는 것이 두려웠고, 러브 돌은 자신을 배신하지 않으니 상처 받을 일도 없다는 이야기였다. 아주 극단적인 경우지만, '실패에 대한 공포'와 '완벽한 사랑에 대한 추구'가 병적으로 흐를 수 있음을 보여 주는 사례가 아닐까 싶다.

마초의 주술에서 풀려난 초식남

초식남에 대한 접근은 중년 동정남과는 다르게 해야 할 것 같다. 초식남의 등장 자체가 일본의 전통적 연애 문화, 특히 가부장적 남성상에 대한 반발이기 때문이다. 초식 남자는 '소극적이지만 커뮤니케이션 능력이 있는 남자'로 분류된다.

일본 기성세대의 남성은 참 가부장적이다. 한국 남성을 능가한다. 다양한 한일 비교 연구는 마초적인 면에선 일관되게 일본 남성의 손을 들어 준다. 많은 일본 남성이 '남자는 말없이 삿포로 맥주를 마신다'라는 1970년대 초 광고 카피처럼 무뚝뚝해야 한다는 주술에 걸려 있다. 전형적인 초식남은 적어도 이런 남성관을 갖고 있지 않다.

그들은 〈101번째 프러포즈〉의 주인공이 될 수 없을까

나는 초식남이 꼭 나쁘다고 생각하진 않는다. 지나치게 가부장적이던 남성 중심의 문화가 균형을 잡아 가는 과정이 아닌가 싶다. 높은 커뮤니케이션 능력은 긍정적이다. 연애에 들일 상당한 시간과 돈이 생긴다면 그들은 '적극적이면서 소통도 가능한' 남자들로 변신할 수 있을 것이다. 모든 것을 초식남 탓으로 돌리며 젊은이의 '나약한 정신세계 개조'에만 목소리를 높이는 일본 꼰대들의 꼼수가 문제다.

수업에서 누드화를 그리며 여성의 나체에 깜짝 놀라는 중년 동정남들에게 연민을 느낀다. 생각해 보니 과거 일본에서 비슷한 남성이 집중 조명을 받은 적이 있다. 바로 드라마 〈101번째 프러포즈〉의 주인공이 중년 동정남으로 살짝 의심된다. 하지만 그는 서툴기는 해도 사랑을 위해 자신의 모든 것을 거는 '순수한 로맨틱 가이'였다. 진심은 그의 모든 약점을 커버하고도 남았다. 실패에 대한 두려움을 넘어섰고, 결국 사랑을 쟁취했다. 일본의 그들도 언젠가 꼭 소원을 이루길 응원해 본다.

05

'가베돈'은 왜
여성들의 판타지가 됐을까

女 연애관

왜 '가베돈'은 일본 여성의 판타지가 됐나

2014년 일본 여성들 사이에서 가베돈かべどん이란 단어가 유행했다. '벽'을 의미하는 '가베'와 단단한 것을 칠 때 나는 소리인 '돈'을 합친 신조어다. 연애할 때 남성이 여성을 벽 쪽으로 몰면서 손을 벽에 짚고 얼굴을 가까이 하며 사랑의 밀어를 속삭이는 행동을 말한다. 이때 상대 남성은 꽃미남이거나 여성이 평소 호감을 품고 있던 사람으로, 주로 순정 만화에서 볼 수 있는 설정이다. 첫 신scene을 가베돈으로 시작하는 인기 애니메이션의 개봉이 계기가 되어, SNS를 통해 여성 사이에 확산되면서 유행에 불이 붙었다.

여고생부터 30대 여성까지 이 가베돈은 일본 여성들의 '연애 판타

지'가 됐다. 여성 주간지는 "가베돈은 현대 여성이 동경하는 연애의 한 장면"이라는 식으로 기사화했고, 많은 여성들이 "보호받고 있다는 기분이 든다", "상상만 해도 떨린다" 등 호의적인 반응을 보였다. 가베돈을 소재로 한 컵라면 광고가 제작되기도 했고, 그해 TV 드라마와 영화에도 가베돈 신이 자주 등장했다. 벽이 아닌 마루에 여성을 밀치는 유카돈ゆかどん, 여성이 남성에게 하는 '역가베돈'까지 나오고 인터넷에는 각종 패러디가 넘쳐 날 정도로 열풍이 불었다.

사실 가베돈은 과거 1970년대 《베르사유의 장미》를 비롯해 수많은 순정 만화에 등장해 왔다. 그런데 왜 갑자기 붐이 일었을까? 언론의 분석은 대동소이하다. 이른바 초식남에 대한 여성의 초조함을 드러냈다는 설명이다. 남성이 박력 있게 다가와 주기를 바라는 일본 여성의 바람이 가베돈 판타지에 담겨 있다는 것이다. 과거 가베돈이 남자다움을 과시하는 가부장적이고 폭력적인 강요의 성격이 강했다면, 최근 가베돈은 평소에는 초식남이라 해도 결정적일 때 박력 있기를 바라는 여성들의 간절한 바람이 투영됐다는 면이 다르다고 분석한다. 그러나 가베돈은 흔히 '망상'이라고 불린다. 그만큼 현실에서 남성들의 적극적인 애정 표현을 기대하기 어렵다는 뜻이다.

日 원작 《화차》에는 왜 멜로가 없을까

일본에서 남녀 간 애정 표현은 상당히 적제된다. 일본 생활 초기 일본 교회를 다니던 때의 일이다. 예배 때 보통 30여 명이 모이는 교회였는데, 노부부가 7~8쌍 있었다. 우리 가족에게 정말 친절하게 대해 주었는데, 나중에 가까워져 가족 관계를 알았을 때 깜짝 놀랐다. 맨 앞에 앉은 할아버지와 뒤쪽에 멀찌감치 떨어져 앉은 할머니가 부부였다니! 다른 분들도 마찬가지였다. 나란히 앉은 부부는 거의 없었다. 왜 같이 앉지 않느냐고 물었더니 대부분 "쑥스러워서"라는 식의 대답이 돌아왔다. 젊은 세대는 나아졌다고 하지만, 일본인들 스스로 자신은 애정 표현에 서툴다고 인정한다.

한일 남녀 간 애정 표현의 차이를 잘 알 수 있는 것이 바로 리메이크된 드라마나 영화다. 미야베 미유키의 소설 《화차》는 한국에서 영화로 제작되어 히트했다. 하지만 일본 원작과는 꽤 차이가 난다. 한국 버전은 갑자기 사라진 약혼녀를 찾는 약혼남의 시각에서 스토리가 전개된다. 사랑하는 여자를 찾겠다는 절절함이 극을 이끌어 간다. 그런데 일본 원작의 주인공은 다르다. 이야기를 푸는 사람은 형사다. 약혼남은 사건 의뢰자로서 초반에 잠시 등장했다가 곧 사라진다. 소설은 형사의 시각에서 사건 추리로 일관할 뿐 멜로가 거의 없다. 한국 영화는 멜로 비중을 크게 높인 셈이다. 미야베 미유키는 한 인터뷰에서, 멜로 중심으로 사건을 풀어 가는 한국 영화의 시도가 참신하고 흥미로웠다고 평가했다.

비슷한 사례를 하나 더 들자. 최고의 인기 추리소설 작가인 히가시노 게이고의 대표작 《용의자 X의 헌신》도 한국에서 영화화됐다. 역시 일본 원작 소설과 다르게 멜로를 넣어 각색했다. 원작은 두 천재 남성의 불꽃 튀는 추리 싸움이 90% 이상을 차지하지만, 한국 버전은 상당 비중을 천재 수학 교사와 여주인공의 러브 라인에 할애했다. 광고

카피도 '그의 사랑이 단서가 된다'다.

영화뿐 아니라 리메이크 드라마도 비슷하다. 한국 버전에는 멜로가 필수지만, 일본 버전에는 여지없이 멜로 분량이 줄어든다. SBS 인기 드라마 〈쩐의 전쟁〉이 일본 후지TV에서 리메이크됐는데, 원작의 멜로 비중은 많이 축소됐다. 한류 팬들은 공통적으로 "한국 드라마는 모두 멜로물"이라고 말한다. 의학 드라마건 법정 드라마건 결국은 모두 멜로드라마라는 것이다. 단지 주인공의 직업이 의사 또는 법조인인 것일 뿐이라고 꼬집는다.

물론 일본의 드라마나 영화에 멜로가 없다는 이야기는 아니다. 1990년대 전성기를 누렸던 일본의 트렌디 드라마들, 예를 들어 기무라 타쿠야 주연의 〈롱 베케이션〉이나 〈뷰티풀 라이프〉는 멜로드라마다. 한국에서 빅 히트를 친 영화 〈러브 레터〉도 멜로물이다. 하지만 주인공, 특히 남자 주인공을 보면 대부분 애정을 표현하는 데 소극적이다. 과묵하거나 이른바 츤데레つんでれ(겉으로는 퉁명스럽지만 속마음은 따뜻한) 스타일이다.

대중가요에서도 차이를 보인다. 일본 노래는 사랑을 주제로 하는 연가戀歌의 비중이 한국보다 훨씬 낮다. 사실 나는 전혀 의식하지 못하고 있었는데, 한국에 관심 많은 한 일본 여대생의 지적을 통해 알게 됐다. 게이오대 지도 교수의 수업을 듣는 학생이었는데, 학기 연구 주제를 '왜 한국의 대중가요는 대부분 사랑 노래인가'로 잡고 나름대로 충실히 조사해 발표했다. 그에 따르면 한국 대중가요의 연가 비중은 일본보다 4배 이상 높다고 한다.

"한국은 애정 표현에 거침이 없고, 연애를 중심에 두는 문화"

애정 표현을 등한시하는 일본 문화는 '로맨틱한 연애'를 꿈꾸는 여성 입장에서는 사실 그다지 바람직하게 여겨지지 않는다. 실제로 적지 않은 일본 여성들이 일본 남성들의 소극적인 연애 스타일에 답답함을 표시한다. 그래서 전문가들은 한국 드라마가 인기를 끈 원인 가운데 하나로 사랑의 감정을 적극적으로 표현하는 한국의 연애 문화를 꼽기도 한다. 일본 남성과는 달리 사랑을 위해서 눈물 흘리는 한국 드라마 속 남성의 다정다감한 이미지가 일본 여성들에게 신선하게 어필했다는 것이다.

우리는 대체로 한국인이 애정 표현에 소극적이라고 생각한다. 하지만 그건 서구와 비교했기 때문이 아닐까? 일본인들은 한국 남녀가 민망할 정도로 애정 표현을 한다고 여긴다. 한류가 한창일 때 일본 TV 예능 프로그램에서는 종종 한국과 일본의 연애 스타일을 비교하곤 했다. 일본 패널들은 평범한 한국인 커플의 연애 모습을 보며 "한국은 애정 표현에 거침이 없고, 연애를 중심에 두는 문화인 것 같다"라며 놀라는 반응을 보였다. 방송에서 실시한 연애 관련 간단한 앙케트도 한일 연애관의 차이를 보여 줬다. 예를 들어 '여자 친구에게 사랑한다고 말하는가?', '커플룩을 한 적이 있는가?', '휴대전화의 바탕 화면이 여자 친구인가?' 등의 질문에 긍정적인 답변을 한 한국인이 일본인보다 3~4배 많았다.

일본 남녀의 다소 심심한 연애 문화를 알 수 있는 대표적 사례가 프러포즈다. 일본 드라마에도 잘 나타나지만, 남자 주인공의 프러포즈가 로맨틱한 경우는 별로 없다. 이벤트도 거의 없고, '내 아이를 낳아줘' 수준의 무미건조한 멘트가 대부분이다. 하지만 일본 여성이라고 로맨틱한 프러포즈를 바라지 않을 리 없다. 2013년 한 결혼 정보지의 TV 광고 속 프러포즈 신이 화제를 일으켰다. 많은 일본 여성들이 그 광고처럼 남자들이 얼굴을 마주하고 달콤한 말로 프러포즈해 주길 원했다. 반면 여성들의 바람과 달리 한 주간지의 조사 결과 80%의 일본 남성들은 "어떻게 말하면 좋을지 모르겠다"라며 프러포즈 자체를 곤혹스럽고 귀찮아했다.

그럼 드라마가 아닌 현실에서 한국 남성과 일본 여성의 '케미chemistry'는 정말 좋을까? 조금 유치한 질문이지만, 사회심리학자 고바야시 사요코 교수는 논문에서 일본 후생노동성의 통계를 인용하며 '한국 男-일본 女' 커플이 적어도 '한국 女-일본 男' 커플보다는 궁합이 좋은 것 같다고 말한다. 그들의 국제결혼 건수와 이혼 건수를 비교해 보면, 한국 男-일본 女 커플의 이혼율이 상대적으로 훨씬 낮다는 점을 그 근거로 삼았다. 고바야시는 이런 현상의 원인을 '기대 이론'으로 설명한다. 한국 연애 문화는 남성이 애정 표현과 이벤트 등 로맨틱한 행동을 많이 하는 문화고, 상대적으로 일본의 연애 문화는 무덤덤한 문화라고 전제한다. 한국 男-일본 女 커플에서 일본 여성은 일본 남성에 비해 '기대 이상'으로 로맨틱한 한국 남성에게 호감을 갖는 반면, 한국 女-일본 男 커플에서 한국 여성은 '기대 이하'로 로맨틱한 일본 남성에게 실망하기 쉽다고 지적한다.

"결혼은 부모로부터의 완전한 독립"
─ '시월드 스트레스'가 적은 日 여성

한국 여성들이 확실히 부러워할 일본의 결혼 문화가 있다. 이른바 '시월드 스트레스'가 적다는 점이다. 〈동아일보〉의 2011년 기획 기사 '한중일 마음 지도'를 보면 한국 여성들은 결혼 후 불거질 시댁과의 갈등에 강한 공포를 느낀다. 반면 일본 여성은 "결혼은 부모로부터의 완전한 독립"이라고 생각하는 것으로 나타났다. "결혼 후에 시댁과 갈등이 있을 수밖에 없다"는 문항에 한국 여성의 65%가 그렇다고 답한 반면, 일본 여성은 23%만이 인정했다. 한국학중앙연구원 문옥표 교수는 인터뷰에서 "한국보다 수십 년 앞서 핵가족화가 진행된 일본의 경우 한국의 고부 갈등을 전혀 이해하지 못한다. 일본은 아들 부부가 시댁으로부터 상당히 독립돼 있다"라고 진단했다.

구노 가즈코 교육학 교수의 한일 간 결혼 의식 비교 연구에서도 일본 여성들은 한국 여성들에 비해 유교적 결혼관을 갖고 있지 않은 것으로 나타났다. 일본 여성들은 결혼에 양가 부모의 찬성이 필요하다고 생각하지 않았고, 효孝의 연장선상에서 결혼을 생각하지 않았다. 또 시댁 스트레스로 결혼에 문제가 생길 것이라고 생각하지도 않았다. 그녀들의 입장에서 가족 중심주의가 강한 한국의 결혼 문화는 낯설게 느껴지기 쉽다.

한중일 3국 문화를 비교하는 일본 TV 프로그램에서도 한국 결혼 문화의 특징으로 '시댁과의 밀접한 관계'를 들었다. 프로그램은 국제

결혼 커플들의 모습을 통해 각국 결혼 문화를 조명했는데, 한국에서는 가수 김정민-루미코 커플의 결혼 생활이 소개됐다. 아내는 남편의 자상함을 자랑하면서도, 초기에 매일 시부모에게 전화하고 시댁과 많은 교류를 하는 한국의 가족주의 문화에 놀랐다고 인터뷰했다.

순종적인 일본 여성
—"자동차는 독일 차, 아내는 일본 여자가 최고"?

자동차는 독일 차가, 아내감으로는 일본 여성이 세계 최고라는 농담이 유행한 적이 있다. 가부장적 시각의 상당히 성차별적인 농담이지만, 그만큼 일본 여성의 이미지가 순종적임을 알 수 있다. 앞서 언급한 〈동아일보〉 '한중일 마음 지도'에서 한국인의 81.2%가 일본 여성의 이미지로 '순종적'이라고 답했다. 중국인의 70.9%도 같은 대답을 했다. 기사에 소개된 한 일본 여성은 "어릴 때부터 남녀를 불문하고 남의 말에 지나치게 반대하면 안 된다고 배운다. 일본 여성들은 대화할 때 기본적으로 '응', '맞아', '나도 그래'란 표현을 많이 쓴다. 심지어 친구 애인이 바람피웠다는 이야기를 들어도 '내 남자 친구도 그럴걸' 하고 말할 만큼 맞장구를 많이 치려고 애쓰는 편"이라고 말했다.

실제 각종 조사에서 일본 여성들은 자신의 감정과 생각을 표현하지 않고 대세에 따르려는 모습을 보인다. 문화심리학자인 무카이다 쿠미고 박사의 연구에는 그 경향이 강하게 드러난다. 일본 여대생들에게 "자신을 색으로 표현한다면 어떤 색입니까?"라는 질문과 함께 이유를 물었다. 60%가 자신의 선호보다는 다른 사람의 시선을 먼저 생각해 색을 선택했다. 그들은 '주변과 녹아들기 쉬워서', '눈에 띄지 않아서', '사람들에게 그런 소리를 자주 들어서'를 선택 이유로 밝혔다. '개성을 표현해서'라는 답변은 3.8%에 불과했다.

여성의 순종을 요구하는 日 가정교육

일본 여성이 순종적인 데는 가정교육의 영향이 크다. 교육학자인 김선미 박사는 애니메이션 〈짱구는 못 말려〉를 통해 한일 가정교육의 차이점을 비교했다. 이 애니메이션은 한일 부모들이 '자녀에게 가장 보여 주고 싶지 않은 애니메이션' 1위를 차지했다. 이유로는 성적 표현과 폭력적인 말투, 부적절한 부모 자식 관계, 부적절한 성 구별 등이 꼽혔는데, 한일 부모 간에 '가장 거슬리는 부분'은 서로 달랐다. 한국 부모는 부모 자식 관계가 부적절하다는 점을 많이 든 데 비해, 일본 부모는 부적절한 성 구별에 초점을 두었다.

일본 부모는 특히 '여자답지 않다'라는 지적을 많이 했다. 짱구의 버릇없는 행동보다 애니메이션 속 캐릭터의 여자답지 않은 말투와 행동이 아이들의 교육에 더 해롭다고 본 것이다. 김 박사는 일본 부모들은 여자아이가 '예의', '청결', '배려'를 몸에 익히고 다른 사람의 말을 잘 따르는 등 동조적인 행동양식, 즉 전통적 성 역할을 하기를 한국 사회보다 강하게 기대하고 있다고 분석했다.

순종과 여성다움을 강조하는 분위기 탓일까? 일본 사회는 가정 폭력에 대해서도 상대적으로 '관대'한 것으로 나타났다. 교육심리학자인 모리나가 야스코 교수 등이 2012년 미국과 중국, 일본 대학생들을 상대로 다음과 같은 상황을 어떻게 받아들일지 물었다. "어린 자녀 둘이 있는 결혼 4년 차 아내가 친구들과 늦게까지 놀다가 들어왔다. 잡다한 집안일을 하던 남편은 귀가한 아내에게 무척 화가 나서 그녀를 때렸다." 조사 결과 일본 학생들은 미국이나 중국 학생들에 비해 남편의 행동을 덜 심각하게 생각했고, 사태의 책임을 아내에게 돌렸다. 속된 말로 '아내가 맞을 짓을 했다'고 인식했다.

특이한 것은 "아내가 이 사건에서 잘못이 있다", "아내가 이 사건을 일으켰다" 등 모든 항목에서 일본 여학생이 일본 남학생보다 뚜렷하게 여성의 잘못을 지적했다는 점이다. 미국과 중국 여대생은 아내의 편을 든 데 비해 일본 여학생은 더 가혹한 시선으로 아내를 '정죄'했다. 일본 여성이 성 차별적 가치관을 내면화해 오히려 가부장적이고 보수적인 가치관에 우호적임을 알 수 있다.

미성숙을 지향하는 일본의 '가와이이' 문화

순종적이라는 이미지와 더불어 대표적인 일본 여성의 이미지가 있다. 우리말 '귀엽다'로 번역되는 가와이이ゕゎぃぃ다. 이 단어는 작고, 유치하고, 어린이 같은, 주로 미성숙함을 뜻한다. 점점 의미가 넓어져 지금은 '예쁘고, 달콤하고, 순수하고, 사랑스럽고, 단순하고, 부드럽고, 약하고, 상처 받기 쉽다'는 이미지까지 담는다. 일본의 미의식을 연구

해 온 다이보와 무라사와 등은 전통적으로 일본인은 미성숙함에서 친근함을 느끼고, 보호 본능을 자극받아 매력을 느낀다고 분석했다. 반면 한국 사회는 어린아이를 향해서는 긍정적이었지만, 성인 여성에 대해서는 일본만큼 선호하지 않았다.

각종 연구를 보면 많은 일본 여성들은 가와이이, 즉 귀여운 여성이 되고 싶어 한다. 가와이이는 칭찬으로 여겨진다. 일본 화장품 회사 가네보Kanebo가 서울과 도쿄, 상하이와 베이징, 대만 등 동아시아 5개 도시의 여성들을 상대로 한 라이프스타일 조사에서도 도쿄 여성들은 유독 귀엽고 부드러운 이미지를 연출하고 싶어 했다. 반면 다른 4개 도시의 여성은 직장에서의 성공과 성장을 지향하고, 귀여움보다 지적이고 아름다운 이미지를 추구하는 것으로 나타나 대조를 이뤘다.

일본 걸 그룹 중에도 가와이이를 무기로 삼는 그룹이 많다. 발매 음반마다 100만 장 씩 팔리는 '국민 걸그룹' AKB48이 대표적이다. 이 그룹의 콘셉트는 성장하는 아이돌이다. 아예 멤버들의 미성숙을 전제로 한다. 키가 크고 몸매가 좋은 서구식 미모의 멤버들은 거의 없다. 춤도 댄스보다는 율동에 가깝다는 이야기를 듣는다. 기획사는 '반에서 열 번째로 예쁜 여자아이들만 모아 놓은 그룹'이라고 말한다.

학자들은 일본 여성의 가와이이 선호에는 보호받기를 기대하는 심리가 깔려 있다고 지적한다. 적극적인 자기주장을 하지 않고서 가능하면 최종 책임을 피하려는 속내가 작용하고 있다는 것이다. 특히 무라사와는 이를 어른이 되지 못하고 소녀로 '퇴화'하는 문화적 현상이라고 비판한다.

왜 걸 그룹 소녀시대의 일본 팬은 '진짜 소녀'들이 많을까

그러나 젊은 세대를 중심으로 순종적이고 귀여운 전통적인 일본 여성 이미지에서 벗어나려는 움직임도 커지고 있다. 2010년 일본에 데뷔한 한국 걸 그룹 '소녀시대'는 당시 상당한 인기를 끌었다. 걸 그룹 '카라'와 쌍두마차로 불리며 케이팝K-pop의 인기를 이끌었다. 한국과 다른 점은 일본 내 팬들의 성별과 연령대다. 한국에도 소녀 팬들이 있지만 그래도 이른바 '오빠와 삼촌 부대'가 적지 않았던 반면, 일본의 팬층은 상당수가 10, 20대 여성들이다. '진짜 소녀'들인 셈이다.

많은 소녀들이 소녀시대의 노래와 춤뿐 아니라 패션을 열렬히 따라 했다. 전문가들은 일본 젊은 여성들에게 한국의 소녀시대는 자신들이 되고 싶은 모습, 즉 워너비에 가깝기 때문이라고 해석한다. 스스로를 자신 있게 표현하고 싶고, 자신에게 강요되는 답답하고 고루한 여성상을 벗어나고 싶은 심리가 깔려 있다고 진단한다.

수컷화된 일본 여성? —"삶이 팍팍해졌다"

일본 여성의 이른바 '수컷화' 또는 '육식화'도 자주 거론된다. 일본의 한 연구에서 성인 남녀를 대상으로 남성의 초식화 및 여성의 육식화에 대한 생각을 조사했다. 3명 중 2명꼴로 "강한 여성이 늘고, 연약한 남자도 늘었다"고 답했다. 강한 여성이 증가한 이유로는 '여성의 사회 진출 증가'를 많이 꼽았다.

앞의 〈동아일보〉 기획 기사에서 실시한 여론조사에서도 일본 여성의 육식화 경향은 두드러졌다. "나는 여성적 성향에 비해 남성적 성향을 띠고 있다"는 문항에 그렇다고 답한 일본 여성이 39.2%로 한국 여성(28.6%)과 중국 여성(15.6%)을 크게 웃돌았다. 특히 일본 20대 여성의 '남성적 성향 지수'와 '공격적 성향 지수'는 동년 남성을 웃돌았다. 〈동아일보〉는 일본의 젊은 여성이 남성화되는 이유로 무엇보다 삶이 팍팍해졌다는 이유를 들었다. 일본의 경제 상황이 악화되면서, 더 이상 남자에 의존하지 말고 강해져야 한다는 분위기가 형성되고 있다고 분석했다.

그리고 이 현상에는 더욱 탄력이 붙을 전망이다. 일본 사회가 여성의 경제활동을 통해 불황과 고령화 현상을 본격적으로 타개하려 하기 때문이다. 일본 정부는 1억 일본인이 모두 일한다는 구호 아래 '1억 총활약 담당' 장관까지 임명하며 여성의 경제활동을 독려하고 있다. 일본 여성들이 순종적이고 귀여운 여성상에서 얼마나 벗어날 수 있을지 기대된다.

06

한국은 성형 대국,
일본은 시술 대국?

성형과 화장

∿∿∿∿∿∿

한국은 성형 대국, 일본은 시술 대국?

국제미용성형수술협회ISAPS가 발표한 2014년 국가별 성형수술 건수 1위는 미국, 2위가 브라질, 3위가 일본, 4위가 한국이었다. 일본은 연간 126만 건으로 우리의 98만 건보다 약 28만 건 많았다. 우리가 성형을 가장 많이 하는 나라 아니었나? 맞다. 인구 대비 성형수술 횟수로 따지면 우리가 단연 1위다.

일본과 큰 차이가 없어 보이지만, '내용'을 들여다보면 확연히 다르다. 일본은 시술, 즉 칼을 대지 않는 비수술적 성형이 93만 건으로 전체의 74%를 차지했다. 미국에 이어 세계 2위다. 반면 한국은 직접 메스mes를 대는 수술이 많았다. 일본은 수술보다는 비교적 간단한 시술을 선호하는 셈이다. 어떻게 보면 일본은 '시술 대국'이다.

어떤 시술을 많이 받기에 1년에 100만 건 가까이 될까? 유독 제모 시술이 많은데, 31만 건이나 됐다. 이는 세계 1위로, 2위인 미국의 20만 건보다 압도적으로 많고 우리의 4,000건에 비하면 80배에 가까웠다. 일본 전체 건수로 따져도 20%를 차지한다. 학자들은 일본인이 자신의 체모와 체취에 강한 혐오감을 갖고 있다고 설명한다. 한 연구 결과를 보면 일본 여대생 67%가 자신의 체모를 싫어했고, 일본 남학생의 86%는 자기 몸에서 냄새가 안 났으면 좋겠다고 말했다.

시술을 뺀 성형수술로 따지면 우리는 전체 44만 건으로 일본의 32만 건보다 많았다. 인구를 감안하면 일본의 3.5배다. 세부 항목을 보면 일본은 쌍꺼풀 수술이 13만 8,000건으로 한국의 10만 7,000건보다 많은 것 외에 수술 건수 자체는 적었다. '정통 성형'의 의미로 보자면, 한국이 일본보다 압도적으로 성형을 많이 하는 사회인 셈이다.

〰〰〰〰〰〰

일본은 얼굴보다 마음을 보는 사회?

일본인에게 한국은 성형 대국으로 불린다. 일본 '넷net우익'은 한국을 비하할 때 이 점을 파고든다. 꼭 혐한嫌韓 성향이 아니더라도 한국인들은 슈퍼마켓 가듯 성형외과에 가는 것 같다며 놀란다. 각종 연구를 보면 우리의 성형수술 경험률과 희망률은 압도적으로 높다.

일본인들은 일본 문화가 '얼굴보다 마음'을 더 중요하게 생각하는 사회라서 성형을 덜 한다고 말한다. "미인은 사흘 만에 질린다"라는 관용 표현이 있듯 외모 과시를 삼가는 풍조가 있다는 것이다. 그러나 반대 의견도 만만치 않다. 사회심리학자 기도 아야에는 일본이 한국만큼 외모지상주의 사회는 아니지만, '외모 중시 사회'라고 말한다. 과거 《사람은 외모가 90%》 등의 도서가 베스트셀러가 되기도 했고, 외모를 중요하게 여기는 점은 마찬가지라고 본다. 다른 학자들도 일본을 '외모 의존 사회'라고 비판했다. 아름다운 외모가 선善이며, 사람들과 어깨를 나란히 할 수 있는 미를 지향하고, 미추에 의해 서열이 나뉜다고 지적했다.

성형 고백한 日 연예인은 왕따?

일본 여성은 왜 우리보다 성형수술을 적게 하는 것일까? 먼저 일본 여성들이 신체에 상처를 내는 것에 대해 우리보다 더 큰 공포심을 느껴서 성형을 주저하기 때문이라는 설명이 있다. 실제 사회심리학자인 김총희와 다이보 이쿠오의 연구를 보면 '성형을 위해 메스를 얼굴이나 몸에 대는 것이 싫다'라고 답한 일본 여대생의 비율이 67%로 한국 여대생의 38%에 비해 훨씬 높았다. 성형의 안전성이 두렵다는 대답도 84%로 한국의 77%보다 높았다.

그러나 학자들은 가장 큰 이유로 성형에 대한 '사회적 허용도'의 차이를 든다. 일본 사회가 성형에 대해 거부감이 한국보다 훨씬 크다 보니, 일본 여성들이 성형을 주저하게 만든다는 것이다. 성형에 대한 거부감은 용어에서부터 드러난다. 일본에서는 성형成形이 아니라 정형整形

수술이라고 부른다. 성형은 새로운 형태를 만드는 것인 반면, 정형은 기형이나 손상된 부위를 재건하는 것이다. 치료로 보는 셈이다.

이런 사회 분위기는 성형 연예인에 대한 태도에서도 드러난다. 일본 연예계에서 성형을 고백하면 큰 파문이 일고, 기획사는 이를 수습하느라 진땀을 뺀다. 연예인들 사이에서 왕따가 되기도 한다. 주간지에는 가끔 '연예인의 성형 의혹을 파헤친다'라는 기사가 실리고, 어떤 소속사는 연예인과 계약할 때 성형 금지 조항까지 넣는다. 성형 사실이 이미지에 굉장히 마이너스임을 알 수 있다. 따라서 성형을 덜 하고, 설사 하더라도 은밀히 한다. 성형을 터부시하는 이런 풍경은 우리에게 낯설지 않다. 우리 역시 불과 몇 년 전만 해도 성형 연예인에 대해 비슷한 반응을 보였기 때문이다.

일본에서 시술이 성행하는 것도 일본 사회가 시술을 '의료 행위'로 보기 때문이라는 해석이 있다. 체모나 체취 등 사회생활에 문제가 되는 자신의 결점을 보완하는 치료라고 생각해 거부감이 약하다는 분석이다. 2002년 〈마이니치신문〉의 온라인 설문에서 여성은 90% 가까이, 남성도 약 80%가 시술에 찬성한다고 대답했다. 성형과 달리 사회적 허용도가 무척 높은 셈이다.

∨∨∨∨∨∨∨∨∨

지방 흡입술 세계 1위 한국 — 일본은?

얼굴뿐 아니라 그 밖의 신체 성형과 다이어트에도 한국 여성이 일본 여성보다 더 적극적이다. 국제미용성형수술협회가 발표한 성형수술 항목 중 한국이 1위인 항목이 있다. 바로 지방 흡입 수술이다. 연간 10만 건으로 압도적 1위다. 일본은 3만 8,000건으로 5위. 우리와는 차이가 많이 난다.

자기 몸매에 대한 자신감과 만족감의 차이인 것일까? 아주대학교 심리학과 김완석 교수 등이 한중일 여대생들을 상대로 자기 신체에 대한 존중감을 조사했다. 얼굴과 몸, 건강의 세 가지로 세분화해 알아봤다. 한국과 일본 여성 모두 자신의 얼굴과 몸에 영 자신이 없었다. 스스로 못생겼다거나 뚱뚱하다고 비관했다. 특히 일본 여성이 더 부정적으로, 3개국 여성 중 자신의 얼굴과 몸매를 가장 부끄러워했다. 비하에 가까울 정도였다.

그런데 왜 한국이 지방 흡입술을 더 많이 하는 것일까? 학자들은 일본 여성들에게 건강 중시 경향이 강하다는 점을 이유로 든다. 자기 얼굴이나 몸매가 마음에 안 들지만, 그렇다고 외모를 위해 건강을 희생하려 하지는 않는다는 것이다. 반면 한국 여성은 외모를 우선시하는 경향이 강했다. 건강을 해치더라도 외모를 포기 못 하는 셈이다.

성형하는 이유 — 日 "자기만족" vs 韓 "자신감"

수술 항목뿐만 아니라 한일 여성은 '성형하고 싶은 이유'도 서로 달랐다. 오랫동안 일본 여성의 성형 심리를 연구해 온 다니모토 나호 교수가 일본 여대생들에게 왜 성형수술을 하고 싶은지를 물었다. '내 기분이 좋아지길 원해서'(44.1%), '이상적인 내 모습에 가까워지기 위해서'(36.9%)라는 대답이 가장 많았다. 의외로 '열등감 극복'(11.4%)이나 '이성에게 호감을 사기 위해서'(14.2%)를 선택한 비율은 낮았다.

다니모토 교수는 일본 여성들의 가장 큰 성형 동기가 '자기만족'이라고 분석한다. 이상적인 자기 모습에 가까워지기 위해 성형을 하고 싶어 한다는 것이다.

'우리도 자기만족을 위해 성형하지 않나?'라고 생각할지 모른다. 그러나 한국 여성의 성형 동기 중에 순수한 자기만족은 후순위다. 앞과 같은 조사에서 한국 여성은 '외모가 경쟁력이므로'(38%), '자신감을 갖고 싶어서'(33%)를 가장 많이 들었다. 내향적인 자기만족과는 질적으로 다르다. 일본 여성은 화장의 연장선상에서 성형을 바라보는 데 비해, 한국은 경쟁력 우위 같은 유용성 면에서 바라보는 셈이다.

학자들은 한국 사회에서는 서글프지만 '살아남기 위해서' 성형을 한다고 말한다. 연애와 결혼, 취직 등에서 외모가 유리하게 작용하기 때문에, 외모 경쟁력을 키워 생존 확률을 높이기 위해서라는 것이다. 한국 여성이 말하는 자기만족은 남에게 인정받을 때 얻는 위안이며, 일본 여성이 말하듯 이상적인 자기 모습에 가까워질 때 느끼는 '순수한' 자기만족과는 거리가 멀다고 말한다.

성균관대 김기범 교수와 수원대 차영란 교수 등의 연구에서도 한국 여성들은 성형의 장점으로 '취업에 유리하다'는 점을 가장 많이 꼽았다. 그다음으로 '첫인상이 좋아진다'였다. 일본 여성처럼 자기만족 때문에 성형한다는 대답은 10% 내외로 상대적으로 낮았다. 김 교수 등은 한국 사회는 성형을 해야 할 것처럼 만드는 사회적 압력이 매우 강하다고 진단한다. 성형을 통해 얻는 이득이 커서, 그 유혹을 외면하기가 어렵다는 것이다. '성형 권하는 사회'인 셈이다.

전문가들은 현대사회에는 산업적인 관점에서 건강과 미에 대한 불안을 끊임없이 자극하는 구조가 형성되어 있다고 지적한다. 건강에 대한 불안을 선동하고, 매력적인 신체 이미지의 추구를 압박하는 이데올로기가 작동하고 있다고 분석한다. 사람들은 "제가 원하는 얼굴로 바꿔 주세요"라며 성형하지만, 진정한 자기 결정이 아니라 사회에 퍼져 있는 미의 전형을 따를 뿐이라고 비판한다. 성형 산업은 '당신이 당신 몸의 주인'이니 마음대로 바꾸라고 유혹하지만, 소유하고 통제한다고 착각하게 할 뿐이라고 단언한다.

日 여성, "화장도 자기만족"

성형에서 나타난 한일 여성의 가치관 차이는 화장에서도 비슷하게 드러난다. 김총희 교수 등은 한일 대학생을 상대로 "동성 친구와 어떤 장소에 있을 때 화장을 더 열심히 하는가?"라고 물었다. 일본 여대생은 집과 학교에서 화장에 더 공을 들였다. 반면 한국은 쇼핑과 회식 자리를 위해 열심히 화장했다. 화장하는 목적이 조금 다른 셈이다. 한국 여성은 '밖'에서 만날 '누군가'를 의식해 화장하려는 경향이 강한 반면, 일본 여성은 일상 공간인 '안'에 있을 때 화장에 더 신경을 썼다. 일본 여성은 화장도 자기만족, 즉 자신을 위해 하는 내향적 성향을 보인 반면, 한국 여성은 대인적 유용성, 즉 만난 사람을 위해 화장하는 외향적 성향을 보인다고 분석했다.

다른 연구에서도 이런 성향 차는 뚜렷하다. 화장을 할 때 어떤 점이 좋은지를 물어본 한 조사에서, 일본 여성들은 '화장하는 행위 자체에서 만족감을 얻는다'는 대답이 한국 여성에 비해 많았다. 반면 한국의 다른 조사에서 한국 여성을 상대로 화장하는 이유를 알아본 결과, '화장하는 행위 자체를 통한 만족감'은 11%에 그쳤다.

"일본은 얼굴을 감추는 문화"

일본에서 '얼굴 및 화장 연구'의 대가인 무라사와 히로토 교수는 일본을 '앞 얼굴 문화', 서구를 '옆얼굴 문화'라고 나눴다. 그는 앞 얼굴 문화는 '얼굴을 감추는 문화'라고 했다. 과거부터 일본 사회에는 여성이 얼굴을 가려야 한다는 규범이 존재했고, 머리카락을 내리거나 부채로 얼굴을 가리던 것이 이후 화장을 하는 것으로 이어졌다고 분석했다. 얼굴뿐 아니라 몸에 대해서도 마찬가지여서 전통 기모노를 보면 알 수 있듯 몸의 굴곡을 최대한 억제해 표현했다고 지적했다.

무라사와 교수는 얼굴을 감추는 일본 문화는 자신의 생각과 감정을 직접적으로 표출하는 것을 천하게 여기는 사회 분위기와 관련 있다고 주장했다. 가부키의 하얀 화장으로 얼굴의 굴곡을 가리는 것처럼, 존재감을 숨겨 무無로 만드는 문화라는 것이다. 그 결과 외국인에게서 "일본인의 얼굴은 노能(일본의 전통 가면극)가면 같다", "일본인은 표정이 없다" 하는 평을 듣게 됐다고 설명했다.

반면 서구 문화는 입체감 있는 묘사를 특징으로 하는 '옆얼굴 문화'라고 정의한다. 사람의 옆얼굴을 보면 굴곡이 잘 드러나듯이 그 사람의 특징과 개성을 강조하는 문화다. 한국에서 객원 교수를 지내기도 했던 무라사와 교수는 한국은 일본에 비해 옆얼굴 문화에 가깝다고 말한다. 다양한 사진을 보여 주고 얼굴 인지를 비교한 연구에서, 일본인은 한국인에 비해 평면적인 얼굴을 매력 있다고 평가했으며, 한국인은 일본인보다 이목구비가 뚜렷한 얼굴을 선호했다. 또 한국인은 일본인보다 굴곡을 더 깊게 인지했다. 그래서 예로부터 여성에게 외모를 은폐하고 억제하라고 요구해 온 일본과 달리, 한국은 '마음이 얼굴에 드러난다'고 여기는 문화라고 분석했다.

내추럴 메이크업이 주류인 일본

다이보 교수도 전통적으로 일본에서 매력적인 얼굴은 굴곡 없는 평면적인 얼굴이었지만 근대, 특히 태평양전쟁 이후 서구의 영향으로 '활동적인 얼굴', 즉 눈썹과 눈이 강조됐다고 분석했다. 실제 얼굴 지각 연구를 보면 일본인은 특히 큰 눈을 선호해, 눈을 커 보이게 하면 만족도가 높은 것으로 조사됐다.

이와 함께 그는 일본 화장의 주류를 '내추럴 메이크업'으로 봤다. 일본 특유의 화장법으로 문화에 뿌리 깊게 자리 잡고 있다는 것이다. 에도시대에도 엷은 화장이 장려되었고, 짙은 화장은 가부키 배우나 게이샤, 유곽의 매춘부들이 하는 것으로 여겨졌다고 한다. 태평양전쟁이 끝난 뒤 백인 여성을 따라 하는 화장이 유행했지만, 1970년대 중반부터 자연미를 선호하는 경향이 강해졌다. 1980년대까지 민낯 같은 내추럴 메이크업이 이상적으로 여겨졌으며, 현재까지도 이런 경향은 강세를 이어 가고 있다고 분석했다.

무라사와 교수는 이것이 '눈에 띄지 않고 화려하지 않은 화장법', '평균에 가까운 화장법'이기 때문이라고 설명했다. 다른 심리학자들은 "보통을 지향하는 일본에서 눈에 띄지 않는 외모를 유지해야 한다는 공포와, 아름다워야 한다는 이중 조건 속에서 살아가기 위한 화장법"이라고 분석하기도 했다.

이는 일본 젊은 여성의 패션에도 나타난다고 설명했다. 1980년대 중반~1990년대 초는 우아한 소녀 감성의 '올리브 패션'이 대세였다. 지금도 '올리브 소녀'의 계보를 잇는 것으로 평가되는 '모리森 걸'들이 있다. 이들은 말 그대로 '숲'에서 살고 있을 것 같은, 알프스 소녀 하이디가 연상되는 고전적인 소녀풍 패션을 지향한다.

〰〰〰〰〰〰

'갸루'라는 반란 — 그들은 왜 호감을 무시했을까

그러나 주류인 내추럴 메이크업과 정반대되는 화장법도 등장했다. 1990년대 후반에 여고생들을 중심으로 형성되어 기발한 화장을 하는 부류인 갸루ギャル다. KBS〈개그콘서트〉에서 코미디언 박성호가 연기한 '갸루 상' 캐릭터의 모델이다. 그녀들의 트레이드마크는 까맣게 태운 얼굴과 진한 눈 화장이다. 화장 역사상 '남성이나 주변의 호감을 완전히 무시한 최초의 화장'이라는 평가를 받는다. 학생다움이나 여

성다움 같은 기존의 미의식을 깡그리 무시하고, 나쁜 사회적 평판에도 불구하고 당당히 독자 노선을 걸었다. 그들의 표현 방식은 '저에게 주목해 주세요. 그러나 평가는 사절합니다'였다.

왜 이런 화장을 하는 것일까? 전문가들은 사회의 엄청난 혹평에도 그들이 과감해(?)질 수 있는 이유로 익명성과 집단성을 든다. 워낙 짙게 화장하다 보니, 누가 누구인지 구별이 되지 않는다. 짙은 화장 속에 진짜 자신을 감추며 대담해질 수 있었다. 또 비교적 많은 또래 친구들이 동참하는 일종의 사회현상이 되다 보니, 그 붐에 편승해 과감하게 행동할 수 있었다. 10대 후반의 여고생들에게는 다른 사회적 평가보다 나카마, 즉 내(內)집단 동료들의 평가가 무엇보다 중요하기 때문에 가능했다는 것이다. 화장법이 더 기괴해진 것도 집단 내에서 더 좋은 평가를 받으려고 지나치게 경쟁한 결과물이라고 설명한다.

그렇다면 왜 1990년대 후반에 갸루가 대거 출현했을까? 화장 문화를 연구해 온 요네자와 이즈미 교수는 갸루의 출현 배경으로 10대 소녀들의 불안을 이야기한다. 1990년대 거품경제가 꺼지고 1995년 한신 대지진과 옴 진리교의 지하철 '사린가스 테러' 사건 등으로 일본 사회가 가치관의 큰 혼란을 겪었는데, 감수성이 예민한 10대들이 자신들이 느낀 불안을 갸루 패션으로 표현했다는 것이다. 과거 풍요롭고 안정적인 고도 성장기에 10대들의 패션은 깔끔함과 순수함으로 상징되는 '소녀 패션'이었지만, 사회가 불안정해지면서 소녀라는 정체성도 뿌리부터 흔들리게 됐다. 장밋빛 미래를 꿈꿀 수 없어진 차가운 현실에서 사회에 더 이상 의지하거나 기대할 것이 없어진 여고생들은 기존에 사회가 바라던 소녀 이미지에 안주할 수 없었고, 대신 선택한 것이 소녀와는 극단에 있는 갸루였다. 불안으로 가득 찬 내면을 감추기 위해 오히려 '센' 갸루 패션으로 자신을 보호하게 됐다는 것이다.

VVVVVVVVV
코스프레 — "현실과는 다른 나로 변신하고 싶다"

일본에서 코스프레코스프레가 유행하게 된 것도 비슷한 이유에서 찾는다. 일본은 1년에 4,000~5,000개의 크고 작은 코스프레 이벤트가 열린다. 코스프레를 하는 연령대는 주로 15~25세, 성별로는 90%가 여성이다. 평범한 학생이나 직장인이 대다수다. 코스프레 역시 1990년대 후반에 급속히 늘었다. 거품경제가 꺼지고 가치관이 흔들린 일본에서 이전 세대보다 궁핍하고 여유가 부족해진 시대를 사는 젊은이들이, 일상의 불만족스러운 자신과는 다른 모습으로 변하고 싶다는 욕망을 분출한 것이 코스프레라고 해석한다.

일본의 화장 심리학자 히라마쓰 류엔은 그들이 코스프레를 통해 일상의 자신으로부터 해방된다고 말한다. 자신이 좋아하는 애니메이션이나 게임 캐릭터로 옷과 치장을 바꿔 그 역할을 연기함으로써 희열을 느낀다는 것이다. 특히 현재의 자신에게 만족하지 않고 그런 캐릭터 같은 존재가 되고 싶다는 '변신 욕망'이 작동한다고 설명한다.

자신이 드러나지 않도록 억제하는 일본 문화는 강렬한 변신 욕망을 자극한다. 일상이 규범과 매뉴얼로 촘촘히 채워져 있기 때문에, 그로부터 탈출해 다른 비일상적 자극에서 자신을 찾고 싶은 욕망이 더 강하다는 것이다.

나라마다 '먹히는' 얼굴이 따로 있다
─ 미美는 그 사회의 가치관을 반영

국제미용성형수술협회의 각종 성형수술 통계를 보면 국가별, 문화별로 상당한 차이를 보인다. 한국에서는 V 라인 얼굴형을 위해 양악수술, 안면 윤곽 수술이 각광 받지만, 서구에선 좁은 하관을 선호하지 않기 때문에 보형물을 넣어 턱을 강조하길 원한다. 우리는 이목구비를 크고 시원하게 하기 위한 수술을 많이 하지만, 서양인은 이목구비보다 체형 시술에 더 큰 관심을 보인다. 또 우리 사회에서 "얼굴이 참 작네요"라는 말은 칭찬이지만, 미국인의 상당수는 불쾌하게 받아들인다. 뇌가 작다는 말과 비슷한 맥락으로 쓰이기 때문이다.

한국과 중국, 일본만 봐도 '먹히는 얼굴'이 따로 있다. 3개국 사람들의 얼굴은 대체로 비슷한 느낌을 풍기지만 나라별 미의 기준은 다르다. 우리나라의 대표적 미인 김태희, 전지현 등은 부드럽고 갸름한 얼굴형과 청순한 이미지가 공통적이지만, 중국 미인들은 선이 뚜렷한 이목구비가 특징이다. 반면 일본 미인들은 귀여운 느낌을 준다.

또 같은 나라라고 해도 시대에 따라 미에 대한 태도는 달라진다. 얼마 전까지만 해도 우리는 성형 사실을 거리낌 없이 말하는 분위기가 아니었다. 그러나 이제는 성형을 개인의 권리나 만족 등으로 여긴다. 결국 미의 기준은 그 사회의 당대 가치관을 반영하는 거울인 셈이다.

PART 2

커뮤니케이션
심리 코드

일본인 심리 상자

01

"왜 괴로운 표정의
이재민 인터뷰가 없지?"
도쿄 특파원은 억울하다!

감정 표현

∨∨∨∨∨∨∨∨∨∨

그 배우는 왜 사랑하는 아내가 죽은 날 삼바 춤을 췄을까

50대 후반의 한 남성 중견 배우가 공연을 하고 있다. 경박해 보이는 금박을 씌운 화려한 의상을 입고 경쾌한 리듬을 타며 노래를 부르고 춤을 추는 '마쓰켄 삼바'라는 공연이다. 만면에 미소를 띠며 펄쩍펄쩍 신나게 삼바 춤을 춘다.

그러나 그는 오늘 아침 사랑하는 아내가 자살했다는 비보를 들은 상황이었다. 흐트러짐 없는 연기로 보름 동안 예정돼 있던 공연을 모두 강행했다. 관객과의 약속을 지키기 위해서다. 공연을 모두 마친 뒤 그는 미뤘던 아내의 장례식을 치렀다. 일본 배우 마쓰다이라 켄의

2010년 실화다.

당시 일본 언론들은 대부분 "극한 슬픔 속에서도 '연기자의 혼'으로 공연을 끝까지 마쳤다"라고 극찬했다. 아내의 죽음이라는 개인사를 뒤로하고, 관객과의 약속을 우선한 진정한 프로라는 것이다. 슬픔을 예술로 승화했다고도 했다.

〰〰〰〰〰〰

"가족이 죽어도 공연을 해야 한다" — 연기자의 혼魂?

난 상당히 충격을 받았다. 연기자의 혼이라기보다 참 비정하다는 생각이 들었다. 영화에서나 나오는 극적인 장면이 상상됐다. 비현실적이라는 느낌도 들었다. "사랑하는 가족이 죽어도 나는 사람들에게 웃음을 주기 위해 공연해야 한다"라는, 코미디언들의 비장하지만 상투적인 인터뷰가 떠올랐다.

그래서 나는 처음 이 뉴스를 접했을 때 혹시 이 중견 배우가 아내를 사랑하지 않은 건 아닐까 의심했다. 그러지 않고선 아무리 내공이 깊고 냉정하다고 해도, 태연하게 공연할 수 있을까 싶었다. 관객과의 약속 같은 거창한 소리는 집어치우고 말이다.

그러나 아내의 죽음 전후로 쏟아진 기사를 보면 그가 아내를 사랑했다는 '정황증거'는 충분했다. 그는 삼바 춤 외의 다른 장면에선 눈에 금방이라도 쏟아질 듯 눈물이 그렁그렁 고이는 등 복받치는 슬픔을 참으려 애를 썼다는 목격담도 나왔다. 지인들은 그가 자살한 열네 살 연하의 아내와 네 살 된 아들과 함께 행복해했다고 증언했다. 그는 오래전부터 관객과 약속한 공연을 펑크 내지 않기 위해 자신의 감정을 억제하고 공연을 강행하는 '투혼'을 불사른 것이었다.

쓰나미로 딸을 잃은 엄마는 정말 웃음을 보였을까

3.11 동일본 대지진 당시 애끓는 주민들의 사연이 뉴스에 소개됐다. 그 가운데는 갑자기 들이닥친 쓰나미에 눈앞에서 딸의 손을 놓치고 만 엄마의 가슴 아픈 이야기도 있었다. 이와테현 리쿠젠다카타 주민 오야마 에쓰코 씨는 NHK 인터뷰에서 "피신하던 중에 잡고 있던 딸의 손을 놓쳤다. 나는 살아남았지만, 딸을 살리지 못했다. 딸 생각에 바다 쪽을 보는 것이 두렵다"라고 말했다. 이 사연은 '살아남은 자의 슬픔'을 보여 주는 대표적인 사례로 보도됐다. 당시 정신없이 취재를 하고 있던 나도 이 뉴스를 보면서 그녀에게 닥친 감당할 수 없는 불행의 무게에 몸서리쳤다. 자책감 때문에 제대로 살아갈 수 있을까 걱정도 됐다.

그러나 그녀의 이 비극적인 불행은 당시 우리나라 인터넷상에서 논란이 되기도 했다. 그녀가 방송 인터뷰를 하면서 '웃음을 보였다'는 이유에서다. 나는 '에이, 설마' 하며 당시 NHK 방송의 인터뷰 영상을 봤다. 왜 그처럼 터무니없는 오해가 생겼는지 알 것 같았다. 그녀는 인터뷰에서 시종일관 눈물을 참으며 말을 이어 갔다. 그런데 자책하는 장면에서 살짝 웃는 듯한 표정이 엿보였다. 자신의 아픔을 드러내지 않으려 애쓰다 보니 자신도 모르게 일종의 허탈한 표정을 지은 것인데, 그 모습이 보는 사람에 따라서는 미소로 보인 것이다.

"왜 괴로운 표정의 인터뷰가 없지?" — 도쿄 특파원은 억울하다!

이뿐만이 아니다. 많은 일본인들이 이런 식의 오해를 산다. 자신의 감정을 억제하려는 모습이 우리를 비롯한 타 문화권에서는 다르게 읽히기 때문이다. 일본인의 '앞뒤가 안 맞는' 이런 표정 때문에 나도 곤란할 때가 여러 번 있었다. 도쿄 특파원으로 있을 때 종종 일본의 태풍이나 지진 피해를 보도했는데, 인터뷰에 응한 피해 주민의 표정이 너무 밝다며 지적을 받곤 했다. "힘든 일을 겪은 사람 같지 않다", "인터뷰이가 웃고 있다. 피해를 입었다는 내용과 잘 매치가 안 된다. 다른 인터뷰 없나?" 하는 내용이었다.

그때마다 억울했다. 피해 지역의 주민 대부분이 밝은(?) 표정을 짓고 있는데 나보고 어쩌란 말이냐고 하소연하고 싶었다. 하나같이 힘들어 보이는 얼굴이 아닌데, 속사정도 모르고 마치 내가 게을리한 것처럼 오해받는 게 싫었다. "일본인들은 우리와 달리 아무리 괴로워도 겉으로는 애써서 태연한 표정을 지어 보여요. 일종의 허탈한 미소죠. 우리처럼 확 표정으로 드러나는 경우는 드물어요"라고 설명했지만, 동료 기자들은 잘 받아들이지를 못했다. 그럴 리가 있겠냐며, 내가 변명을 하고 있다 생각하는 눈치였다. 조금 과장되게 말하면 나로선 환장할 노릇이었다.

비참한 장면에도 '가짜 웃음'을 지으려는 일본인

이런 일본인들의 '감정 따로, 얼굴 따로' 표정은 서구인들에게도 무척 이상해 보였나 보다. 표정 연구의 세계적 석학인 폴 에크만 박사는 이미 지난 1970년대에 일본인들의 독특한 '감정 표시 규칙'에 대한 연구를 했다. 그는 미국인과 일본인을 대상으로 비참한 영상을 보여 주고 어떤 표정을 짓는지 비교했다. 실험에 참가한 미국인들은 비디오를 보고 인상을 쓰거나 곤혹스러워하는 등 혐오나 공포, 슬픔과 분노 등의 감정을 일관되게 얼굴에 드러냈다.

반면 일본인 참가자들은 도저히 평상심을 유지하며 보기 어려운 화면임에도 대부분 의례적으로 웃는 얼굴을 지으려 애썼다. 물론 진짜 웃음이 아닌 '가짜 웃음'이었다. 에크만 박사는 "일본인은 다른 사람 앞에서는 속마음을 보이면 안 된다는 자문화 특유의 규칙이 있다. 그 규칙은 감정의 '은폐'와 '억제'다"라고 지적했다.

벗을 수 없는 가면 — 스마일마스크증후군

일본인의 '가짜 웃음' 하면 떠오르는 단어가 있다. 최근 일본에서 화제가 됐던 스마일마스크증후군smile mask syndrome이다. 이 증후군은 슬플 때도 자기 의지와 상관없이 웃는 얼굴을 하는 증후군이나. 서비스 산업, 특히 감정 노동으로 분류되는 업종에 종사하는 직장 여성에게 많다. 얼굴은 웃고 있지만, 실제 마음은 울고 있는 증후군이다. 숨겨진 우울증이라고도 한다. '웃픈' 웃음이다.

이 단어를 처음 사용한 일본의 한 정신과 전문의가 소개하는 환자 사례가 재미있다. 그가 한 직장 여성과 상담을 했는데, 그 여성은 힘든 이야기를 하면서도 계속 웃는 표정을 짓고 있었다고 한다. "이제 억지로 웃지 않아도 돼요"라고 했더니, 그녀가 깜짝 놀라며 "제가 웃고 있나요?"라고 반문한 것이 연구의 계기가 됐다고 한다. 웃음을 계속 '연기'하다 보니 그 표정이 굳어져서, 노력해도 '가면'을 벗고 평소 얼굴로 돌아올 수 없게 됐다는 설명이다.

일본 사회에서 감정을 억제해야 한다는 사회적인 압박이 얼마나 큰지 알 수 있는 현상이다. 전문가들은 이 증후군이 특히 여성에게 많은 이유로 일본 사회에서는 웃는 얼굴이 여성에게 미덕으로 여겨지기 때문이라고 말한다. 사회의 암묵적 기대에 따르려다 생긴 부작용이라는 해석이다. 물론 인간은 누구나 항상 '역할의 가면persona(페르소나)'을 쓰고 연기한다. 그러나 페르소나와 스마일마스크증후군에는 차이가 있다. 전자는 일시적인 것으로 그때만 연기하면 되지만, 후자는 항상 가면이 얼굴에 씌워져 있다는 점이다.

분노를 말보다 표정과 말투로 전달하는 일본인

웃음뿐만이 아니다. 사실 일본인의 감정 억제가 가장 잘 드러나는 부분이 불만과 분노 표현이다. 우리나라의 한 언어학자가 일본과 한국의 대학생들을 대상으로, 교수에게 불만이 있을 경우 직접 찾아가는 학생의 비율을 비교해 봤다. 한국 학생이 일본보다 3배 이상 많았다. 또 불만의 '양'도 차이가 났다. 한국 여대생이 일본 여대생에 비해 약 6배 더 많이 불만을 말하고, 한국 남자 대학생은 일본 남자 대학생에 비해 무려 9배나 불만을 더 많이 말했다.

분노 표출법도 한국인과 일본인이 서로 달랐다. 물론 일본인도 분노를 표현한다. 그러나 한 일본인 언어학자의 연구를 보면 그들은 분노의 일부만, 그것도 아주 우회적으로 표현하는 것으로 나타났다. 그때에도 직접적인 말보다는 표정이나 말투를 선호했다. 그 이유로 일본인들은 상대방의 공격을 덜 받기 때문이라고 답했다. 때로는 화가 나도 아예 평소처럼 아무 일 없다는 듯이 행동할 때도 적지 않다고 했다. 보통 한국인이 그 분노를 알아채기는 쉽지 않다.

"분노 표출은 집단에서 '아웃'되는 가장 빠른 지름길"

그들은 분노를 왜 억제할까? 일본 사회에서 분노를 억제하는 사람에 대해 '좋은 인상'을 갖기 때문이다. 여러 연구를 보면, 화내야 할 상황에서 평소처럼 아무 일 없다는 듯이 대응하는 사람에게 일본인은 가장 강한 호의를 표했다. 반면 분노를 직접 표출하는 사람에 대해서는 굉장히 나쁘게 평가했다. 집단에서 '아웃'되는 가장 빠른 지름길로 여겨졌다.

그래서 이 대목에서 한국인과 일본인은 자주 충돌한다. 일본인 지인들로부터 한국인의 감정 표현 방식에 대해 가장 많이 듣던 말이 "스트레이트straight"다. 즉 한국인은 직선적이고, 솔직하게, 본심으로 말한다고 평한다. 특히 분노 표현이 그렇다고 생각한다. 그들은 한국인이 분노를 마음속에 쌓아 두는 것을 바람직하게 생각하지 않아서 그런지, 밖으로 너무 드러낸다고 말한다. 그래서 일부 일본인들은 한국인들에게는 품격이 없다며 비난하기도 한다.

일본판 〈화차〉와 〈쩐의 전쟁〉 — 감정을 분출하지 않는 일본 드라마

일본인들의 감정 억제가 우리와 얼마나 다른지는 리메이크 영화 또는 드라마를 보면 알 수 있다. 최근 10여 년간 일본의 유명 소설이나 만화, 드라마를 한국에서 리메이크하는 붐이 불었다. 〈용의자 X의 헌신〉을 리메이크한 〈용의자 X〉, 〈파견의 품격〉을 리메이크한 〈직장의 신〉, 〈화차〉, 〈꽃보다 남자〉 등은 크게 히트를 쳤다. 일본 원작은 우리 정서에 맞게 '문화적 번역'을 거치기 때문에, 한일 비교 연구에 소재로도 활용된다.

나도 일본 원작과 한국 리메이크를 비교해 보곤 했다. 여러 가지 흥미로운 차이를 발견했는데, 가장 다른 점은 감정 표현이었다. 감정 표현이 솔직한 한국인과 감정 표현을 극도로 자제하는 일본인의 모습은 줄곧 대조됐다. 대표적인 영화가 한국에서도 크게 히트한 영화 〈화차〉다. 영화에는 남자 주인공 역의 배우 이선균이 약혼녀를 찾지 못하는 괴로움으로 애꿎은 자동차에 미친 듯이 화풀이하는 장면이 나온다.

미야베 미유키 원작인 소설 《화차》와 일본 드라마 〈화차〉에는 이런 장면이 없다. 시종일관 차분하다. 감정을 '분출'하지 않는다. '분노 게이지'가 훨씬 낮은 것이다.

드물게 한국의 히트 드라마가 일본에서 리메이크될 경우가 있는데, 이때도 차이는 잘 나타난다. 2015년, SBS 〈쩐의 전쟁〉을 일본 후지 TV가 리메이크했다. 그러나 한국의 '과격한' 장면은 일본판 드라마에서 '순화'됐다. 일본판은 한국판처럼 주인공이 혈서를 쓰지도 않고, 억지로 눈물샘을 자극하지도 않는다. 우리 시각으로는 참 밋밋하지만, 일본인들은 품격이 있다고 말한다.

〰〰〰〰〰〰

"밖에서는 참고, 안에서는 터트린다"
― 감정표현불능증에 빠진 일본인들

그러나 감정 억제가 정신 건강에 좋을 리 없다. 분노는 잠시 억제할 수는 있어도, 자기 마음대로 제어할 수 없는 감정이기 때문이다. 더욱이 그 분노의 창끝은 자신과 친밀한 사람을 향하는 것으로 나타났다. 한 일본 심리학자의 연구에서 일본인은 초면이거나 모르는 사람에게는 분노를 억제했다가, 가족이나 사랑하는 사람들에게 곧잘 터뜨리는 것으로 나타났다. 밖에서 참았던 분노를 안에서 푼다는 것이다. 또 감정 표현을 억제하느라 스트레스를 받던 나머지 아예 감정표현불능증alexithymia에 빠지는 이도 적지 않은 것으로 나타났다. 앞서 소개한 스마일마스크증후군이 대표적인 사례다.

일본 여성들을 상대로 벌인 한 조사는 일본인들이 얼마나 감정을 억제하는지 잘 보여 준다. 자신의 속마음을 다른 사람에게 충분히 전달하고 있다고 생각한 여성은 전체의 2.7%에 불과했다. 93.2%가 자신의 감정을 말로 표현하지 못해 그냥 삼켜 버린 경험이 있다고 했다. '평소 자신의 속마음을 잘 표현하는 편'이라는 응답자 가운데 행복하다고 답한 사람은 80%에 달한 반면, '잘 표현하지 못하는 편'이라는 사람 가운데 행복하다고 답한 사람은 절반에도 못 미쳤다.

감정 표현이 10단계인 한국인 vs 5단계인 일본인

일본이 감정 표현을 장려하지 않는 문화다 보니, 일본어도 감정 표현의 섬세함이 떨어지는 언어라는 평을 듣는다. 나와 친한 일본 지인들은 한국어를 배울수록 어려운 점이 한국어의 풍부한 감정 표현이라고 입 모아 말했다. 자신들이 이해하기 어려운 미묘한 표현들이 너무 많은데, 일본어에서는 비슷한 느낌의 단어를 찾을 수 없어 곤혹스럽다고 하소연했다. 예를 들어 한국어에는 어떤 감정에 대해 표현하는 단어가 1단계인 '매우 낮음'부터 10단계인 '매우 높음'까지로 각각 세분화되어 존재하는데, 일본어에서는 3단계나 5단계 정도로 그친다는 것이다. 허리가 빈약한 셈이다. 실제로 일본어를 공부하다 보면, 정형화된 표현은 있는데 다양하지 못해 내 감정을 충실히 표현할 수 없어서 답답한 경우가 적지 않았다.

공연 및 스포츠 관람 문화와 응원 문화도 양국의 차이를 쉽게 느낄 수 있는 분야다. 한국은 열광하고 일본은 차분히 감상한다. 한국과 일본 두 곳에서 같은 공연을 펼친 외국 아티스트나 공연 관계자들의 인터뷰를 보면, 그들은 일본에서는 관객의 호응도가 떨어져 '공연할 맛'이 덜 난다고 말한다. 응원 문화도 우리처럼 시끌벅적하지 않다. 도쿄돔에서 일본 프로야구 경기를 보면 참 질서 정연하다는 느낌을 받는다. 그들은 오직 게임에만 집중한다. 덕분에 우리처럼 관중이 술에 취해 추태를 부리는 일도 드물다.

"일본인의 눈물은 참고 참다가 새어 나오는 울음소리"

희로애락이 드러나는 관혼상제에서도 두 나라의 차이는 잘 드러난다. 인류학자들은 대표적으로 한국과 일본의 장례 문화를 든다. 우리는 슬픔을 매우 적극적으로 표현하는 반면 일본 문화에서는 상당히 억제한다는 것이다. 우리 문화에서 가족을 잃은 이들은 소리 내어 통곡하고 주저앉아 발을 구르고 주먹으로 가슴을 친다. 그러나 일본인은 울음을 삼킨다. 남들 앞에서 자신의 슬픔을 드러내는 일은 부끄러운 일이고, 예의가 아니라고 생각해서다. 지난 2009년 부산에서 사격장 화재로 일본인 관광객 7명이 희생됐을 때 일본인 유가족이 보여 준 모습을 떠올리면 쉽게 이해가 될 듯하다. 당시 한국을 찾은 일본인 유가족은 공개적인 자리에서 그 누구도 눈물을 보이지 않았다.

일본 전문 뉴스 포털 사이트인 JP뉴스의 유재순 대표는 자신의 칼럼에서, 한 일본인 기자가 전한 일본인들의 슬픔 표현법을 소개한 적이 있다. 불의의 사고로 아들을 잃은 엄마의 표정이 너무 담담해 이상해하는 유 대표에게, 일본인 기자는 자신이 취재하며 경험한 그녀의 속마음에 대해 다음과 같이 설명했다.

"일본인들은 타인 앞에서 눈물 흘리는 것을 가장 부끄럽게 생각한다. 그렇다고 일본인들이 눈물이 없는 것은 아니다. 취재하다 우연히 아들의 영정 앞에서 혼자 흐느껴 우는 어머니를 보았다. 내가 찾아왔다는 인기척을 내면 마음대로 울지 못할까 봐 조용히 그 뒤에 서 있었다. 그 어머니는 한참을 울었다. 이게 우리 일본인들의 정서다."

재일교포인 양영희 영화감독도 비슷한 말을 했다. 일본인의 눈물은 참고 참다가 새어 나오는 울음소리라고 말이다.

나는 상상해 본다. 삼바 춤을 춘 배우 마쓰다이라는 부인을 위해 혼자서 얼마나 많이 울었을까? 오야마 씨는 눈앞에서 쓰나미에 떠내려간 딸을 생각하며 얼마나 가슴이 찢어졌을까? 그들을 떠올리면 그 고통의 무게에 나도 먹먹해져, 곁에서 조용히 위로해 주고 싶어진다.

02

뮤지컬 <빨래>의 日 배우들이 가장 이해하기 어려웠던 장면

프라이버시

〰〰〰〰〰〰

왜 그는 "외로우시겠네요"라는 말에 정색했을까

게이오대에 방문 연구원으로 있을 때였다. 한국인 방문 연구원 중에는 기자 외에도 외교관, 검사 등 정부 부처 공무원 여럿이 있었다. 우리는 가끔 모여 일본살이에 대한 이야기를 나눴다. 각자 경험한 한일 문화 차이가 종종 화제에 오르곤 했다.

그 가운데 한 검사 연구원생의 경험담이 인상적이었다. 한일 교류 차원에서 1개월 정도 일본 검찰청에 출근한 그는 자연스레 일본 검사들과 친해졌다. 어느 날 회식 자리에서 맞은편에 처음 보는 중견 검사가 앉았다. 그 일본 검사는 당시 단신 부임, 즉 가족들은 지방에 있고 본인만 혼자 도쿄에서 근무하고 있다고 자신을 소개했다. 한국 검사는 그 이야기에 "혼자 지내서 외로우시겠네요"라고 보조를 맞췄다고 한다. 그러자 그 일본 검사가 처음 만나는 사이에 그런 사적인 질문은 실례 아니냐며 정색했다고 한다. 그 일화를 들은 나를 포함한 다른 한국 방문 연구원들도 "뭐가 문제지?" 하며 고개를 갸우뚱했다.

"피부에 뭐가 났네"라는 말에 당황한 日 여배우

한국에서 활동 중인 일본 여배우 후지이 미나도 한 예능 프로그램에서 비슷한 일화를 이야기했다. 한국인의 말에 상처 받은 적이 있냐는 질문에 "아는 한국인 언니들이 '보고 싶다'는 등의 애정 표현을 해 줘서 기뻤지만, 피부에 트러블이 생겼을 때 '뭐가 났네'라고 아는 척을 해서 당황했다"라고 털어났다. 일본에서는 알면서도 모른 척하는 것이 예의인데 한국은 너무 솔직한 것 같다고 덧붙였다.

일본인들은 공통적으로 한국인의 이런 적극적 관심과 친근함의 표현에 당혹해한다. 한국에 방문 교수로 있었던 이데 리사코 박사는 한국 학생들이 "선생님, 오늘 어디 아프세요?"라고 말해 놀랐다고 한다. 상대의 건강을 걱정해 주는 '한국식 인사'임을 나중에 알았지만, 일본에서는 윗사람에게 상당한 실례로 받아들여질 수 있다고 지적했다.

특히 일본인들은 첫 만남부터 개인 신상에 대해 꼬치꼬치 캐묻는 이른바 '한국식 호구조사'를 매우 힘들어한다. 초면에 나이나 결혼 여부를 묻는 한국인을 보며 문화 충격을 받는다. 특히 미혼 여성들은 한국인의 흔한 초반 질문 패턴, 즉 먼저 결혼 여부를 물은 뒤 "왜 안

하셨죠? 왜 남자 친구가 없어요?"라고 태연하게(?) 질문하는 데 아연실색을 한다. 우리 입장에서는 상대방에 대해 더 알고 싶고 더 친해지고 싶다는 표현이지만, 일본에선 심각한 사생활 침해로 여겨진다.

외모 칭찬과 직접적인 질문은 '사생활 침해'

무엇보다 외모에 대한 칭찬은 피해야 한다. 우리는 덕담이라고 생각하지만, 불쾌해하는 일본인이 많다. 언어학자인 김경분 교수의 한일 비교 연구 결과 한국인의 외모 관련 칭찬 비율이 일본인의 3배가 넘었다. 김 교수는 한국인은 외모에 대해서 칭찬을 들으면 기분이 좋아진다고 생각하기 때문에 상대의 외모에 관심을 나타내고 적극적으로 언급하는 것이 사회적으로 바람직하게 받아들여지지만, 일본은 외모에 대한 칭찬이 상대방의 콤플렉스나 체면을 손상시킬 위험이 있어서 피한다고 지적했다. 한일 간의 차이는 결국 외모를 사적 영역, 즉 프라이버시의 영역으로 생각하느냐 아니냐에 따라 갈린다고 봤다.

'왜'라는 의문사가 많이 들어간 '직접 질문'이 많은 점도 일본인과 갈등을 일으킨다. 동덕여대 오쿠야마 요코 교수 등이 한국 여대생과 일본 여대생의 첫 5분간 대화에서 질문 수를 비교한 결과 한국 여대생의 질문량이 50% 많았다. 양도 양이지만 질도 달랐다. 일본 여대생이 대체로 간단히 '예', '아니오'로 대답할 수 있는 간접 질문(예를 들면 "인문대 학생이세요?")으로 완곡히게 물어본 반면, 한국 여대생은 "왜 그렇죠?"라는 직접 질문이 많았다. 무려 4배 가까이 됐다. 이런 한국인의 태도에 대해 일본인은 '사생활 침해', '공격적'이라고 느끼는 반면, 한국인은 일본인의 태도에 '핵심을 피해가는 답답함', '마음을 열지 않는 거리감'을 느끼기 쉽다고 언어학자들은 진단했다.

방송인 정준하의 재일 교포 부인은
왜 집에서도 '스미마센'을 연발할까

일본인의 사생활 중시 문화는 가족이나 친한 친구에게도 해당된다. 방송인 정준하는 한 지상파 예능 프로그램에서 재일 교포인 아내가 집에서도 자신에게 깍듯하게 "스미마센"을 연발한다며 개그 소재로 삼은 적이 있다. 방에 들어가고 나갈 때, 살짝 서로 스칠 때, 그리고 자신을 부를 때 등 아주 사소한 일에도 사과의 표현을 입에 달고 다닌다며 일본에서 자라 예절과 조신함이 몸에 밴 것 같다고 말했다.

학자들은 일본인은 자기 영역과 타인의 영역을 비교적 엄격하게 구분하기 때문에, 아무리 가까운 사람이라도 조심스럽게 행동하고 일일이 양해를 구한다고 해석한다. 계명대학교 일본학과 홍민표 교수가 한일 대학생을 상대로 옆 사람 근처에 놓인 조미료를 가져올 때 양해를 구하는지 여부를 물었다. 대상이 가족과 친구일 때 양해를 구한다는 일본인의 비율이 2배 이상 많았다. 또 친구 집에서 화장실을 쓸 경우 우리는 51%만 양해를 구한 반면, 일본인은 94%가 양해를 구했다.

언어학자 진수미는 한국인에 비해 일본인이 '영역'과 관련된 것에 무척 예민하다고 분석했다. 여기서 영역은 공간뿐 아니라 시간과 어떤 상태까지 포함하는 개념이다. 상대를 부르는 것은 영역을 침범하는 것이기 때문에 사과의 표현을 해야 한다. 다른 사람과 대화하는 데 끼어들거나, 함께 대화하고 있다가 잠시 자리를 비우는 것도 영역에 관계되니 양해를 구해야 한다. 특히 일본은 전화할 때와 끊을 때도 대부분 "실례합니다"라고 말한다. 자신이 전화를 걸어 상대의 평화로운 상태를 깼다는 의미다.

따라서 학자들은 일본인은 서로 아무리 친해도, 상대방의 개인적인 일에는 되도록 개입하지 않는 것이 관례라고 말한다. 반면 한국인은 친한 사이에 대해서는 자신의 일처럼 적극적으로 관여한다. 한국에서 친하다는 것은 자타의 영역 구분 없이 자유롭게 참견할 수 있는 '허물없는 사이'라고 여기기 때문이다. 만일 일본처럼 가족이나 친구 사이에도 자주 양해를 구하면 남남처럼 느껴 어색해하고 불편해한다.

뮤지컬 〈빨래〉의 日 배우들이 가장 이해하기 어려웠던 장면

영역에 대한 인식 차이는 영화나 드라마, 뮤지컬을 번안할 때 잘 나타난다. 서울 달동네에 사는 서민들의 애환을 그린 창작 뮤지컬 〈빨래〉는 일본에서 라이선스 공연으로 상연됐다. 원작의 느낌을 살리기 위해, 일본 배우가 일본어로 연기할 뿐 각색을 최대한 피했다고 한다. 한국 정서가 듬뿍 담겨 있다 보니 일본 배우들이 문화적 차이로 이해하기 어려워한 장면들이 꽤 있었다고 한다. 그중에서도 가장 곤혹스러워했던 건, 여주인공 나영이 힘든 일로 혼자서 울고 있는데 집 주인

할머니와 이웃집 아주머니가 다가와 위로하는 장면이었다.

똑같은 상황에서 일본인은 주인공이 혼자 울도록 내버려두고 최대한 방해하지 않는 것을 예의로 여긴다. 일본인들은 아무리 가까운 사람에게도 자신이 우는 모습을 보여 주기 싫어한다. 따라서 가족이라도 섣불리 위로를 건네지 않는 것을 배려로 여긴다. 우리의 눈에는 냉정해 보이지만, 배려의 방식이 다를 뿐이다.

철저한 사생활 보호 ― 관여하지 않고 일정 거리 두기

일본인과 만나다 보면 사생활 보호가 참 철저하다는 생각이 든다. 예를 들어, 한국인은 친구가 내 지인의 연락처를 물어본다면 즉각 휴대전화를 검색해 알아봐 준다. 그러나 일본인들은 그 지인에게 본인 전화번호를 알려 줘도 될지 먼저 물어보고 허락을 받은 다음에야 친구에게 가르쳐 준다.

친한 친구 사이에도 예고 없는 '불쑥 방문'은 극도로 피한다. 부모 자식 간에도 약속 없이 방문하는 건 결례다. 급한 일이 생겨 어쩔 수 없이 찾게 된 경우, 적어도 집 안으로 들어가는 것은 양해를 얻는다고 한다. 심지어 예고 없이 집을 찾은 시어머니를 며느리가 문 밖에서 돌려보내는 경우도 있다고 한다.

방송에서도 그 차이는 드러난다. 우리 뉴스에서는 시민들의 거리 인터뷰 시 자막에 그 사람의 이름과 사는 동까지 표시한다. 때로는 나이도 나온다. 신뢰도를 높여 주고, 많은 정보를 제공해 준다고 생각해서다. 취재 경험상 인터뷰에 응한 시민도 거부감 없이 알려 주는 경우가 대부분이다. 하지만 일본 방송에서는 거리 인터뷰 시 특별한 이유 없이 사는 곳을 표시하는 경우는 드물다. 기자가 아예 물어보지 않는다. 이름 역시 마찬가지다. 자막에는 '회사원' 정도로만 나온다.

사생활 보호를 위해 상대에게 관여하지 않는 일본인의 태도는 이런 문화에 익숙하지 않은 한국인에게 오해를 산다. 한 한국 방문 연구원이 일본 생활 초기에 일본인 교수와 둘이서 자전거 트래킹을 떠났다. 한참을 달렸는데도 그 교수가 밥 먹자는 이야기를 하지 않았다고 한다. 너무 허기져서 이제 도시락을 먹자고 했더니, 자신은 트래킹 중간중간 쉴 때 먹었다는 것이었다. 한국에서처럼 둘이서 도시락을 꺼내 먹으며 도란도란 이야기 나눌 것이라 기대했던 그는 일본인 교수에게 무척 섭섭했다고 한다.

중국과 일본 대학생 간 비교 연구에서도 일본인의 '관여하지 않기' 성향은 두드러진다. "친구가 놀자는 권유를 거절했어도 한 번 더 권해 본다"는 중국 대학생이 61%였던 데 비해 일본 대학생은 6%에 불과했다. "친구에게 가족사진을 보여 준다"는 대답도 중국은 72%, 일본은 8%였고, "새로운 친구에게 오래된 친구를 소개해 함께 논다"는 대답도 중국은 72%, 일본은 32%였다.

부부는 왜 더블 침대보다 트윈 침대를 쓸까

일본인들의 문화는 '심리적 거리'뿐만 아니라 '물리적 거리'도 상대적으로 먼 것으로 분류된다. 학계에서는 일상 회화의 표준 거리가 일본에서는 약 1m, 미국에서는 45~50cm, 라틴아메리카와 중동에서는 더 가까운 것이 통설이라고 한다. 한국의 경우 직접적 연구는 없지만, 악수나 포옹 같은 신체 접촉에 대해 거부감이 적은 점을 볼 때 일본보다는 가까울 것으로 보고 있다.

　홍민표 교수는 일본에서는 스킨십이 우리처럼 자연스럽지 않다고 설명한다. 한국에 처음 온 일본인이 가장 놀라는 것이 한국의 젊은 여성들이 서로 팔짱을 끼거나 손을 잡고 걷는 것이라고 한다. 또 남자들끼리 어깨동무를 하는 모습도 무척 낯설어한다. 유치원생이나 초등학생 아이들이 아빠가 출근할 때 뽀뽀를 하는 것도 일본에서는 상상하기 어렵다. 우리가 살갑다고 느끼는 문화를 일본인은 낯설어하고 때로는 불편해하는 것이다.

　홍 교수는 대표적인 사례로 악수를 든다. 악수는 서양의 인사 방식으로, 한국에서는 일제강점기 이후 급속히 퍼진 데 비해 일본에서는 지금도 일반화되지 못했다. 지하철역 등에서 고교 동창생을 만났을 때 하는 인사 동작을 조사했더니, 한국 남성의 61%가 악수를 하는 반면 일본 남성은 악수가 6%에 그치고 '말로만 인사한다'가 65%를 넘었다. 한국 여성의 경우 포옹 또는 양손으로 잡는다가 63%인 데 비해 일본 여성은 '말로만 인사한다'가 64%로 압도적이었다. 친한 친구와 식당이나 도서관에 갈 때 한국 여성은 72%가 팔짱을 끼고 걷는다고 답한 반면에 일본 여성의 98.7%가 떨어져서 걷는다고 대답했다. 홍 교수는 일본인들이 개인 신체는 사적 영역, 즉 프라이버시로 생각해 신체 접촉을 꺼린다고 해석했다.

미일 비교 연구에서도 일본인의 신체 접촉 기피 성향은 두드러진다. 미국 심리학자 반런드의 연구를 보면, 일본인 대학생보다 미국 대학생의 신체 접촉이 2배나 많았다. 반런드는 "심지어 미국인이 가장 싫어하는 상대와 하는 신체 접촉 횟수가 일본인이 가장 좋아하는 상대와 하는 신체 접촉 횟수보다 많았다"라고 지적했다. 발달단계로 보면 유아기에는 두 나라 간 차이가 없지만, 청년기쯤부터 차이가 벌어지는 것으로 조사됐다.

일본인은 가족 사이에도 스킨십이 적다는 것을 개인적으로도 종종 느낀다. 특히 일본 생활 초기에 상당수 부부가 한 침대를 쓰지 않아서 더블베드보다 트윈베드를 선호한다는 이야기를 듣고 놀랐다. 정말 사실인지 만나는 일본인마다 물어봤는데, 오히려 "불편해서 어떻게 한 침대를 쓰느냐" 하는 반문이 돌아왔다. 위생상으로 좋지 않다는 이유도 있었다. 아이가 생기면 아예 각방을 쓰는 경우도 흔하다고 했다. 엄마는 딸과 함께 자고, 아버지는 아들과 함께 자는 식이다. 가끔 화재 사건에서, 엄마와 딸이 자는 방에서 불이 나 모녀는 사고를 당했는데 다른 방에서 자고 있던 부자는 화를 면했다거나 그 반대의 기사를 보곤 했다.

시선을 피하는 일본인 ─ "아이 콘택트eye contact는 10%에 불과"

일본인은 눈을 맞추는 데에도 부담을 느낀다. 일종의 신체 접촉으로 받아들이기 때문이다. 연신 고개를 숙이는 일본인 특유의 인사법

인 오지키_{おじぎ} 역시 시선 회피 경향과 연관 짓는 학자가 적지 않다. 사회심리학자 이노우에 타다시는, 오지키라는 인사 형식에 충실하면 서로 상대방의 시선을 자연스럽게 피하는 것이 가능하다고 분석했다. 모르는 사람과 만났을 때 일본인이 즉시 눈을 피하는 행동도 비슷한 맥락으로, 전형적인 일본인은 엘리베이터에 타면 낯선 사람의 시선을 피해 천장이나 발을 보는 행동을 취한다고 지적했다.

한 미일 비교 연구에서, 미국인은 소집단 커뮤니케이션을 할 때 시간의 30~60%를 눈을 맞추는 것으로 드러난 반면 일본은 10% 이하였다. 학자들은 이런 일본인의 시선 회피가 오해를 산다고 지적했다. 특히 미국 문화에서 시선 회피는 '대화에 흥미가 없고, 더 이상 대화를 지속하고 싶지 않다'는 뜻으로 받아들여지기 때문이다. 일본에서 생활하는 한 독일 여성은 일본 신문에 기고한 글에서, 회사 로비에서 동료와 마주치더라도 시선을 약간 아래로 한 채 상대방의 얼굴을 보지 않고 스쳐 가는 경우가 많아 기분이 나쁠 때가 많았다고 했다. 그녀는 많은 나라에서 아이 콘택트는 신뢰 관계와 친밀한 분위기를 만들기 위한 방법으로 중요하게 여겨지기 때문에, 일본인의 시선 회피는 오해를 사기 쉽다고 지적했다.

한국인과 비교해서도 일본인의 시선 회피는 두드러진다. 사회언어학자인 임현수 교수가 한국과 일본의 인기 TV 드라마를 분석해 권유와 의뢰를 거절하는 장면에서의 시선을 비교했다. "같이 밥 먹으러 갈래?"와 같은 가벼운 권유를 거절할 때 일본인은 시선을 마주치는 경우가 20%가 채 되지 않았다. 반면 같은 장면에서 한국인은 가볍게 눈을 보며 거절하는 경우가 80%에 달했다.

언어학자들은 시선을 똑바로 마주한 채 거절하는 행동에 대해 일본인은 기본적으로 도전과 무례로 생각해 실례로 여기는 반면, 한국은 신뢰와 정정당당함으로 여기기 때문이라고 본다. 즉 일본에서는 시선을 피하는 것이 상대방에 대한 예의지만, 한국에서는 무언가 당당하지 못하고 숨길 것이 있어서 시선을 피한다고 해석된다.

일본이 '자판기 천국'인 이유 — "사람 만나는 게 피곤해"

일본 특유의 산업 발달을 사생활 보호와 대인 접촉 기피 문화와 관련짓기도 한다. 일본은 자타공인 자판기 천국이다. 인구 1인당 자판기 수가 단연 세계 1위다. 학자들은 사람 만나는 것 자체를 피곤해하는 일본인의 성향 덕분에 자판기가 구석구석 급속히 퍼졌다고 설명한다. 게임기 역시 비슷한 관점에서 바라본다. 일본인은 여럿이 하는 게임보다는 혼자 하는 게임에서 유독 강세를 보인다.

우리의 PC 방과 비슷한 일본의 '넷카페'를 보면 한일 차이가 두드러진다. 일본 넷카페의 경우 80% 이상이 개인실로 되어 있다. 칸막이 정도가 아니라 아예 옆에서 무엇을 하는지 볼 수가 없다. 숙식을 할 수 있을 정도여서, 저렴한 주거비를 내고 장기로 생활하는 사람들을 가리켜 '넷카페 난민'이라는 말까지 생겼을 정도다. 개방형이 많은 우리와는 다른 형태다. 일본 게임 전문가인 오무라는 해외 넷카페는 80% 이상이 개방된 공간이라며, 일본 넷카페도 개인실 위주에서 공간이 개방된 커뮤니티형으로 바꿔야 한다고 주장했다.

"직원이 말 걸지 않아요" — 잘나가는 매장의 인기 비결

한 일본 경제 주간지의 인기 칼럼니스트는 일본인의 이런 대인 기피 경향을 역발상으로 활용해 인기를 끄는 매장들이 생겨나고 있다고 보도했다. 인기 중고차 판매점이라면 만국기와 아치형 문으로 장식된 화려한 외장, "어서 옵셔~" 하는 높고 밝은 톤의 목소리, 웃는 얼굴의 영업 사원 등 시끌벅적한 이미지가 떠오르는데, 이런 기존 스타일과는 완전히 다른 유형의 매장이 인기라고 소개했다.

이 매장의 인기 비결은 무엇보다 '프라이버시를 침해하면서 친밀한 척(?) 접근하지 않는 것'이다. 고객이 매장에 들어서면 먼저 아이패드를 건네준다. 고객이 관심 있는 차의 QR 코드를 촬영하면 가격과 성능, 수리 이력 등의 정보가 떠서 본인이 직접 확인하고 검토할 수 있다. 고객은 여유롭게 스스로 납득될 때까지 상품을 볼 수 있다. 고객의 분위기를 보며 니즈에 맞는 차를 추천하고 속사포로 질문을 던지는, 접대에 적극적이고 친화력 좋은 영업 사원은 없다. 그런 직원은 예전 같으면 유능하고 일 잘하는 세일즈맨이라고 평가받았겠지만 말이다.

이 칼럼니스트는 또 일본에서 의약품의 인터넷 구매가 점점 많아지는 이유도 '말 거는 것을 피곤해하는' 성향에서 찾았다. 기성세대들은 적어도 약을 구입할 때만큼은 전문가와 직접 얼굴을 마주해야 한다고 생각하지만, 젊은 세대들은 의사에게 달려갈 정도가 아닌 증상에 대해 약사에게 자신의 증상을 설명하는 것이 귀찮아서 인터넷을 통해 약을 구입하고 싶어 한다는 것이다. 이 주간지는 젊은 세대는

'직원과 말을 주고받는 것이 귀찮다, 제품 관련 정보만 제시해 주는 게 편하다, 그렇다면 인터넷 쇼핑몰이 더 낫지 않을까?'라고 생각한다고 분석했다.

그는 이런 유형의 프라이버시 보호 매장이 일본에서 특히 탄력을 받는 경향에 대해 '일본인의 대인 언어 능력은 괜찮은 것일까?' 하는 생각이 든다고 했다. 대화 체험의 감소가 구두 표현 능력, 나아가 커뮤니케이션 능력을 쇠퇴시키고 있다고 지적했다. 그는 일본 젊은이들이 편리함과 풍부함을 얻는 대신 사람과 말을 섞으면서 교제하는 기회가 줄어, 깊고 친밀한 인간관계를 형성하는 능력이 저하되고 있다고 걱정했다.

서로 다른 거리 — 韓은 '소외감'을, 日은 '압박감'을 느낀다

"인간이 본래 소망하는 것은 친밀하고 가까워지고 사랑하는 것이라 생각한다. 표현 방식이 다를 뿐이다. 한국 사람들은 사랑하니까 때린다고 할 정도로 예의를 넘어서는 측면의 문화가 있다면, 일본인들은 사랑하더라도 거리를 두기 때문에 차갑게 느껴지는 부분이 있다. 하지만 그 안에 있는 가까워지고 싶은 열망은 다르지 않을 것이다."

뮤지컬 〈빨래〉의 추민주 연출가가 한 언론 인터뷰에서 했던 말이다. '개인 영역'에 대한 한국인과 일본인의 문화 차이를 인정하면서도, '가까워지고 싶다'는 면에선 본질적으로 서로 다르지 않음을 꿰뚫어 보고 있다.

언어학자 와타나베는 한일 간 커뮤니케이션에 갭gap이 생기는 근본적인 이유로, 일본인은 대화에서 '배려'를 우선시하는 반면, 한국은 '친근함'을 우선시하기 때문이라고 설명했다. 특히 프라이버시와 관련해 배려의 해석이 달라 오해가 생긴다고 했다.

한국인은 일본인이 유지하는 거리에 '소외감'을 느낀다. 한편 일본인은 다가오는 한국인에게 '압박감'을 느낀다고 한다. 거리에 대한 잣대가 서로 다름을 인정하고 존중한다면, 불필요한 오해도 그만큼 줄일 수 있지 않을까.

03

일본인은 왜 CEO보다
사장님 호칭을 선호할까

보통 지향

∿∿∿∿∿∿

볼펜 선택 실험 — '소수' 아닌 '다수' 고른 日 대학생의 속내

유명한 사회심리학자인 야마기시 토시오 교수가 2008년에 일본 홋카이도대 학생과 미국 스탠포드대 학생 약 600명을 상대로 간단한 실험을 했다. 참여 학생에게 연구자는 답례품으로 펜 5개를 제시하고 그중 1개를 고르도록 했다. 단, 펜 4개는 같은 색이고 1개만 색이 달랐다. 실험의 목적은 학생들이 다수의 펜을 고를지, 아님 소수의 펜을 고를지 지켜보는 것이었다.

앞서 1999년에도 비슷한 실험이 있었다. 상황과 비교 대상은 달랐다. 학교가 아니라 사람들로 붐비는 공항에서, 그리고 대상은 일본뿐 아니라 동아시아계 대학생과 미국 대학생이었다. 당시 미국 대학생의

77%가 소수 볼펜을 선택한 반면, 동아시아 대학생은 31%만이 소수 볼펜을 선택했다. 연구자들은 자기주장이 강한 미 대학생은 소수를, 동양 문화권 대학생은 다른 사람과의 관계를 중시해 다수를 골랐다고 해석했다. 속한 문화권에 따라 다른 기질이 형성돼 이 같은 차이가 났다는 설명이었다. 야마기시 교수의 실험 결과도 비슷했다. 미국 대학생의 42%가 소수 볼펜을, 일본 대학생은 그 절반인 23%만이 소수 볼펜을 골랐다.

정말 문화적 기질 차이 때문일까? 야마기시 교수는 실험을 더 진행했다. 이번엔 실험자가 없는 상황에서 볼펜을 선택하도록 했다. 그러자 소수 볼펜을 고른 일본 학생의 비율은 23%에서 35%로 껑충 뛰었다. 야마기시 교수는 일본 대학생들에게 왜 다수 볼펜을 골랐는지 속내를 물어봤다. 상당수 학생이 "일본 사회는 다수인 편을 택한 사람에 대해 좋은 인상을 갖기 때문"이라고 답했다. 선택 기준은 자신의 인상 관리 차원, 즉 본인의 선호나 신념보다 '바람직한 사람'으로 비치고 싶었던 셈이다. 야마기시 교수는 이 결과가 일본인이 소수 편에 서는 것에 대한 불안이 그만큼 크다는 것을 보여 준다고 해석했다. 일단 안전하고 무난한 다수 편을 선택하고 본다는 것이다.

日 초등학생이 모두 란도셀 가방을 매는 이유

일본인들은 어렸을 때부터 철저하게 룰을 따르고 '튀지 않도록' 교육받는다. 게이오대 방문 연구원 시절에 아이를 일본 초등학교에 보

• 란도셀 •

낼 때, 학용품을 준비하면서 많은 애를 먹었다. 준비물 목록에는 규격과 색깔, 위치와 가짓수까지 모든 것이 꼼꼼하게 기재돼 있었다. 특히 이름표의 위치까지 조금의 오차도 있으면 안 됐다. 이후 각종 준비물과 규정, 주의 사항이 깨알같이 적힌 가정통신문이 매일같이 날아왔다. 따르지 않으면 혹시 아이가 불이익을 받을까 싶어 필사적으로 준비했지만, 가끔은 진이 빠질 정도였다.

일본에서 자녀를 키우고 있는 《일본 엄마의 힘》 저자 안민정은 초등학교가 아니라 보육원과 유치원 단계에서부터 모든 것이 규격화되어 있다고 말한다. 기성품이 없는 경우도 많아 재봉틀을 잡는 엄마들이 많다고 했다. 손수건 한 장, 기저귀 한 장까지 이름 쓰는 곳이 정해져 있는 등 준비물이 너무 많고 어려워서 인생 최대의 숙제를 떠안은 기본이라고 말했다. 또 보육원의 규칙이 엄격해서 모자를 쓰지 않으면 미끄럼틀을 탈 수 없을 정도라고 했다. 모든 행동은 어릴 때부터 철저하게 정해져 있고 규격화되어 있다.

또 명문화된 규칙은 아니더라도 '보이지 않는 룰'이 적지 않다. 대표적인 것이 거의 모든 일본 초등학생들이 매는 '란도셀'이라는 통가죽 가방이다. 정해진 게 아닌데도 하나같이 란도셀을 매고 다닌다. 비싸지만 서민 자녀들도 다 맨다. 다행히 내 아이는 일본 초등학교를 다니면서 란도셀을 사지 않았다. 외국인이라는 사실과 학교를 한 학기만 다닐 거라는 점이 고려된 덕분이었다. 그러나 학급, 아니 학교 전체에서 내 아이를 빼고는 모두 란도셀 가방이었다. 그 모습이 신기하다고 했더니, 한 일본인 아주머니는 어렸을 때 만화 캐릭터가 그려진 가방을 너무나 매고 싶었지만 다른 가방은 허용되지 않아 어린 마음에 속상했다는 이야기를 했다. 가방 하나일 뿐이지만, 그 '무언의 압력'에 저항하기는 쉽지 않다고 했다.

〰〰〰〰〰

도쿄의 패션이 무채색인 까닭 ― 리크루트 슈트를 입는 신입 사원들

도쿄를 다녀온 지인들 중 직장인들의 패션이 너무 무채색 위주여서 '회색 도시' 같은 인상을 받았다는 이야기를 하는 사람들이 많다. 밝은 색 옷이 거의 없어서 너무 우중충하다고 했다. 일본에서는 그것이 암묵적인 드레스 코드dress code다. 특히 신입 사원들은 대부분 리크루트 슈트recruit suit를 입는다. 남녀 모두 흰색 셔츠에 검정색 정장이다. 서류 가방과 구두까지 검은색으로 통일한다. 여성들은 스타킹 색깔까지 정해져 있다고 한다. 보통 대학생 때 면접용으로 미리 구입하는데,

다른 스타일의 옷을 입으려면 상당한 용기가 필요하다.

직장에서뿐만이 아니다. 때와 장소에 따른 옷차림이 유니폼처럼 지정돼 있다. 결혼식 하객 복장과 장례식 조문 복장도 정해진 스타일을 따라야 한다. 각종 모임에도 드레스 코드가 있다. 별생각 없이 우리 식으로 옷차림을 하고 나갔다가는 낭패를 보기 쉽다. 외국인이라 너그럽게 봐주겠지만, 별로 좋은 인상은 주지 못할 것이다. 일본 사회에서 생활한다는 것은 이렇게 눈에 보이지는 않지만 무척 촘촘하게 짜인 규칙과 씨름하지 않으면 안 되는 것이다. 일본에 살면서 혹시 옷을 잘못 입었거나 잘못 행동하고 있는 것은 아닌지 주변을 끊임없이 살피는 '소심해진' 나를 발견하곤 했다.

그래서 일본 사회를 '집단 동조 압력'이 높은 사회로 설명하기도 한다. 이와 관련해 심리학자 솔로몬 애시의 동조 실험이 유명하다. 긴 막대와 짧은 막대를 보여 주고 어느 막대가 긴지 물었을 때, 옆의 사람들이 잘못된 답을 내놓으면 자신도 동조 압박을 느껴 뻔히 정답을 알아도 오답을 택하는 경우가 많다는 것이다. 미국인 피험자의 약 30%가, 일본인은 50%가 오답을 선택했다. 단, 이는 실험 참가자들이 피험자들의 친구들로 구성됐을 경우다. 낯선 사람들로 구성됐을 경우는 압력을 덜 느껴 오히려 미국보다 낮은 수준인 25%를 기록했다.

〰〰〰〰〰

특별한 보통 — 보통 사람은 슈퍼맨?

항상 대세를 따르다 보니 일본 사회에서 '보통'이란 말은 '특별'하다.

보통 이상의 뜻으로 이 말이 쓰인다. 그래서 일본인은 '보통 사람'으로 불리는 것을 좋아한다. 왜 보통이란 말을 선호하는지 일본 사회심리학자들이 연구를 했더니 흥미로운 결과가 나왔다.

사회심리학자 오하시 메구미와 야마구치 쓰스무는 일본인들이 특히 사람에 대해 보통이란 단어를 붙일 때 훨씬 긍정적인 인상을 갖고 있다고 분석했다. 많은 일본인들이 '보통 사람'이라는 말에 '말을 붙이기 쉽고 점잖으며, 상식이 있고 성실한 사람'이라는 이미지를 떠올렸다. '유머가 있고 일을 확실히 하며, 가치관이 있고 믿을 수 있는'이란 수식어도 붙이려 했다. 우리처럼 '흔해 빠졌다'나 '평범하다'를 떠올리는 경우는 적었다.

더욱이 보통 사람을 이타적이고 유능한 사람과 연관 지었다. 동시에 배려심 있고 협조적인 사람으로 인지했다. 또 유능하며 배울 점이 있고, 논리적인 사람으로까지 생각했다. 사실상 바람직하다고 생각하는 모든 좋은 의미를 붙여서 호의적으로 생각하고 있음을 알 수 있다. 따라서 일본 사회에서는 '보통'으로도 충분해, 굳이 자신이 보통 이상임을 주장할 필요가 없는 셈이다. 이쯤 되면 일본 사회에서 보통 사람은 '슈퍼맨'이다.

'보통이 아닌 사람'은 지적 능력이 떨어지는 사람?

반면 '보통이 아닌 사람'에게는 부정적인 수식어가 붙었다. '유별나며 멋대로고, 별것도 아닌 일에 화내고 성질이 급하며, 친해지기 쉽지 않다'라는 이미지를 떠올렸다. 나아가 '인간적인 매력이 떨어지고 이기적'이라는 인상을 갖고 있었다. 심지어 지적 능력이 떨어진다는 형용사도 연관이 있었다. '행동력 있다' 정도가 긍정적인 형용사였다.

아이들 사이에서도 '보통 아이'를 더 선호했다. 오하시 메구미 교수가 이번에는 중학생을 대상으로 연구했더니, 보통 아이에 대해 훨씬 긍정적으로 생각하고 있었다. 밝고, 똑 부러지고, 믿음직스럽고, 자신감 있고, 친절하다고 느꼈다. 보통 아이로 불리고 싶어 했다.

일본인의 이런 '보통 선호' 경향은 극단 대신 '중간'을 선호하는 편향으로 연결된다. 어느 미일 비교 연구를 보면, 일본인은 질문 내용에 상관없이 가능하면 중간에 해당하는 무난한 응답을 골랐다. 연구자들은 일본인이 과도한 자기주장을 무척 피하는 커뮤니케이션 스타일을 갖고 있다고 설명했다.

일본에는 왜 ○○족族이 많을까 — '패키지 개성'

일본에 유독 ○○족이 많은 것도 이런 대세 지향 때문이라는 연구가 있다. 대만 학자인 이안판과 무라모토 유키코 교수는 일본에선 개성을 개인 단위가 아닌 특정 카테고리로 엮는 경향이 크다고 분석했다. 즉 '집단 개성'을 하나의 패키지로 묶어 유행을 따른다고 설명했다. 그래서 일본에서는 '태양족', '갸루족', '로리타족' 등 수많은 족들이 나타난다는 것이다.

이들은 대만 여대생과 일본 여대생의 유행을 비교해 봤다. 특이하게도 일본 여대생들만이 '로리타계', '비주얼계'와 같은 특정 패션 집단의 패션 스타일뿐만 아니라, 그 집단의 언어와 행동, 연애 스타일까지 다 따라 하는 양상을 보였다. 반면 대만 여성들은 일본의 패션 스타일을 좋아하기는 하지만, 일본 여성처럼 특정 패션 집단의 언어와 행동, 특히 이성 교제까지 따라 하는 것에는 강한 거부감을 나타냈다.

이들은 일본 젊은이들을 보면 표면적으로는 자신을 개성 있게 드러내는 듯 보이지만 실제로 자기표현은 개인이 아니라 카테고리 차원에서 이뤄지고 있다고 짚는다. ○○족에 함께 속한 젊은이들은 복장이나 행동에서 동질성이 무척 높았다. 그들은 집단의 일원으로서 자기표현을 하고 있는 것일지도 모른다고 분석했다. 그래서 집단화된 개성이라는 의미에서 '패키지 개성'이라고 불렀다.

CEO보다 사장님 호칭 선호 — "일본 기업에는 '얼굴'이 없다"

무난한 대세와 보통에 대한 선호는 '리스크 회피'로 이어진다. 호기심이 왕성하던 일본 생활 초기에 일본 기업체 대표들이 CEO라는 호칭을 잘 쓰지 않는 모습이 신기해, 경제부 기자 출신의 일본 지인들에게 이유를 물은 적이 있다. 당시 한국은 사장보다 CEO로 부르는 것이 한창 유행이었다. 지인들은 "CEO는 '공격적으로 사업을 벌이고 공과에 대해 스스로 책임을 진다'는 미국식 성과주의가 내포된 개념이라 일본인이 별로 선호하지 않는다"라고 설명해 줬다. 많은 일본 기업들이 대과大過 없이 조직에서 두루두루 관계를 잘 유지하는 '사장' 스타일을 선호한다고 했다. 개인도 무난하게 첫 임기를 채워 연임하는 것이 목표지, 굳이 성과를 내려고 무리하지 않는 경우가 많다고 했다.

오래된 연구이기는 하지만 1986년 호른슈테인이 미국과 일본의 관리자들을 대상으로 한 불확실성 회피 경향 조사 결과도 이런 해석을 어느 정도 뒷받침한다. "자신의 직장 경력 중에 진정으로 용감하게 행동한 적이 있는가?"라는 질문에 한 번도 없다고 응답한 비율이 일본 관리자들은 40%, 미국 관리자들 중에는 15%로 나타나 대조를 보였다. 해외 언론이나 전문가들이 일본 기업에는 '얼굴'이 없다며 꼬집는 것도 비슷한 맥락이다. 일본의 사장은 관리자이지 책임자가 아니다.

예스맨yes-man이 대세 — 해외 근무 기피하는 日 직장인

리더십뿐만이 아니다. 직장에는 예스맨이 대세다. 일본에 주재하는 한국 기업들의 임원은 현지 채용한 일본 직원들이 '노No'를 하는 법이 거의 없어 답답하다고 했다. 지시한 일은 끈기를 갖고 책임감 있게 해오지만, 이의를 제기하거나 그 이상을 벗어나는 제안을 하는 일이 거의 없다고 했다. 한국 기업보다 더 상명하복식이라는 것이다.

한편 일본의 직장인들이 해외 근무를 기피하는 현상을 이런 '리스크 회피, 안전 선호' 성향과 연관해 설명하기도 한다. ISSP(국제사회조사프로그램)의 2008년도 국제 비교 조사에서 "위험을 피하는 것이 가장 중요하다"라고 답한 일본인의 비율은 51개 국가 중 2위였다. 한국의 29위에 비해 한참 높았다. 또 해외에 장기 체류한 경험이 있는 일본인은 1.1%로 조사 대상 34개국 중 최하위였다. 일본 능률협회의 2014년 신입생 의식 조사를 보면 "해외에서 일하고 싶지 않다"라고 답한 신입 사원의 비율은 57.7%나 됐다.

경영학자인 오가타 마미야가 2012년 한일 대학생의 직업관을 조사했다. 업무 도전과 전문성 지향 등에서 한국 대학생이 일본 대학생보다 훨씬 높은 점수를 기록했다. 특히 장래에 대한 목표나 계획, 희망이나 자신감 등에서도 차이가 컸다. 일본 대학생들에게서 높게 나타난 항목은 15개 중 유일하게 '직장 선배와의 우호적인 관계' 지향이었다. 오가타는 한국 기업들이 일본 기업들을 단시간에 따라잡을 수 있었던 것도 이런 차이가 아닐까라고 해석했다. 물론 최근 우리나라 기업에도 이런 '도전 정신'이 많이 사라졌다고는 하지만 말이다.

성공을 추구하는 북미인 vs 실패를 피하는 일본인

일본인의 실패를 피하려는 경향은 각종 비교 연구에서도 두드러진다. 사회심리학자 가마야 켄고 등이 캐나다와 일본 대학생들에게 긍정적인 영화평들과 부정적인 영화평들을 읽게 한 뒤 나중에 어느 평론을 더 기억하는지 측정했다. 일본 학생들이 부정적인 영화평을 훨씬 더 많이 기억했다. 베스트셀러에 대한 온라인 서평 기억 실험에서도 마찬가지였다. 일본 학생들은 부정적 서평에 더 많이 주의를 기울였다. 심리학자들은 그 이유로 동기부여의 차이를 지적한다. 캐나다 학생들은 성공을 추구하기 때문에 긍정적인 평가에 더 초점을 맞추는 반면, 일본 학생들은 실패 회피를 우선시하기 때문에 부정적인 요소를 제거하는 데 관심을 더 기울인다고 해석했다. 일본인의 이러한 수세적 동기부여 성향은 방어 초점prevention focus으로 불린다.

이에 앞서 사회심리학자 스티브 하이네 등도 비슷한 실험을 했다. 캐나다와 일본 대학생을 대상으로 창의성을 테스트하는 문제를 풀도록 한 뒤 피드백을 줬다. 다음에는 난이도에 따라 어려운 문제와 쉬운 문제로 나누고 다시 비슷한 테스트를 풀도록 한 뒤 반응을 살폈다. 그 결과 캐나다 학생들은 실패했을 때보다 성공했을 때 과제에 더 흥미를 보이고 계속하겠다는 의향을 보인 반면, 일본 학생들은 실패했을 때 문제 풀이에 더 매달리고 열의를 보였다. 이 실험 결과는 캐나다 학생들의 경우 성공을 통해 자존감을 높이고 이를 향유하려는 동기가 강한 반면, 일본 학생들은 실패를 통해 자신의 부족한 점을 개선하려는 동기가 강한 것으로 해석됐다.

한국인은 어떨까? 사회심리학자인 정욱과 한규석 박사가 비슷한 실험을 했다. 한국 대학생들은 캐나다 대학생들과 더 비슷한 성향을 보였다. 즉 '실패 피드백'보다 '성공 피드백'을 받았을 때 더 오래 과제에 매달리고 흥미를 보였다. 일본 학생들의 자기비판적 동기부여보다는 서구의 성공 지향적 동기부여를 더 선호하는 셈이다.

영어를 유독 못하는 일본인 — "완벽한 문장을 말할 수 있어야"

실패와 위험을 피하려는 경향은 완벽주의 성향으로 이어진다. 한국과 일본 두 나라에서 ESL_{English as a second language} 영어 교사 경험을 한 오브리는 2009년 논문에서 두 나라 학생들의 수업 태도를 비교했다. 그는 일본 학생들이 말수가 적어 수업 시간에 곤란했다고 말했다. 학생들은 혹시 실수할까 봐 불안해하며 자기 의견을 거의 제시하지 않았다고 한다. 그들은 자신의 의사를 표현하는 모습이 남들에게 공격적으로 비쳐질까 우려했다. 마찬가지로 두 나라에서 강사 경험이 있는 크리스티나 브리스토 역시 논문에서 한국 학생은 수업 시간에 자기 의견을 말하는 것을 긍정적으로 생각하는 반면 일본 학생들은 부정적이며 토론 참여도 어려워한다고 지적했다.

그녀들은 이런 성향이 영어 말하기 능력에 차이를 낳았다고 분석했다. 일본 학생들은 영어를 말하고 쓸 때 정확한 문법과 단어에 훨씬 주의를 기울인다. 가장 많이 하는 질문도 문법에 관한 것이며, 완벽한 문장을 구사할 수 있다는 확신이 들 때까지는 말을 하지 않았다. 이 때문에 시간이 지나도 유독 말하기가 늘지 않았다고 지적했다. 지나친 완벽주의가 실력 향상에 장애가 된 셈이다.

언어인류학자 이데 리사코는 저서 《하시와 젓가락》(국내 미출간)에서 일본인 상대방에게 불만과 비판을 말하는 것을 피하고 참기 때문에 토론을 불편해한다고 분석했다. 그리고 일본인이 볼 때 한국은 토론 문화가 발달해 있다고 하며 '자기 의견 확실히 말하기'를 장려하는 한국 문화의 예로 웅변 학원을 든다. 일본에는 웅변 학원이 없으며, 더욱이 어린이를 위한 학원은 없다. 성인을 위한 '말하는 법 세미나' 정도가 있다고 했다.

완성도 120%가 목표 — 일본인의 완벽주의 성향

일본인의 실패 회피와 완벽주의 성향은 일상에서 세심하고 꼼꼼한 일처리로 드러난다. 실수를 하지 않기 위해서 체크 또 체크를 하고, 곳곳에 안전장치를 마련한다. 배우이자 칼럼니스트인 구로다 후쿠미가 일본 뉴스 포털 JP뉴스에 기고한 글은 일본인의 완벽주의 성향을 잘 표현한다. 그녀는 "일본인은 일의 완성도에 대해 100%를 목표로 잡는다. 아니, 되도록 120%라면 더욱 좋다고 마음속으로 생각한다. 처음 하는 일이라도 실수는 용납될 수 없다. 일이 마무리되었을 때도 기뻐하기 전에 어딘가 실수가 없는지 이곳저곳 점검해 본다. 실수가 없어도, 시간이 지나면 지금은 보이지 않는 무언가가 나타날 거라고 더욱 걱정한다"라고 말했다. 그녀는 한국인의 기동력과 순발력이 부럽지만, 일본인 시각에서는 '달리면서 생각하는' 것처럼 보여 자칫하면 큰 문제가 생길까 봐 불안해 보인다고 지적했다.

일본인의 완벽주의 성향은 양날의 칼로 작용한다. 완성도는 높아지지만 효율은 떨어진다. 한국인의 입장에서는 답답할 때가 많다. 금융 관련 업무가 특히 그렇다. 은행 자동이체와 통장 개설 등에 걸리는 시간이 우리와 엄청나게 차이가 난다. 예를 들어 우리는 5분이면 되는 자동이체가 일본에서는 최소 일주일에서 한 달이 걸리기도 한다. 주식 계좌를 개설할 때는 증권사 직원이 직접 1시간 넘게 약관을 읽어 주기도 한다. 심지어 동네 DVD 대여점을 이용하기 위해 회원 가입을 할 때도 직원이 A4 용지 한 장을 다 읽어 준 후에야 다음 절차에 들어

간다. 정말 철저하다. 20년이 넘는 일본 유학 후에 귀국한 지인은 일본에서 두 달 걸릴 일이 한국에서는 반나절에 해결됐다며 놀라워했다.

매사에 철저한 일본인의 방식은 한국인의 '대충', '빨리빨리'보다 결과적으로 더 나을 수 있다. 문제는 그 철저함이 자기방어로 흐르는 경우가 적지 않다는 점이다. 뭔가 문제가 생길 것 같으면 외면하는 경우가 많은 듯하다. 나뿐 아니라 일본에서 오래 생활한 한국인일수록 일본인이 '어떠한 경우에도 책임질 일은 안 한다'는 태도를 보인다며 경험담을 풀어 놓곤 한다. 근거는 대체로 매뉴얼이다. 매뉴얼에 없다는 이유로 움직이지 않는다. 100% 안심할 수 있어야 맡는다. 특히 모든 일은 사전에 예측할 수 있어야 한다. 그래서 약속 변경은 어렵다. '예약 없는 여행'은 상상조차 안 한다.

일본에는 "모두 함께라면 빨간불에 길을 건너도 된다"라는 말이 있다. 위험을 감수하기보다 무난한 다수 편에 동조하는 것이 더 낫다는 인식이다. 우리의 눈치 보기와는 차원이 다르다. 일본에서 대세를 따르는 것은 선택이 아니라, 생존을 위한 필수 덕목이기 때문이다.

04

국민 그룹 SMAP의 멤버들은
왜 항복 선언을 할 수밖에 없었나

신뢰

∿∿∿∿∿∿∿

SMAP 멤버들은 왜 항복 선언을 했을까

"기무라 타쿠야 덕분에 자니(소속사 대표)에게 사죄할 수 있는 기회가 생겨서 여기 5명이 섰습니다."

지난 2016년 1월 18일 밤, 해체설로 일본을 충격에 빠트렸던 '국민 그룹' SMAP(스마프)가 5인조 '완전체'의 모습으로 일본 국민 앞에 섰다. 많은 일본인들이 숨죽여 생방송을 지켜봤다. 멤버들은 검정 슈트 차림에 심각한 표정으로 열심히 하겠다는 다짐을 하며 공개 사과했다. 이로써 일본 열도를 뒤흔든 일주일간의 SMAP 해체 소동은 일단락됐다.

일본 국민의 상당수는 그룹의 존속에 안도의 숨을 내쉬었다. 데뷔 25년 차의 SMAP는 일개 연예인이 아닌, 명실상부한 일본의 국민 그

룹이기 때문이다. 장관이 해체 번복을 기뻐하는 코멘트를 발표할 정
도였다. 해체 소식은 연예 면이 아닌 전체 분야 톱뉴스로 다뤄질 정도
로 '메가톤급' 위력이 있었다.

해체 소동은 지난 2015년 9월 SMAP를 키운 50대 여성 수석 매니
저가 현 소속사인 자니스를 떠나겠다고 하면서 시작됐다. 후계자 문
제로 알력이 생긴 것이다. 기무라 다쿠야를 제외한 멤버 4명이 이 매
니저의 계획에 동조해, 함께 소속사를 나가 새로 기획사를 차리기로
했다. 그러나 수석 매니저의 '독립' 계획은 자니스의 집요한 반대로 수
포로 돌아갔고, 결국 그녀는 아예 업계를 은퇴하게 됐다. 4명은 졸지
에 낙동강 오리알 신세가 됐다. 다시 남겠다는 뜻을 표했지만 소속사
인 자니스는 괘씸죄를 들어 잔류를 거부했다. 결국 기무라 타쿠야의
중재 끝에 가까스로 그룹 해체라는 파국을 막을 수 있었다.

〰〰〰〰〰

"그들의 죄는 소속사를 떠나려 한 것" — 공개 처형 당한 리더?

그러나 한쪽에선 멤버들에 대한 동정과 소속사에 대한 불만이 터
져 나왔다. '대국민 사과'가 아닌 자니스에 대한 굴복이라며 분노를 표
시하기도 했다. 소속사에 의해 억지로 끌려 나온 듯 멤버들의 표정이
너무 어두웠다는 댓글이 많았다. BBC는 "그들의 죄는 단지 소속사를
떠나려 했다는 것"이라며 비판했다. 한 신문은 사과 방송 때 그룹의
리더인 나카이 마사히로가 중앙이 아닌 맨 왼쪽에 선 것을 두고 '공개
처형'이라고 비꼬았다.

분노가 그들의 소속사를 향한 이유는 자니스가 일본 연예계의 진정한 '슈퍼 갑㈜'이기 때문이다. 자니스는 SMAP, 아라시 등 일본 연예계를 주름잡고 있는 남성 톱스타들을 보유한 프로덕션이다. 그 영향력이 대단해, 자니스에 '찍히면' 일본 방송계에서 '밥 벌어먹을' 생각을 포기해야 한다는 말이 있을 정도다. 4명의 멤버도 자니스의 위력을 잘 알고 있기 때문에, 수석 매니저가 백기를 든 순간 바로 소속사에 투항한 것이다. "블랙 기업 자니스", "파워 하라(권력 학대)"라는 야유의 말도 나왔다.

일시적 노예 계약도 아닌 '종신 계약'—무서운 카르텔

SMAP 해체 소동을 통해 일본 연예계의 적나라한 민낯이 드러났다. 눈에 띄는 것은 역시 일본 소속사의 파워다. 한국에도 그룹 동방신기, 카라 등의 해체를 두고 소동이 있었지만, 이처럼 소속사의 일방적 완승으로 끝나지는 않았다. 명색이 국민 그룹의 멤버들이지만, 그들은 소속사에 비굴하게 사정한 끝에 겨우 잔류할 수 있었다. 소속사는 무자비했고, 멤버들은 속수무책이었다.

일본 연예계의 불공정함도 두드러졌다. 동방신기의 경우 오랜 기간 혹사시킨다는 의미에서 '노예 계약' 논란이 있었지만, 일본은 아예 '종신 계약'임을 보여 줬다. 다른 기획사로 이적하거나 독립하는 것은 배신행위로 간주되어 보복이 뒤따른다는 점도 드러났다. 상호 대등한 계약이 아니라, 회사원처럼 단지 기획사 소속 연예인의 신분이기 때분이다. 멤버들은 기획사와 계약을 해지하는 것이 아니라 '퇴사'로 처리될 뻔했다. 일본에서는 많은 연예인들이 소속사에서 월급과 보너스를 받는다. 톱스타가 아니고서야 방송에 많이 출연하고 광고를 여럿 찍어도 적은 월급을 받는 경우가 허다하다. 철저한 을z이다.

소속사의 '갑질'에 반기를 들 수는 없을까? 물론 가능하다. 소속사의 부당한 행위에 문제 제기를 하고 소송을 건 경우가 여러 건 있었다. 그러나 모두 연예인의 KO 패로 비참하게 끝났다. 승소하더라도 연예계에서 퇴출되었기 때문이다. 방송이나 광고주가 문제 연예인으로 낙인찍고 외면했다. 결국 연예인은 아무리 억울해도 참아야 하는 구조다. 무서운 '침묵의 카르텔'이다. 제아무리 국민 그룹의 멤버라고 해도 바로 꼬리를 내린 이유다.

일본에서 동방신기·카라 사태는 있을 수 없다?

처음 SMAP 해체설 기사가 나왔을 때 나 역시 깜짝 놀랐다. '반란'이 성공하기를 바라는 기대 반, 과연 성공할 수 있을까 하는 우려 반이었다. 조폭 문화가 연상될 정도인 일본 연예계의 관행을 잘 알기 때문이었다. 한국 걸 그룹 카라의 해체설이 불거졌을 때, 어느 저녁 식사 자리에서 일본의 유명 연예 기획사 대표를 만난 적이 있다. 그는 '카라 사태'나 '동방신기 사태'는 일본에서 결코 있을 수 없는 일이라고 장담했다. 일본에서는 계약서가 필요 없을 정도로 기획사와 소속 연예인과의 '신뢰' 관계가 돈독하다며 자랑했다.

또 그는 만일 동방신기 멤버와 같은 방식으로 일본 연예인이 소속사 탈퇴를 감행한다면 소속사뿐 아니라 방송사, 광고 회사가 모두 가만히 있지 않을 것이라고 했다. "모난 돌이 정 맞는다" 식의 일본 속담을 언급하며, 일본 사회는 무엇보다 집단 안정을 중시하므로 '안정을 해치는 행위'에 대해 철저하게 응징한다고 말했다.

"일본 사회는 '일반적 신뢰'가 높지 않다" — 日 심리학자의 반론

일본은 정말 신뢰가 돈독한 사회일까? 일본의 세계적인 사회심리학자 야마기시 토시오 교수는 그렇지 않다고 말한다. 일본은 '안심할 수 있는 사회'이지 '신뢰가 높은 사회'는 아니라고 단언한다. 그는 '안심'을 '상대방이 어떻게 행동하든 조심하지 않아도 되는 상태'라며 신뢰와 구분한다. 예를 들어 〈서유기〉에서 손오공의 머리에 주문을 외면 조여드는 고리를 씌운 덕분에 삼장법사가 손오공의 배신을 걱정하지 않아도 되는 상황이 안심이라는 것이다. 반면, 마법의 고리가 없는데도 삼장법사가 손오공을 믿는다면 이때야말로 진짜 신뢰가 높은 것이라고 말한다. 그는 신뢰를 '불확실성에도 불구하고 상대가 나에게 손해를 끼치지 않을 것이라고 믿고 기대하는 것'이라고 정의했다.

야마기시 교수의 설명대로라면 SMAP의 탈퇴 소동은 일본 사회의 신뢰도가 낮음을 보여 주는 전형적인 사례다. 소속사는 SMAP의 탈퇴를 배신으로 간주하고, 삼장법사가 손오공에게 씌웠던 짓과 비슷한 '마법의 고리'를 이용해 페널티를 준 셈이다. 뒤늦게 SMAP 멤버들은 자신들의 머리를 죄고 있는 고리의 존재를 느끼고, 어쩔 수 없이 백기 투항했다. 그들 사이에 진짜 신뢰는 없었던 셈이다.

실제로 야마기시 교수가 미국과 일본인을 대상으로 낯선 사람에 대한 믿음인 '일반적 신뢰'를 조사했더니, 성인과 학생, 남녀 가릴 것 없이 일본인이 낮게 나타났다. 성인 대상의 조사에서 "대부분의 사람을 신뢰할 수 있다고 생각하는가"라는 질문에 미국인은 47%, 일본인은 26%가 그렇다고 답했다. "대부분의 사람들은 다른 사람에게 도움을 주려고 노력한다"는 항목에 긍정한 사람도 미국인 47%, 일본인은 19%로 배 이상 차이가 났다.

인간관계에 선택지가 없다 — '아웃'될 경우 회복 불가

야마기시 교수는 일본 사회에서 일반적 신뢰가 낮은 이유로 강한 배타성을 든다. 과거 촌락을 이루며 살던 때처럼 지금도 인간관계가 좁고 폐쇄적이어서 낯선 사람에 대한 경계가 심하다는 설명이다. 이는 바꾸어 말하면 기존 인간관계가 그만큼 중요함을 의미한다. 집단 내 관계가 어그러지지 않도록 항상 조심하게 되고, 특히 튀는 행동을 억제하게 된다. '아웃'될 경우 '치명상'을 입을 가능성이 크다 보니, 가능하면 무난한 다수에 동조하게 된다.

일본인에게 집단 배척은 끔찍한 형벌이다. 많은 이들이 여전히 인간관계를 전적으로 지역공동체에 의존해서다. '신체의 일부'라는 말이 있을 정도다. 만일 커뮤니티에서 소외된다면 이는 삶에서 가장 중요한 인간관계를 잃게 된다는 뜻이다. 더욱이 다시 친밀한 인간관계를 형성하려면 오랜 시간과 공을 들여야 한다. 학자들은 일본 사회에선 새로운 관계를 맺는 '관계 형성 능력'보다 '관계 유지 능력'이 중요하다고 말한다.

일본의 무서운 왕따 — 친구가 은밀하게 따돌린다

집단 배척의 가혹함은 일본식 왕따에 잘 나타난다. 더욱이 무서운 점은 일본인은 티를 내지 않고 조용히 따돌린다는 것이다. 따돌림의 대상이 자신이 왕따를 당하는지도 모르게 연락을 끊는 경우가 많다. 먼저 만나는 횟수를 서서히 줄이고, 많은 동료를 내 편으로 만들어서 그 사람으로부터 멀어지게 하는 방식이 일반적이다. 한국인처럼 화난다고 그 자리에서 목소리를 높여 싸우지 않는다. 왜냐면 자신도 똑같이 배제의 대상이 될 수 있기 때문이다.

전문가들은 일본의 이지메는 어른들 눈에는 잘 보이지 않는다고 한다. 장기간에 걸쳐 고통과 타격을 주며 고립시키는데, 특히 비교적 친한 친구가 가해자가 되는 경우가 많다. 영국과 일본의 피해자 가해자 간 관계를 조사한 한 연구에서, 일본은 가끔 놀거나 대화하는 관계가 49.5%로 가장 많았던 데 비해, 영국의 경우는 12.0%에 불과했다. 전혀 모르는 관계는 일본이 3.7%인데 비해 영국은 41.0%로 많았다. 즉 일본은 친구라고 할 수 있는 '면식범'이 가해자인 반면, 영국의 경우는 낯선 사람에 의한 괴롭힘이 많은 셈이다.

또 대인 관계에 선택의 자유가 없어서 오히려 집단 내 친밀도는 떨어지기 쉽다. 사회심리학자인 야마다 준코 등은 캐나다와 일본 비교 연구를 통해 친구와 연인에 대한 일본인의 정서적 거리가 상대적으로 멀다는 것을 확인했다. 그는 일본처럼 폐쇄적인 사회에서는 좋든 싫든 공동체를 유지하면서 살아야 하다 보니, 친한 관계와 그렇지 않은 관계가 마구 섞여 있어 친밀함의 평균 강도가 약한 것 같다고 풀이했다. 반면 캐나다처럼 개방적인 사회에서는 굳이 억지로 사람을 만나지 않아도 되기 때문에, 정말 친한 관계만 오롯이 남을 가능성이 높다고 분석했다.

선행을 벌하는 사회 — 과대 협력자를 억제하는 일본

심지어 집단 안정을 위해 선의의 행동도 억제하는 것으로 나타났다. '선행을 벌하는 사회'인 셈이다. 사회심리학자 고마쓰 미즈호 등은 일본 대학생들이 집단에 가장 헌신적인 사람들, 이른바 '과대 협력자'에게 의외로 호감도가 낮다는 점에 주목했다. 공동 과제를 수행하는 실험에서, 일본인들은 더 열심히 일한 사람보다 평균 정도로 일한 사람에게 더 큰 호감을 보였다. 반면 캐나다 학생들은 '당연히' 집단 기여도가 높은 사람을 더 좋게 평가했다.

일본 학자들은 그 이유로 일본 사회의 폐쇄성을 든다. 좁은 사회에서는 선의의 행동도 집단 내 경쟁을 유발하고 집단 내 대인 관계의 혼란을 가져올 수 있다. 조화가 깨지는 셈이다. 따라서 견제하는 것이 현명할 수 있다. 구성원 간의 긴장과 불화를 야기하는 행동은 장기적으로 더 큰 '비용'을 치르게 만들 가능성이 높기 때문이다.

집단 감시 체제 혹은 섬나라 근성? 아니면 집단 동조 압력?

역사학자들은 그 배경으로 과거 에도시대의 주민 집단 감시 체제를 든다. 막부가 효과적인 통치를 위해 주민들을 서로 감시하게 하다 보니, 생존을 위해 튀는 것을 억제하게 됐다는 설명이다. 더 거슬러 올라가, 공동체의 규범을 위반할 경우 해당 가족이나 주민을 철저히 고립해 벌을 주는 무라하치부村八分(마을의 규칙을 크게 어긴 사람에게 장례·소방 활동을 제외한 관혼상제 등 8가지의 주요 공동체 활동에서 따돌리는 관행)를 들기도 한다. 또 다른 설명은 '섬나라 근성'이다. 도망갈 곳 없는 일본호號라는 배에서 서로 살아가야 하다 보니, 각자의 욕망을 줄이고 가능하면 집단 조화에 맞추는 문화가 형성됐다는 해석이다.

지진이 일어났을 때 침착하게 대응하는 것도 그 때문이라고 해석하기도 한다. 개념이 불분명한 '민족성'으로 설명하는 것은 오해라고 지적한다. 2011년 미국의 미셸 겔판트 등 33개국 심리학자들은 규범과 엄격한 통제가 국가 특유의 문화를 만들어 낸다는 사실을 입증했다. 연구에 참여한 김기범 교수는 일본의 경우 역사적으로 반복된 자연재해로 일탈에 관용적이지 않은 '경직된 사회'가 만들어졌다고 분석했다. 일사불란하게 통제에 따라야 피해를 줄일 수 있기 때문에 그리한 문화가 형성되었다고 설명한다.

갈등과 극단을 피하는 일본인들

그러다 보니 일본인은 갈등을 극단적으로 피한다. 여러 심리학 연구에서, 일본인은 갈등이 빚어졌을 경우 자기주장이나 대결보다는 회피하는 방법을 선호했다.

그러나 예외적으로 회피가 아닌 대결과 주장의 방법을 통해 갈등을 해결하려는 경우도 있다. 가족 간 갈등이다. 가족 관계는 다른 관계와 달리 유대가 워낙 공고하기 때문에, 관계가 붕괴될 위험이 낮고 심각하게 배척당할 우려도 적어서다. 일본인들은 독설을 퍼붓는 개그맨이나 정치인에게 열광한다. 갈등을 피하기 위해 평소 꾹 참아 둔 말을 대신 해 주는 그들에게서 '사이다' 같은 속 시원함을 느끼는 것이다.

"한국은 저신뢰 사회" — 신뢰의 추락

한국 사회는 어떨까? 프랜시스 후쿠야마 교수는 1995년 저서《신뢰》에서 한국과 중국, 남부 이탈리아 등을 대표적인 저低신뢰 사회로 지목했다. 가족주의가 강해, 가족 외에 남에 대해서는 배타적이라는 이유에서다. 반면 일본과 미국, 독일을 고高신뢰 사회로 분류했다. 가족의 틀을 넘어 타인에 대한 일반적 신뢰가 높다는 점을 근거로 들었다. 그는 고신뢰 사회에서는 구성원들이 보편적 규범에 따라 정직하게 행동하고 부패가 적다고 말했다. 신뢰가 효율성과 투명성을 높여 주는 '사회적 자본'이 되기 때문이다.

근거는 제각각이지만 많은 학자들이 한국 사회의 신뢰도가 낮다고 말한다. 2014년 프란치스코 교황의 방한에 한국인이 열광한 이유 중 하나로 정치와 공공 기관에 대한 불신을 지목한다. 한 번도 광우병이 발생하지 않은 나라임에도 불구하고 식품 안정성에 대한 불신이 큰 것 역시 사회 전체적인 불신이 높아서라고 지적한다. 최근 〈베테랑〉, 〈내부자들〉과 같이 재벌과 정치인, 언론인의 불의를 응징하는 영화들이 히트를 친 이유도 신뢰의 추락과 붕괴 때문이라고 하기도 한다. 학문적인 연구 결과를 따지지 않아도 우리 사회의 불신이 심각하다는데 이의를 제기할 사람은 많지 않을 것이다.

특히 룰의 공정성과 투명성에 대한 불신이 큰 것으로 나타났다. 행정학자인 박희봉과 이희창이 한국과 일본의 신뢰 유형과 특징을 비교 연구한 논문을 보면, 한국인이 '제도 공정성 신뢰', 즉 경제적 성공 기회, 법 집행, 교육 기회, 양성평등에 대해 불신하는 정도가 일본인보다 크게 높았다. 최근 젊은 세대에서 이른바 '흙수저론'이 공감을 얻는 것도 이런 제도 공정성에 대한 강한 불신이 고스란히 드러났다고 설명한다. 한국과 일본 모두 전반적으로 신뢰도가 높지 않았지만, 불신의 이유는 달랐다.

"일본보다 한국의 신뢰가 높다"? — 기존 학설을 뒤엎는 수수께끼

그러나 한국인의 '일반적 신뢰'가 일본보다 높다는 연구도 있다. 심지어 미국보다 높다는 결과도 있다. 도쿄대 사회심리학연구실의 하리하라 모토코 박사가 2010년 서울 지하철 2호선과 도쿄 지하철, 뉴욕 지하철에서 낯선 사람들과의 상호작용을 비교해 봤다. 모르는 사람들끼리 서로 말을 건네거나 아이를 보고 미소를 지어주는지, 자리를 양보하는지 등을 관찰해 기록했다. 그 결과 역 100구간당 서울은 평균 45.4회로 뉴욕의 26.2회, 도쿄의 6.6회보다 훨씬 많았다. 세부 행동에서도 서울 시민이 도쿄 시민보다 낯선 사람들과의 교류가 빈번했다. 이는 의심할 여지 없이 한국인이 일본인보다 일반적 신뢰가 높다는 증거로 해석될 수 있는 부분이다.

2006년 사회학자 사토 요시미치의 연구, 2008년 나고야대 심리학과 이가라시 타스크 교수 등의 연구에서도 한국인의 일반적 신뢰가 일본보다 훨씬 높게 나타났다. 특히 사토의 연구에서 일반적 신뢰가 높은 사람의 비율이 한국 53%, 미국 34%, 일본 20%로 한국이 훨씬 높았다. 사토는 이는 기존의 신뢰 연구 결과를 완전히 뒤집는 것이라며 '수수께끼'라고까지 표현했다.

왜 이런 결과가 나왔을까? 하리하라는 대인 관계망의 크기를 그 이유로 들었다. 일본인은 인간관계의 폭이 협소해 낯선 사람의 범위가 상대적으로 넓고 그만큼 경계심도 많다고 해석했다. 한국도 가족주의가 강해 무척 배타적이지만, 실제 인간관계를 맺는 데는 일본인보다 적극적이고 스스럼이 없다고 분석했다. 반면 사토는 한국의 서민들에 주목했다. 이들은 대부분 소득이 높지 않은 자영업자로, 유독 타인에 대한 신뢰도가 높게 나타났다고 한다. 사토는 '낯선 사람에 대한 한국 서민들의 시선이 따뜻하기 때문 아닐까'라고 해석했다.

'일본인을 벗어났다'라는 말의 섬뜩한 의미 ― "역시 튀면 안 돼"?

SMAP 소동으로 돌아가자. 이 사태는 다른 연예인에게도 그들이 머리에 쓰고 있는 '마법의 고리'를 환기시켜 일종의 무력감과 좌절감을 안겼을 것이다. 반면 소속사들은 안도의 숨을 쉬며 그들의 카르텔을 견고하게 하는 계기로 삼았을 가능성이 높다. 보통의 일본인들은 무엇을 느꼈을까? "역시 튀면 안 돼"라는 교훈(?)을 다시 확인하지 않았을까? 국민 그룹의 멤버들도 소속사를 옮기는 것조차 마음대로 못 하는데, 평범한 자신이 뭘 할 수 있을지 생각하지 않았을까? 이런 생각조차 하지 않은 채 무덤덤했을지도 모르겠다.

일본어에 니혼진 하즈레日本人はずれ라는 표현이 있다. '일본인을 벗어났다'라는 뜻으로, 누군가 일본인답지 않은 행동을 했을 때 쓴다. 이 말에는 긍정적·부정적 의미가 모두 포함된다. 일본인이라는 틀을 벗어난 행동에 대해 '용기 있다, 멋있다, 그래서 부럽다'라는 긍정적 시선과 '튀는 행동을 했으니 대가를 치를 것이다'라는 부정적 시선이 그것이다. 후자의 뜻을 처음 들었을 때 나는 섬뜩했다. SMAP 멤버들의 행동에 대해 일본인들은 니혼진 하즈레라는 표현을 떠올리며 묘한 감정을 느끼지 않았을까.

05

그들은 왜 식당에서 50엔 때문에
20분간 진땀 흘렸을까

온가에시

∨∨∨∨∨∨∨∨

왜 일본 엄마들은 단돈 50엔 때문에 20분 동안 진땀을 흘렸나

아이를 일본 초등학교에 보내던 때 아내가 겪은 일이다. 같은 반 아이들과 그 엄마들이 함께 식사를 하는 자리였다. 엄마들 10여 명에 둘째 아이까지 동반한 경우도 있어서 20명이 넘게 모였다고 한다. 식사를 마치고 계산을 할 때, 문제가 생겼다. 각 가족마다 와리칸わりかん, 즉 각자 내기로 자신이 주문한 만큼 돈을 냈는데, 50엔이 모자란 것이었다. 모임의 주선자인 엄마는 당황하며 어디서 착오가 생겼는지 일일이 확인하기 시작했다고 한다. 진땀을 흘리며 주문과 계산서를 확인하길 20여 분, 드디어 어디서 잘못됐는지를 찾아냈다. 당시 그녀가 뿌듯해하던 미소를 아내는 지금도 잊을 수 없다고 한다.

이 일화는 아내와 나에게 약간의 문화 충격을 줬다. 일본인들이 더치페이에 철저하다는 점은 익히 알고 있었지만 그 정도일 줄은 몰랐기 때문이다. 차이가 난 금액은 단 50엔, 우리 돈으로 500원이다. 그 돈 때문에 20여 명이 20분 넘게 기다렸지만, 당연하다는 듯이 아무도 불평을 하지 않았다고 한다.

한국이었다면 어땠을까? 아마 계산을 맡은 엄마가 아무렇지 않게 500원을 더 냈을 것이다. 당시 아내도 그 상황이 답답해서 차라리 대신 그 돈을 내고 싶었다고 한다. 아니, 어쩌면 회식을 시작하기 전에 그중 누군가 호기롭게 오늘은 내가 한턱내겠다고 했을지도 모른다. 만일 일본에서 그런 행동을 했다면 확신컨대 다른 엄마들이 그녀를 의아하게 쳐다봤을 것이다. 그리고 다음부터 엄마들의 기피 대상 1호가 됐을 가능성이 높다. 그런 행동은 일본 사회에서 '배려 없는 엄청나게 무례한 행동'으로 간주되기 때문이다.

中 신문의 일본인 구별법 — "계산기로 정산해 각자 내면 일본인"

일본인의 더치페이 문화는 유명하다. 한 중국 신문이 '일본인 구별법'으로 "식사 후 계산기로 지불 금액을 정산해서 더치페이로 지불하면 일본인"이라고 비꼴 정도로 일본인의 대표적 이미지 가운데 하나다. 일본인들이 동전 지갑을 따로 갖고 다니는 것도 1엔 단위까지 나눠서 계산하는 경우가 많아서라고 한다. 더치페이 건용 스마트폰 앱도 많다. 식당 카운터에서는 더치페이로 계산할지 먼저 묻는 경우가 보통이다. 계산대 앞에서 줄을 서서 각자 계산하는 일이 흔한 광경이다.

우리나라에도 일본의 와리칸은 그들의 대표적인 문화로 잘 알려져 있다. 특이한 일본 문화로 소개되는 단골 메뉴다. 윗세대일수록 '쪼잔해 보인다'며 부정적이지만, 젊은 세대는 일본만큼 철저한 방식은 아니어도 이런 문화에 호의적이다. 한 인터넷 설문조사에서 남녀 간 데이트 비용의 바람직한 부담 비율을 5:5로 꼽은 대학생들이 60% 가까이 되는 것으로 나타났다. 불황과 취업난으로 주머니가 얇아진 데다 깔끔해서 좋다는 인식 때문인 것 같다. 그래도 아직까지 우리의 일반적인 정서는 경제적 여유만 뒷받침된다면 호기롭게 한턱내는 것이 아닐까 싶다.

일본 생활 10년 차 한국인 교수의 문화 충격

일본에서 대학교수로 재직 중인 오선아 발달심리학 교수는 '돈과 관련된 아이들의 생활 세계'를 테마로 2002년부터 중국, 일본, 베트남 학자들과 공동 연구를 진행했다고 한다. 같은 유교 문화권이지만 연구자들끼리 토론하는 과정에서 의견 대립 등 문화 충돌이 일어났는데, 가장 격렬한 주제가 와리칸과 한턱내기였다고 한다. 오 교수를 비롯한 중국, 베트남 교수는 한턱내기 지지파, 일본 교수들은 와리칸 지지파로 나눠졌다고 한다.

오 교수는 토론을 하며 충격을 받았다고 한다. 일본 교수들이 워낙 한턱내기를 부정적으로 평가했기 때문이다. 그녀는 일본에 10년 가까이 살아 와리칸 문화를 잘 안다고 생각했지만, 일본인들이 속으로 '한턱내기=나쁜 짓'이라고까지 생각하는지는 몰랐다고 했다. 오 교수는 "일본인들이 그동안 나처럼 한턱내는 한국인들을 배려 없고 공평하지도 않은 사람으로 여겼겠구나 싶어 심장이 철렁 내려앉는 기분이었다"라고 표현했다.

어떤 말을 했기에 일본 생활 10년 차의 오 교수는 '쇼크'를 받은 것일까? 일본 교수들은 "일본에서 한턱내는 경우는 공갈이나 협박과 비슷한 분위기 아래서다", "일본에도 한턱내기가 있기는 하지만 상하 관계에서나 그렇게 하지 평등한 관계에서는 안 한다"라고 말했다. 교수들뿐만이 아니다. 일반인들을 상대로 한 조사에서도 "평등한 것이 좋지 않나요?", "상대에게 왜 부담을 주나요?"라고 답했다. 한국인들은 서로를 돕는 미덕으로 생각한다고 설명하자, "다른 사람에게 의존하려는 책임감 없는 사고방식 아닌가요?", "한턱내고 다음에 얻어먹으면 결국 의미 없지 않나요?", "한턱내기로 돈을 써서 친해진다면 진짜 친구가 아니지 않나요?"라고 반문하며 이해할 수 없다는 반응을 보였다고 한다.

특히 연구 주제가 아이들의 용돈 사용 문화여서 더 당혹스러울 때가 많았다고 한다. 일본인들은 "아이의 용돈은 부모가 자신의 아이에게 쓰라고 준 돈인데, 그것을 남(친구)들을 위해 써 버리는 것은 나쁜 짓 아닌가?", "가정 형편 때문에 용돈을 받지 못하는 아이도 있는데, 한턱내는 아이들을 보면 어떤 마음이 들까? 내지도, 받지도 않는 것이 좋다"라고 말했다.

日 "와리칸에는 배려와 평등의 정신이 있다"

일본인들이 쏟아 낸 말은 꼬박 4년을 일본에서 살았던 나에게도 놀라운 이야기였다. 한턱내기를 '잘못되고 나쁜 것'으로 생각하리라곤 상상하지 못했다. 나도 일본의 와리칸이 편리하기는 하지만 이기적이라고 생각하고 있었다.

오 교수는 일본인은 '누군가 한턱을 내면 불평등과 상하 관계가 생기므로 평등을 깨는 행동이며, 상대에게 부담감을 주기 때문에 배려가 없다'는 사고 체계를 갖고 있다고 설명했다. 반면 한국과 중국은 한턱내기 문화는 서로 어려울 때 도울 수 있다는 면에서 평등 지향적이고, 상대방에 대한 인간적 배려의 산물이라고 생각하고 있었다. 두 나라는 역설적으로 '평등'과 '배려'라는 같은 근거를 들어 각각의 정당성을 주장하고 있었다.

일본인들은 왜 와리칸을 '善'으로, 한턱내기를 '惡'으로 여기는 것일까? 오 교수는 이런 해석 차이를 돈에 대한 '문화적 사고'가 다르기 때문이라고 분석한다. 일본인은 돈이 얽히기 시작하면 갈등이 생기고 인간관계가 훼손되기 쉽다고 생각했다. 반면 한국인은 경제적 도움을 주고받으면서 인간관계가 더욱 돈독해진다고 인식했다. 일본은 인간관계와 돈 문제를 칼같이 갈라야 한다는 의식이 강했지만, 한국은 그렇지 않았다. 우리는 돈에 대한 가치판단을 '친근함'으로 접근하는 반면, 일본인은 '부담감'의 문제로 접근하는 셈이다.

철저한 '온가에시' — 마음의 부채를 지고 싶지 않다!

이처럼 와리칸은 단순히 습관의 문제가 아니라, 일본인의 가치 체계가 반영된 복합적인 문제다. 그들은 무엇보다 '마음의 부담'을 지기 싫어한다. 아무리 작은 도움이라도 깔끔하게 갚아야 한다는 생각이 강하다. 그래서 와리칸은 일본인 특유의 온가에시恩返し, 즉 '온恩은 반드시 갚아야 한다'는 가치관이 드러난 대표적인 사례로 여겨진다. '온'은 문화인류학자 루스 베네딕트가 쓴 일본인론論에 관한 명저 《국화와 칼》의 주요 키워드이기도 하다.

일본인의 온가에시 문화는 뿌리가 깊다. 일본 전래 동화는 보은報恩 이야기로 넘쳐 난다. 학이 은혜를 갚는 내용의 〈학의 보은鶴の恩返し〉, 지장보살이 은혜를 갚는 〈가사지傘地蔵〉, 일본판 〈우렁 각시〉인 〈우라시마 타로浦島太郎〉 등, 우리에게도 비슷한 전래 동화가 많지만 일본은 유독 보은이 강조된 이야기가 많다는 게 학계의 중론이다. 현대로 와서도 미야자키 하야오 감독의 애니메이션 〈고양이의 보은〉 등 대갚음이 스토리 전개의 핵심인 작품이 많다.

선물 문화에는 이런 특색이 잘 드러난다. 결혼식에 와 준 하객들에게 혼주는 그릇이나 컵, 과자 같은 히키데모노引き出物(답례품)를 선물한다. 아이의 생일 파티를 여는 부모도 손님들에게 답례품을 꼭 마련한다. 여행을 다녀오면 작은 것이라도 오미야게お土産(토산품 선물)를 사 와야 한다. 일본에서 답례 앞에는 '절대' '반드시' '꼭'이라는 부사가 동반한다. 아주 강한 의무다. '섭섭하다' 정도로 끝나지 않고 '예의도 모

르는 사람'으로 찍히고, 인간관계가 무너질 수도 있기 때문이다.

화이트데이가 일본에서 생긴 것도 이런 보은 문화 때문이라는 해석이 있다. 일본인의 정서상 밸런타인데이에 대한 보답을 하지 않고 그냥 지나칠 수 없어, 화이트데이가 만들어졌다는 설명이다. 특히 '의리 초콜릿'을 뜻하는 '기리義理초코' 문화가 있는 것 또한 마음의 부채가 작용했다고 분석한다. 정확히 말하면 이런 심리를 파고든 상술의 산물이겠지만 말이다.

그는 무엇을 잘못한 것일까 ― 대갚음을 항상 생각하는 문화

일본 문화청이 사례로 소개한 다음 일화는 일본인의 독특한 답례 의식을 잘 보여 준다.

"같은 반의 중국인 여자 유학생이 경단을 많이 만들었다며 나눠 먹자고 반 친구들에게 돌렸다. 경단을 받은 일본인 남학생은 마침 고향에서 보내온 과자가 있어 다음 날 답례를 하기 위해 그녀의 집을 찾아갔다. 그녀는 놀란 표정으로 과자를 하나 집어 든 뒤 무척 화가 난 듯 문을 닫아 버렸다. 남학생은 무엇을 잘못했나 싶어 불안해졌다. 이 이야기를 들은 한국인 여자 유학생은 그에게 곧바로 갚는 일본 문화의 특이함에 대해 이야기하면서, 다른 문화권 사람들은 일본인의 이런 행동을 보면 '일본인은 항상 무엇인가를 기대하는 것 아닐까', 또는 '선물에도 저의가 있진 않을까' 생각하게 된다고 말했다."

일본의 언어학자인 구메 데루유키, 하세가와 유리코는《사례로 배우는 이문화 커뮤니케이션-오해와 실패, 엇갈림》에서 일본인은 항상 대갚음을 생각하며 행동한다고 말했다. 정교하게 짜여 있는 이 문화는 사람을 옥죄는 '올가미'가 될 때도 있으며, 다른 문화권 사람들의 오해를 사기도 한다고 분석했다. 미국에서는 일본처럼 무언가를 주면서 보답이나 되돌려 주는 것을 기대하지 않으며, 오히려 되돌려 받았을 때 놀란다고 설명했다. 한국과 중국 등 아시아에서도 친구 사이에 무언가를 곧바로 되돌려 받았을 때 '절교 선언'으로 오해할 위험이 있다며 독특한 일본 문화로 받아들인다고 설명했다.

"일본인은 '채권자 인격' 많아" ― 심리적 부채를 못 견디는 일본인

일본 학자들은 이런 심리를 이른바 '채권자 인격'으로 설명한다. 사회심리학자 그린버그와 웨스트콧은 보답 성향에 따라 '채권자 인격'과 '유자격자 인격'으로 분류했는데, 일본인은 채권자 인격 유형의 사람이 많다는 것이다. 도움을 받는 것이 부담스러워, 차라리 도움 주는 채권자가 되는 게 편한 유형이다. 받은 만큼 돌려줘야 한다는 상호 규범을 신봉하고, 빚지는 것에 민감해서 심리적 부채를 크게 느낀다. 그래서 도움을 받았을 때 채무감 때문에 최대한 빨리 심리적 부채를 해소하고 싶어 한다.

실제 문화심리학자 히토고토 히데후미 등이 미일 대학생을 상대로 조사했더니 도움을 받을 경우 갚아야 한다는 의무감과 심리적 부채가 일본 대학생이 훨씬 큰 것으로 나타났다. 일본인들은 자신이 얻을

유·무형의 이익보다 상대방이 치를 비용에 더 주목하고, 이를 자신이 갚아야 할 빚이라며 민감하게 여겼다. 그래서 도움을 받으면 감사, 기쁨 같은 긍정적 감정과 함께 부끄러움, 미안함 등 부정적 감정도 많이 느끼는 것으로 나타났다. '감사하지만 부끄럽다'라는 착잡한 상태였다.

이런 점에서 일본인은 도움을 주는 사람에 대해 별로 긍정적으로 생각하지 않았다. 타인이나 친구에 비해 특히 가족의 도움에 대해 별로 호의적이지 않았다. 미국인이 가까운 사이일수록 긍정적인 인상을 갖고 감사해하는 것과 대조적이었다. 눈에 띄는 점은, 남자들이 가족으로부터 도움을 받는 데 가장 부정적이었다는 것이다. 예를 들어 회사 일로 고민하는 남편에게 아내가 위로할 경우 오히려 반감을 살 수도 있음을 의미한다.

일본인의 예민한 부채 의식은 서로 도움을 주고받는 것을 가로막기도 한다. 그들이 지하철 안에서 자리를 선뜻 양보하지 않고 양보받지 않는 것도 이런 부담감 때문이라는 해석이 있다. 마음의 빚을 지기 싫은 데다 깔끔하게 갚을 수도 없어 찜찜하다는 이유에서다. 이는 기부가 적은 원인으로도 지목된다. 취재하며 만난 일본 기부 단체 임원은 이런 문화 때문에 기부하는 쪽도 기부받는 쪽도 썩 내켜 하지 않아 기부를 설득하기 어려울 때가 많다고 하소연했다.

사회심리학자 오하시 타쿠마 등이 미일 대학생을 상대로 "친구가 스트레스 받는 일이 생겼다고 느낄 때 위안이나 격려와 같은 도움을 줄 것인가"라고 물었더니 큰 차이를 보였다. 친구의 요청이 있을 때는 미일 모두 90%가 넘게 돕겠다고 나섰지만, 요청이 없을 경우 일본은

30%로 뚝 떨어졌다.

일본에 페이스북보다 트위터 이용자가 많은 이유

언어와 SNS에도 이런 독특한 문화가 반영돼 있다. 언어인류학자인 이데 리사코는 일본어에서 '주고받는 행위'와 관련된 동사가 발달한 이유로 일본인이 온가에시에 예민하기 때문이라고 지적했다. 누가 도움을 받았는지가 중요하기 때문에 일본어는 준 사람이 우리 쪽 사람(가족이나 회사 동료)인지 남인지, 받은 사람이 우리 쪽 사람인지 남인지 알 수 있도록 무척 세분화된 표현이 발달했다는 것이다.

다른 나라와 달리 일본에서 유독 트위터가 페이스북보다 인기를 끄는 이유로도 온가에시 문화가 거론된다. 짧은 글, 익명성도 일본 문화와 잘 맞지만, 트위터의 리트윗 기능도 큰 몫을 한다고 말한다. 바로 보답할 수 있어서, 의무감을 느끼지 않아 좋다는 사람들이 많다. 반면 페이스북은 사생활이 노출된다는 점 때문에 일본인들이 덜 선호하는 것으로 분석한다. 2015년 12월 기준 전 세계 페이스북 이용자는 15억 9,000만 명, 트위터는 3억 2,000만 명으로 페이스북 이용자가 압도적으로 많은데, 유독 일본에서만 월간 실이용자가 트위터 3,500만 명, 페이스북 2,500만 명으로 역전돼 있다. 전 세계 2015년 트위터 가입자 증가율 1위 역시 일본이라고 한다.

일본인이 공짜를 싫어하는 것도 이런 마음이 부채와 관련이 있다고 설명한다. 일본에서 사업을 하는 한 지인은 일본에서는 무료 시식보다 유료 시식이 더 인기 있다고 귀띔했다. 우리와 달리 무료 시식을 손님들이 무척 부담스러워하지만, 약간의 대가를 지불하는 유료 시식 코너는 오히려 부담을 덜 느껴서 그런지 잘 찾아온다고 했다. 개인적인 경험으로도 일본에는 공짜가 없다는 걸 종종 느낀다.

'청출어람'도 온가에시 — "받은 것은 반드시 돌려줘야"

일본의 온가에시 문화를 이해할 때 유의할 점은 '온'이 우리의 '은혜'보다 넓은 의미의 표현이라는 점이다. 친절과 물리적 도움, 정신적 도움, 정보 제공의 도움을 모두 포함한다. 수동적으로 받은 모든 것, 반드시 돌려줘야 하는 부채다. 특히 운동경기에서 이 표현이 쓰일 때 독특하다는 느낌을 받는데, 유명 야구 선수가 '친정 팀'이나 옛 스승의 팀을 만나서 잘했을 때도 온가에시라고 표현한다. 스승의 은혜를 갚았다는 의미로, 일종의 청출어람青出於藍인 셈이다.

특히 스모 중계에 이 표현이 자주 등장한다. 예전에 가르침을 준 스모 선수를 이기고 올라갈 때 보은을 했다고 말한다. 자신이 햇병아리일 때 자신의 성장을 도와준 스승을 넘어섰다는 점에서, 제대로 대갚음을 했다는 의미를 담고 있다. 특히 최고 등급의 스모 선수인 요코즈나橫綱를 이겼을 때 중계진은 "훌륭한 온가에시를 했다" 하며 찬사를 보낸다.

일본인이 유독 과거의 일을 되새기며 감사의 말을 하는 것도 넓은 뜻의 온가에시로 해석된다. 이테 히사코 교수는 일본인은 식사 대접이나 선물을 받았을 때 최소 세 번의 인사를 기본으로 한다고 말한다. 처음 받았을 때 한 번, 집에 가서 감사의 메일로 한 번, 그리고 다음에 만났을 때 한 번이다. 이테 교수는 한국에서 생활할 때 한국인들이 선물을 받을 때만 감사하다고 표현해서 섭섭했다고 한다. 일본인이 전화할 때 "항상 신세를 지고 있습니다"라는 상투어로 시작하는 것도 비슷한 맥락이다.

친한 친구란? — 韓 "거리감 없어야" vs 日 "거리 지켜야"

이렇게 정확하고 깔끔하게 주고받는 일본인의 문화는 우리의 정情 문화와 자주 부딪친다. 사회심리학자 조선영과 이누미야 요시유키 등은 한일 대학생 비교 연구를 통해 한국인은 친해지면 거리감 없는 사이가 되고 싶어 하지만, 일본인은 아무리 친해도 일정한 선을 지키려 한다며 이를 온가에시 문화와 연관해 설명했다. 일본인은 부탁과 거절에 대해 한국인보다 훨씬 큰 부담감을 갖기 때문에 거리를 유지하려 한다고 풀이했다. 한국인은 이런 일본인이 이해 타산적이고 차갑다고 오해해 섭섭해지기 쉬운 반면, 일본인은 한국인이 배려가 없고 무례하다고 느끼기 쉽다고 분석했다.

특히 일본인은 한국인이 친분의 증거로 과도한 '부담'을 요구한다고 생각한다. 한 경영학자는 "한국인은 사이가 깊어지면 관계를 확인하기 위해 일부러 돈을 빌리는 등 민폐 끼치는 행동을 하려고 한다"라며, 일본인 입장에서는 이런 문화를 이해할 수 없다고 했다. 사회심리학자 야마자키 미즈키도 중일 대학생의 친구 관계 유지법을 비교하며, 일본인은 친구 간에 임차 관계 맺기를 무척 꺼린다고 분석했다. "친구가 두 달 치 생활비를 빌려 달라고 부탁할 때 들어주겠는가"라는 질문에 중국인은 71%가 그렇다고 답한 반면 일본인은 9%에 그쳤다. "음료수를 사러 갈 때 아무 말 하지 않더라도 친구 것까지 사다 준다"라고 답한 비율도 중국은 72%, 일본은 11%였다.

데이트 비용도 와리칸?

와리칸 이야기로 돌아오자. 일본 남녀는 데이트 비용도 무조건 각자 부담할까? 그렇지 않다. 한국만큼은 아니지만 남녀 간 데이트에서는 남자가 더 많이 내는 편이라고 한다. 호감 있는 상대일수록 더욱 그렇다. 한 카드사의 조사 결과, 데이트 시 남성이 좀 더 내는 경우가 약 50%로 가장 많았다. 재미있는 것은 첫 데이트에서 식사를 한 뒤 비용을 와리칸으로 내는 남성에게 일본 여성의 약 절반이 '구두쇠', '나에게 관심이 없구나' 하고 받아들인다는 점이다. 일본 여성도 이때만큼은 와리칸을 평등이나 배려의 틀로 해석하지 않고, 상대방이 자신에 대해 갖고 있는 호감의 척도로 여기는 셈이다.

학자들은 한턱내기와 와리칸을 둘러싼 한일 간 오해도 문화적 해석의 차이라고 지적한다. 한쪽은 '친근함'의 틀로 이해하는 반면, 다른 쪽은 '부담감'의 틀로 풀이하는 것이다. 뿌리 깊은 가치관의 차이를 단번에 뛰어넘을 수는 없지만, 적어도 상대방에 대해 잘못되고 나쁜 사

람이라는 선악 차원이 아니라, 단지 문화관이 다른 사람으로 이해할
수 있으면 좋겠다.

06

일본인이 2~3초마다
맞장구를 치는 이유

소통법

＞＞＞＞＞＞＞＞

한일 간 의사소통 과정에서 오해나 트러블이 자주 발생한다. 80년대부터 한일 커뮤니케이션 스타일을 비교하는 대조 언어 연구가 활발히 진행됐는데, 그 성과들 중 유용한 팁을 정리해 봤다.

1. 맞장구

＞＞＞＞＞＞＞＞

일본에만 있는 '맞장구 미인'

도쿄 특파원이었던 만큼 나는 일본 TV 뉴스 프로그램을 집중적으로 모니터링했다. 우리와 전체적으로 비슷했지만, 독특한 점으로 남자

아나운서 혼자 멘트를 하고 있음에도 카메라가 여자 아나운서까지 한 화면에 잡는 경우가 많았다. 한국에서 남녀 앵커를 함께 잡는 경우는 메인 뉴스의 경우 오프닝과 클로징 때뿐이다. 그리고 두 사람 다 멘트를 한다. 그런데 일본은 말을 안 하는 여성 아나운서를 자주, 그것도 길게 비춘다. 쑥스러울 법도 한데, 왜 이런 관행이 생긴 것일까?

일본 언어학자 이데 리사코는 일본의 맞장구 선호 경향과 연결해 설명한다. 여성 아나운서의 역할은 일종의 맞장구를 치는 일이다. 뉴스에 어울리는 표정과 몸짓을 지음으로써, 시청자가 뉴스에 감정적으로 공감할 수 있도록 돕는다. 서비스로 '연출'을 하는 셈이다. 여자 아나운서를 유심히 보면, 말은 하지 않지만 기사 내용에 따라 희로애락이 담긴 표정을 짓거나 고개를 끄덕인다. 이데 교수는 이때 여자 아나운서를 맞장구 미인あいづち美人의 전형적인 사례라고 소개한다. 맞장구 미인은 맞장구를 잘 쳐 더 예뻐 보이고 호감이 가는 여성을 뜻한다.

그 정도로 맞장구는 일본인의 의사소통에서 중요하다. '성공 열쇠'로까지 여겨진다. TV 오락 프로그램에서 연예계 선배가 후배에게 어떻게 하면 세련되고 품격 있게 맞장구를 칠 수 있는지 자신의 비법을 전수하기도 하고, 신문이나 주간지가 소개하는 '좋은 첫인상의 비결'에도 맞장구 잘 치는 법이 반드시 포함된다.

맞장구치지 않으면 불안하다 — "통화할 땐 2~3초에 한 번 꼴"

일본 학자들 스스로 '일본인은 세계에서 가장 많이 맞장구를 치는 민족'이라고 말한다. 미국의 언어학자 메이나드의 연구에서는 일본인이 미국인에 비해 맞장구를 2.9배 정도 많이 치는 것으로 나타났다. 서구에는 맞장구라는 말 자체가 없다. 그만큼 맞장구에 큰 의미를 부여하지 않는다는 증거다. 일본에 처음 방문한 외국인은 일본인이 대화 도중 맞장구를 빈번히 치는 것에 당황하는 경우가 많고, 심지어 화가 나거나 불쾌해져서 대화를 중단하기도 한다.

반대로 일본인은 반응이 없는 외국인의 모습에 불안해져서 내용을 재확인하기도 하고, 이야기를 중단하기도 한다. 상대방이 화가 난 것으로 오해하기도 하고, 자기 이야기에 관심이 없거나 지루해하는 것으로 해석하기도 한다. 특히 전화로 통화할 때는 상대방의 표정을 볼 수 없어 이런 불안이 더 커지는데, 커뮤니케이션학자 니시다 츠카사의 연구를 보면 일본인은 전화를 하면서 상대가 이야기를 듣고 있는지 서로 확인하기 위해 2~3초 간격으로 맞장구를 반복하는 것으로 나타났다.

맞장구 많이 치는 사람 ― 日은 플러스, 韓은 마이너스

한국에도 맞장구 문화는 있지만 일본과는 다르다. 가장 큰 차이는 맞장구를 많이 치는 사람에 대한 평가다. 한국은 마이너스 평가가, 일본은 플러스 평가가 더 많다. 언어학자 임영철과 이선민의 연구를 보면 일본인은 맞장구를 많이 칠수록 상대방에 대해 호감도가 높아져 '예의 바른 사람'과 같은 긍정적 인상을 받지만, 한국은 반대로 '가볍고 경솔한 사람', '품위 없는 사람' 같은 부정적 인상을 받았다. 특히 윗사람과 갖는 공식적인 자리에서의 맞장구에 대한 인식 차이가 두드러졌다. 한국은 맞장구를 삼갔지만, 일본은 맞장구를 더 많이 쳤다.

한일 맞장구 문화의 또 다른 결정적 차이점은 일본인은 자신의 의견과 달라도 맞장구를 친다는 점이다. 언어학자 이선아의 연구에서 일본인은 자신의 의견과 다를 때 맞장구를 치는 경우가 전체 맞장구의 81%나 됐다. 언어학자들은 일본인들이 그것을 '배려'라고 생각하기 때문이라고 해석한다. 일본인들이 논쟁을 싫어하고 그 자리가 깨지거나 불편해지는 것을 견딜 수 없어 반대 의견에도 맞장구를 친다는 것이다. 일본인에게 맞장구는 원활한 인간관계를 위한 수단일 뿐인 셈이다. 반면 한국인은 자신과 반대 의견에는 맞장구를 치지 않고, 자신의 주장에 유리한 사실을 말할 때만 주로 맞장구를 쳤다.

차이 나는 점이 또 있다. 일본인이라고 해서 상대가 많이 맞장구친다고 무조건 좋아하진 않는다. 한국은 상대방의 말을 앞서 나가거나 다른 표현으로 바꾸는 맞장구를 자주 쓰는데, 일본인은 그에 대해 거부감을 느꼈다. 맞장구를 통해 자신의 감정을 표출할 때도 부정적이었다. 맞장구가 '자기주장'의 수단은 결코 아닌 셈이다.

마지막으로 일본 맞장구에는 '하이하이はいはい', '에에에ぇぇぇ' 등 같은 말을 반복하는 이른바 중복형 맞장구가 많다. 이를 접한 한국인은 '왜 이리 호들갑이지?' 하며 놀라는 경우가 많다. 여기서 주목할 점은 속도와 반복 횟수다. 빠르게, 또 여러 번 반복할수록 실제로 동의하고 있을 가능성이 높다. 즉, 천천히 한두 번 하는 맞장구는 대화의 진행을 위한 것이거나 별 감흥이 없다는 표시일 수 있다.

사과하는 이유가 중요한 韓 vs 마찰 피하기가 중요한 日

KBS 드라마 〈공부의 신〉은 일본 드라마 〈드래곤 사쿠라〉를 리메이크한 작품이다. 사회언어학자 윤수미는 일본 원작과 한국 리메이크 드라마의 같은 장면을 비교해, 양국의 사과 방식을 분석했다.

日 〈드래곤 사쿠라〉
엄마: 나오미, 정말 미안해.
나오미: 그만둬. 이미 101번째야, 그 대사.
엄마: 그래도…….
나오미: 됐다니까.

韓 〈공부의 신〉
엄마: 풀잎아.
풀잎: 응?
엄마: 너한테 맨날 안 좋은 모습만 보이고, 정말 미안해.
풀잎: 왜 그래, 갑자기.
엄마: 내 딴에 좋은 엄마 되려고 노력했는데 잘 안 됐어. (중략)

엄마가 딸에게 미안함을 표현하는 장면이다. 한국 엄마는 왜 미안한지를 명확히 이야기하고 있다. 윤수미는 한국인은 사과할 때 일본인보다 말이 50% 정도 더 많으며, 이유를 많이 설명한다고 지적했다. 정현아의 연구에서도 한국인은 사과할 때 일본인보다 자신의 상황을 설명하거나 변명하는 경향이 강했다.

학계에선 한국인의 사과 유형을 '문제 해결 중시형', 일본인을 '인간관계 중시형'으로 분류한다. 미국인 역시 문제 해결 중시형이 많다. 이 유형은 상황 해결에 초점을 맞춰, 왜 사과하게 됐는지 설명하고 대안을 제시해서 문제 상황을 되돌리려는 유형이다. 설명은 '변명'이 아니라 '정중한 설명'으로 여긴다. 사안이 심각할수록 적극적으로 나서지만, 심각하지 않다고 판단하면 소극적이 된다.

반면 일본인이 취하는 인간관계 중시형은 문제 해결보다 인간관계 유지가 중요하다. 자신이 얼마나 미안한지, 그 마음을 표현하는 일이 가장 중요하다. 자신의 상황을 설명하고 이해를 구하기보다 상대방에 맞춰 자신의 요구를 포기하려고 한다. 따라서 아무리 사소한 일이라도 자신의 미안한 마음을 표현하는 것이 더 중요하다.

한일 차이를 정리하면, 사과의 양은 일본인이 더 많다. 하지만 말은 한국인이 더 길게 한다. 상황을 설명하기 위해서다. 반면 일본인은 이를 '변명'으로 여긴다. 한국인은 문제가 심각해야 사과하지만, 일본인은 끼치는 손해나 민폐가 명확하지 않아도 사과하며 '심리적인 피해'까지 포함한다. 한국인은 가능하면 사과를 여러 번 하지 않지만, 일본인은 여러 번 반복한다. 한국인은 친밀할수록 사과를 너무 여러 번 반복하며 어색하다고 여기지만, 일본인은 당연하다고 생각한다.

3. 거절

〰〰〰〰〰〰〰

일본에 간 한국 IT 기업들, 왜 뒤통수를 맞았다고 생각했을까

한국에서 한창 IT 붐이 불 때였다. 많은 IT 기업들에게 투자 명목으로 엄청난 돈이 쏟아졌다. 당시 '현금 실탄'을 든든히 장전한 많은 IT 기업들이 해외 투자를 적극적으로 추진했고, 그중에 하나가 일본 시장이었다. 일본도 접대 문화가 발달한 곳이어서 많은 벤처 사업가들이 일본 기업의 임원이나 공무원을 고급 식당 등에서 접대했다고 한다. 그리고 그런 자리에서 일본인들의 호의적인 말을 듣고 많은 기업들이 성공의 꿈에 부풀었다고 한다.

벤처 사업가들이 들었다는 말은 "최선을 다하겠습니다"였다. 결과는 어땠을까? 대부분 실패로 끝났다. 많은 벤처 사업가들이 일본인에게 뒤통수를 맞았다며 분해했다. 말과 달리 최선을 다하지 않았다는 것이다. 일본인들이 거짓말을 한 것일까? 차분히 따져 보면 그들은 무엇인가를 약속한 적이 없다. 그냥 최선을 다하겠다고 말했을 뿐이다.

언어학자들은 이런 오해가 한국인과 일본인 사이에 자주 일어난다고 말한다. 일본인은 명확한 거절을 하지 않는다. 애매한 표현, 또는 우리가 볼 때 긍정적인 표현을 쓰는 경우가 많다. 이데 리사코 교수도 비슷한 경험을 이야기한다. 한국에 있을 때 대학생들이 자꾸 곤란한 부탁을 해서, 자신은 완곡한 거절의 의미로 "생각해 보겠다"라고 이야기했다고 한다. 하지만 한국 대학생들이 왜 약속을 지키지 않았냐고 항의해 와 무척 곤란했다고 말한다. 홍민표 교수의 비교 연구를 보면 일본인은 '생각해 보겠다'라는 말을 주로 누군가의 부탁이나 의뢰를 거절할 때 많이 사용하는 것으로 나타났다.

거절임을 알 수 있는 일본 특유의 방식이 또 있다. 뒷부분은 생략하거나 말끝을 흐리는 경우다. 예를 들어 "약속이 있는데⋯⋯" 하며 곤란한 표정을 짓는다. 뒤이어질 '안 됩니다'가 생략된 채 얼버무린다. 특히 "소레와 조토それはちょっと(그건 좀)⋯⋯"라고 한 뒤 말을 끝까지 잇지 않는 경우, 100% 거절이라고 해석해야 한다.

솔직하게 설명하는 한국인 vs 애매하게 미루는 일본인

언어학자들의 연구 결과를 보면 한국인과 일본인의 거절 스타일은 확연히 다르다. 한국인은 거절할 때 솔직하게 이유를 설명하는데 비해, 일본인은 애매하게 말하고 일단 다음으로 미루는 경우가 많았다. 한 한일 연구에서 솔직하게 거절하는 비율은 일본이 25%로, 한국 50%의 절반에 그쳤다. 또 다른 연구에서는 '다음 기회'로 일단 미루겠다는 일본인이 85%로 압도적으로 많았다.

이 가운데 가장 오해를 살 수 있는 부분은 '거절한 이유'에 대한 생각 차이다. 일본인은 거절하게 된 사정을 이야기하면 무조건 구차한 변명으로 여긴다. 일본인들 사이에는 '거절 이유=상투적 평계'라는 보이지 않는 룰이 형성돼 있기 때문이다. 이유를 달면 달수록 볼성실하다는 인상을 받는다. 반면 한국인은 거절의 이유를 말하는 경향이

커뮤니케이션 심리 코드 175

무척 강했다. 충분히 설명하는 것이 예의라고 여기기 때문이다.

일본인이 애매하고 완곡하게 거절하는 것은 '인간관계의 파탄'을 걱정해서다. 언어학자들은 일본인이 상대의 감정을 상하지 않게 하기 위해 정중함을 담아서 완곡하게 표현하려 노력한다고 설명한다.

4. 칭찬

가족 칭찬에는 인색, 남 칭찬에는 후한 일본인

일본인들의 칭찬 스타일은 무엇보다 가족에게 박하다는 점이다. 일본 청소년연구소의 조사 결과, 한국과 비교해 일본 부모의 칭찬 비율은 절반도 되지 않았다. 아이가 공부를 열심히 해도 그것은 당연한 것이어서 일일이 칭찬할 필요가 없다는 부모들이 많았다. 홍민표 교수는 일본인들이 가족 등 같은 집단에 속하는 구성원에게 하는 칭찬을 '자화자찬'으로 생각해서 꺼린다고 분석했다.

반면 타인에 대해서는 칭찬이 후했다. 언어학자 김경분 교수의 비교 연구를 보면 일본인은 칭찬할 때 긍정적인 말로 일관하는 것으로 나타났다. 반면 한국인은 좋은 말만 하진 않고, 중립적이거나 쓴소리를 함께 하기도 했다. 또 일본인은 칭찬 후 상대가 반응을 하면 다시 칭찬을 하는 등 여러 번 반복하는 경향이 있었다. 칭찬을 할 때도 자신이 이야기를 주도하기보다 상대에 맞추려고 노력했다.

반면 한국인은 구체적 이유나 근거를 덧붙여 직접적이고 확실하게 칭찬하는 경우가 많았다. 예를 들어 일본인은 "멋진데", "대단해" 등 일반적인 칭찬으로 끝낸다면, 한국인은 "어렵다는 테스트를 한 번에 통과하다니 대단하다" 같은 식이다. 칭찬 자체보다 자신의 의견과 감상을 말하는 데 중점을 많이 뒀다. 상투적인 표현이 많은 일본인의 칭찬과 다른 점이다. 언어학자들은 그 때문에 한국인 입장에서는 일본인의 칭찬이 '공허'하게 들리기 쉽다고 지적한다.

칭찬에 대한 반응은 어떻게 다를까? 한국인이 일본인보다 더 긍정적으로 받아들이는 것으로 나타난다. 김경분 교수의 연구에서 칭찬에 대한 부정적 응답이 한국은 10% 미만이었던 반면 일본인은 30%에 달했다.

5. 호칭

전천후 표현인 '~상さん' · 막내의 시각에 맞춘 日 가족 호칭

호칭에도 한일 간 차이를 보인다. 비슷하면서 다른 것이 일본어의 '~상さん'이다. 한국어로는 '~씨'로 번역되지만, 쓰임새가 서로 다르다. 일본어에서 '~상'은 자주 쓰이고 활용도가 높은 편리한 접미어다. 초면에 사용해도 무방하며 사실상 상하노소를 가리지 않고 언제든 사용해도 크게 어색하지 않은 '전천후 표현'이다. 그러나 한국어의 '~씨'는 사용할 수 있는 경우가 무척 제한적이다. 특히 윗사람에게는 쓸 수 없으며, 동기 사이에 쓰는 것도 아주 자연스럽지는 않다.

또 일본어에서는 모든 가족이 식구 중 '막내'의 호칭에 맞춰 부른다. 그러다 보니 남편이 자신의 아내를 (자녀의 관점에 맞춰) '엄마'라고 부른다. 우리처럼 'OO 엄마'가 아니라, 그냥 '엄마'다. 남편에게도 마찬가지다. 아내는 남편을 '아빠'라고 부른다. 심지어 부부 둘만 있을 때도 서로 엄마, 아빠라 부르곤 한다. 같은 동양권인 우리가 느끼기에도 의아한 이런 호칭 문화는 서구인에게는 더 신기해 보이는 것 같다. 어느 외국인은 칼럼에서 "할아버지를 부를 때, 그의 아들(아버지)도 할아버지라고 하고 손자도 할아버지라고 하니 너무 헷갈린다"라며 지적했다. 학자들은 옛날 대가족 제도하에서 호칭이 헷갈릴 집안 막내를 위해 모든 가족이 막내의 호칭에 맞추어 부르다 생겨난 풍습이라고 해석했다. 막내둥이에 대한 일종의 배려인 셈이다.

호칭을 선호하는 한국인 vs 호칭을 피하는 일본인

윤수미 교수는 인기 할리우드 영화의 부부 간 호칭 횟수와, 동일 영화의 한국어 자막과 일본어 자막에서의 호칭 횟수를 비교했다. 그 결과 원본 영화의 호칭 건수를 100이라고 보면, 한국어 자막은 60% 정도, 일본어 자막은 20% 미만을 번역해 썼다. 같은 상황에서 한국인은 미국인에 비해 부부 간 호칭을 덜 사용하지만, 일본인에 비해선 약 3배를 사용하는 셈이다. 한일 간 원작 드라마와 리메이크 드라마를 비교한 연구에서도, 한국이 부부 간 호칭을 4~6배 많이 쓰는 것으로 나타났다. 표현도 한국인이 압도적으로 풍부했다. 윤 교수는 한국인은 호칭을 선호하고, 일본인은 호칭을 피한다고 설명했다.

윤 교수는 한국인은 호칭을 자신의 감정을 표현하는 적극적 수단으로 생각하는 반면 일본인은 그렇지 않기 때문이라고 분석했다. 일본인은 주로 대화를 시작할 때 주의를 환기하기 위해서만 호칭을 쓰는 반면, 한국인은 대화 중에도 끊임없이 다양한 호칭을 번갈아 사용했다. 예를 들어 아내가 화난 남편을 달래기 위해 "자기야~잉~" 하는 식으로 콧소리를 섞어 감정에 호소하고, 남편을 비난할 때는 "김용승!"처럼 '성+이름'으로 불러 자신이 화났음을 간접적으로 표현한다.

6. 권유와 감사

권유 | 할인해 주는 韓 기업 vs 축구장 지어 주는 日 기업

무역 관련 기관에서 일하는 지인이 말하길, 한국과 일본의 대기업이 비슷한 시기에 동구권에 진출했는데 마케팅 방식이 확연히 달랐다고 했다. 한국은 가격을 대폭 할인해 주며 당장 얻을 혜택을 강조한 반면, 일본은 축구장을 지어 주며 친밀함을 강조했다는 것이다.

대조언어학자 구연화가 한일 잡지의 화장품 광고를 비교한 연구에서도 이런 차이가 나타났다. 한국은 화장품의 기능과 품질을 강조하며 소비자들이 상품을 사용해 얻을 이익과 만족을 적극적으로 주장했다. 반면 일본은 소비자에게 친근히 다가가면서 주변적 정보를 먼저 제공해 관심을 끄는 유형의 광고가 많았다. 예를 들어 자외선 차단제 광고라면 한국은 '자외선 50% 차단' 등의 문구가 많고, 일본은 '자외선이 강한 시간대 오후 2시'라고 하는 식이다.

광고 문구도 달랐다. 한국 광고에는 '~해 주세요' 하는 표현이 많다. 지시나 명령이라기보다는, 돌아갈 이익을 강조해 소비자가 지갑을 열게 하려는 적극적 방식이다. 반면 일본은 도-조どうぞ라는 표현을 빈번하게 사용한다. 일본어 특유의 '모호한 권유'다. 언어학자들은 일본인들에게 '~해 주세요'라는 표현은 아무리 정중해도 명령형으로 여겨져 불편해한다고 분석한다.

감사 | "사소하다고 감사 표하지 않는 한국인에 화나"

일본인들이 한국인에 대해 무례하다고 느끼는 것 중 하나는 사소한(?) 일에 대한 감사 표현이 부족하다는 점이다. 언어학자 이재준이 한일 대학생을 상대로 연구한 결과 전체적으로 한국인은 감사의 뜻을 잘 표시하지 않았다. 프린트를 나눠 주는 행동에 대해 한국인은 동급생이나 후배에게 10~20%, 선배에게도 약 30%만 고맙다는 말을 한 데 비해, 일본인은 70% 이상이 친한 친구나 후배에게도 깍듯하게 고마움을 표현했다.

일본인은 고마움을 강하게 느끼건 약하게 느끼건 감사 표현을 하려고 했다. 반면 한국인은 고마움을 별로 느끼지 않을 경우 감사 표현 비율이 현저하게 낮았다. 특히 친한 사이 또는 후배에게 더 그랬다. 당연하다고 생각하기 때문인데, 일본인들은 이를 '예의 없는 행동'으로 여겼다. 실제로 일본인들이 모인 온라인 게시판에는 낯선 한국인이 거리에서 "지금 몇 시예요?"라고 묻고는 아무런 감사의 표시도 없이 사라져 화가 났다는 일화가 소개되곤 한다.

7. 일본어와 한국어

정형화된 표현이 많은 일본어 vs 다양하고 풍부한 표현의 한국어

언어학자들은 한국인의 언어 사용에 대해 '십인십색'이라는 표현을 쓴다. 사용하는 언어가 풍부한 데다 표정도 다양하다는 것이다. 반면 일본은 의례적 표현이 많고, 특히 인사말에 정형화된 표현이 많다고 말한다. 그래서 외국인이 일본어 표현 몇 가지만 외워도 일상생활에 큰 문제가 없다고 할 정도다.

반복 확인형 일본어 vs 1회 완결형 한국어

이데 리사코 교수는 일본인은 과거의 일을 계속 환기시키며 반복적으로 인사한다면서 일본의 유형을 '반복 확인형'으로, 한 번만 말하는 한국을 '1회 완결형'으로 구분했다. 이 사실을 염두에 두는 것이 무척 중요하다. 일본인과의 소통에서 큰 오해를 살 수도 있기 때문이다. 한국인은 감사할 일이건 사과할 일이건 과거에 대해 한 번만 언급하면 충분하다고 보지만, 일본인은 그럴 경우 무척 섭섭해한다.

불투명한 일본어 vs 투명한 한국어

이데 리사코 교수는 한국어가 직설적이고 솔직해 분명하다는 면에서 '투명한 언어'라고 표현한다. 반면 일본어는 소극적이고 애매해 '불투명한 언어'라고 표현한다. 예를 들어 일본어는 '도-조', '도-모ど꿓'를 많이 쓰는데, 이를 한국어로 옮기려면 마땅한 표현이 없다. '어서(드세요)', '정말(감사해요)' 등 상황에 따라 의역할 수밖에 없는데, 한국어와 달리 뜻이 다양하고 애매하다.

듣는 사람이 중요한 일본어 vs 말하는 사람이 중요한 한국어

한국어와 일본어는 흔히 '고高맥락 언어'로 분류된다. 맥락에 따라 의미의 변화가 심해, 겉으로 드러난 뜻보다 숨은 뜻이 더 중요한 경우가 많은 언어라는 뜻이다. 한국어와 일본어로 범위를 좁히면 일본어가 훨씬 더 맥락에 의존한다. 한국인은 솔직하게, 일본어는 에둘러서 표현하는 방식을 선호한다.

그래서 한국어는 말하는 사람이 자신의 뜻을 정확하게 표현하는 것이 중요하다. 하지만 일본어는 듣는 사람이 잘 들어야 한다. 우회적으로 말한 사람의 뜻을 정확하게 파악해야 하기 때문이다. 《한국인과 사귀는 법》의 저자 오사키 마사루는 "일반적으로 일본인은 자기주장이 적고, 삼가는 것과 배려를 중시해 '좋은 화자'보다는 '좋은 청자'가 되려고 노력한다. 반면 한국인은 자기주장이 강하고, 흑백을 명확히 구분하는 것을 좋아한다"라고 지적했다.

PART 3

가정과 일상의
심리 코드

일본인 심리 상자

01
일본판
'땅콩 회항 사건'

독박 육아

〰〰〰〰〰

왜 그녀는 비행기에서 소동을 피웠을까

"더 이상은 싫어! 내릴 거야, 뛰어내릴 거야!" 2012년 여름 일본 JAL의 한 국내선 기내에서 40대 여성이 갑자기 소리를 지르며 출구 쪽으로 달려갔다. 비행기는 막 착륙준비 등이 들어온 상태, 여성의 돌발 행동은 굉장히 위험했다. 승객들은 놀랐고, 승무원은 그녀를 진정시키느라 진을 뺐다. 이 여성은 유명 만화가인 사카모토 미메이로, 그녀를 패닉 상태로 몬 것은 다름 아닌 갓난아기의 울음소리였다. 그녀는 한 살배기쯤 되어 보이는 아기가 비행기 이륙 때부터 1시간 가까이 울어 인내심이 되네 '돌이 비렸다'고 말했다. 그녀는 갓난아이의 엄마에게 "아기 엄마! 비행기를 처음 탄 것 같은데, 아기가 더 클 때까진 비행기에 태우면 안 돼요. 갓난아기라고 뭐든 봐줄 수 있는 건 아니니까!"라며 쏘아붙이기까지 했다.

이 사건이 알려진 건 사카모토 스스로 잡지에 글을 기고했기 때문이다. 그녀는 당시 기내 소동만으로 분이 안 풀렸는지, 착륙 후 항공사 측에 강하게 항의했다. 그녀가 항공사 측에 요구한 내용 가운데는 기내 방음 칸 설치 등 비교적 합리적인 것도 있었지만, 무리한 것도 있었다. 우는 아이에게 수면제를 먹인다거나, 2세 이하의 유아는 비행기 탑승을 금지해야 한다 등의 '개선책'을 제안했다.

국내에서 이런 사건이 벌어진다면 어땠을까? 무엇보다 당사자가 이런 글을 당당히 올리지도 않았겠지만, 알려지면 2014년 '땅콩 회항 사건'까지는 아니더라도 큰 물의를 빚지 않았을까. 그녀의 행동은 승무원의 업무를 방해하고 승객들에게 불안감과 불쾌감을 주는 '난동'에 가까운 것이었다. 항공기의 안전 운항을 심각하게 저해한 행위다. 특히 착륙 직전의 비행기에서 출구 쪽으로 달려간 행동은 법적으로 충분히 처벌이 가능하다. 더욱이 한 살배기 아이에게 수면제를 먹이자는 발상은 두고두고 욕을 먹었을 것이다.

日 여론 "갓난아기의 비행기 탑승은 민폐"

이 사건이 알려지자, 일본 내에서도 논란이 일었다. 언론과 식자층 사이엔 비판 여론이 우세했다. 한 유명 뮤지션은 트위터에 "15년 전에 비슷한 일을 겪었다. 아기 엄마가 무척 미안해했다. 지금에서야 그 엄마가 흘린 눈물의 의미를 알 것 같다. 아기들은 우는 법이다"라고 썼고, 유명 뇌 과학자는 "한 살배기의 행동을 컨트롤할 수 있다고 생각하는 어른이 있다니 도저히 믿을 수 없다"라며 꼬집었다.

그러나 일본인 일반의 생각은 꼭 그렇지만은 않았다. 한 웹 사이트에서 설문 조사를 실시했는데, 만화가 사카모토의 입장을 옹호한 사람이 적지 않았다. 12만 명이 참여한 야후재팬의 조사에선, 큰 소리로 우는 갓난아기는 비행기에 태우지 말아야 한다는 의견이 37%에 달했다. 다른 뉴스 전문 사이트의 조사에서도 응답자의 50%가 갓난아기의 비행기 탑승은 민폐라고 답했다. 민폐가 아니라는 의견은 30%에 불과했다. 사카모토의 행동도 놀라웠지만, 여론조사의 결과는 정말 의외였다.

"아이가 아니라 방치한 부모가 밉다" — 엄마를 향한 비난

일본에서 갓난아기를 둘러싼 이런 논란은 낯선 일이 아니다. 2014년 한 유명 IT 기업의 대표가 신칸센에서 우는 아기를 가리켜 "혀를 끌끌 차게 된다. 아기에게 짜증이 나는 것이 아니라, 방치하는 부모에게 화가 난다"라고 말해 논란이 됐다. 같은 해 3월에는 베이비시터에게 두 살배기 남자아이를 맡겼다가 아기가 숨진 사건에 대해 전직 국회의원이 "모르는 사람에게 아기를 맡기는 것은 안이한 데다 개념 없는 짓"이라며 아기의 엄마를 비난해 물의를 빚었다. 뒤의 '민폐' 관련 챕터에서 소개하겠지만, 지하철에서 한 60대 노인이 통행에 방해된다며 유모차에 탄 갓난아기를 폭행해 형사사건으로 비화되기도 했다.

모든 논란에는 뚜렷한 공통점이 있다. 비난의 화살이 부모, 더 정확히 말해 엄마에게 향한다는 점이다. 많은 일본인들이 '민폐 끼치는 아이'를 방치하는 엄마를 용서할 수 없다며 분노를 표출했다. 자신의 사정을 우선시하는 엄마에게 끌려 다니다가 함께 욕먹는 아이들이 불쌍하다는 의견도 적지 않았다.

대중교통에서뿐만이 아니다. 일본의 젊은 엄마들은 종종 '잘못된 육아'를 한 죄인이 된다. 신문의 고민 상담 투고란에서 갓난아기를 데리고 외출했을 때 '어떻게 그렇게 어린아이를 데리고 나오느냐'며 훈계를 들었다는 경험담을 보게 된다. 집에 돌아와서도 긴장의 끈을 놓쳐서는 안 된다. 어떤 엄마는 아예 장난감의 건전지까지 빼놓고 아이를 조용히 시킨다고 했다. 실제로 일본에 거주한 어느 한국인은 옆집이 너무 조용해서 아이가 있을 거라고는 생각을 못 했는데, 한창 뛰어놀 나이의 아이가 둘이나 있다는 사실을 나중에 알고 깜짝 놀랐다고 한다. 참 대단하다는 생각이 들면서도 엄마가 아이들을 얼마나 '잡았을까' 싶어 안쓰러웠다고 덧붙였다.

⌄⌄⌄⌄⌄⌄⌄⌄⌄

일본의 엄마는 마리오네트 — "엄마 역시 인간"

학자들은 일본 사회에는 육아의 책임을 엄마에게 떠넘기는 일종의 모성 신화가 강하게 자리 잡고 있다고 지적한다. 엄마 혼자 무한 책임을 지고 비난받는, 이른바 '독박 육아'의 전형이다.《엄마 역시 인간》(국내 미출간)의 저자 다부사 에이코는 일본의 아이 엄마들을 '마리오네트' 인형에 비유했다. 출산과 동시에 갓난아기로부터 분리할 수 없는 상황이 되어 "욕망도 생각도 개성도 없는 무기질의 생물로 간주된다. 인내하고 견디는 것이 '좋은 엄마'의 이상이기 때문에, 모든 것을 희생하고 포기해야 한다. 인권의 문제다"라고 비판한다. 우리 사회에도 그러한 인식은 여전히 강하게 남아 있지만, 일본 사회에서는 훨씬 단단하고 뿌리 깊다는 느낌이다.

심지어 한 구의원은 트위터에 "아이는 기본적으로 엄마가 집에서 키워야 한다. 최소한의 경제력과 인격 준비, 각오가 없으면 아이를 가질 자격도 없다"라고 주장했다. 한 유명 작가는 주간지에 투고한 글에서 "출산한 여성은 회사에 민폐를 끼치면서까지 일하면 안 된다. 엄마는 가능하면 많은 시간을 아이와 함께 보내야 하기 때문이다"라고 말해 시민 단체로부터 거센 항의를 받았다. 시대착오적인 망언이다. 이런 생각을 품는 것이야 개인의 자유니 그렇다고 쳐도, 대중에게 자신의 입장을 태연하게 말해도 용인될 것이라고 여길 정도로 일본 사회는 보수적이다.

엄마들 스스로 모성 신화에 세뇌 — 은둔형 외톨이 엄마까지

일본 엄마들은 이런 불공평한 사회 분위기를 어떻게 생각할까? 억울하다며 저항할까? 연구 결과를 보면 그렇지 않다. 오히려 다수의 일본 엄마들 스스로 이런 가치관을 내면화해 책임을 못다 한 자신을 책망하며, 항상 죄송스러워하고 주눅 들고 위축돼 있다. 교육학자인 나카타니 나쓰코 교수가 일본의 젊은 엄마들을 대상으로 조사해 봤더니 육아로 남편에게 폐를 끼치고 있다며 죄의식을 느끼는 엄마가 전체의 40%, 친정 부모에게 느끼는 비율은 64%, 직장 동료에게는 55%나 됐다.

일본 엄마들의 보수적인 육아관은 한국 엄마들과 비교해도 유별나다. 한일 엄마들의 의식 비교 연구에서 절반 가까운 일본 엄마들이 '엄마가 육아 및 가사를 전담'하는 형태를 가장 이상적이라고 꼽았다. 반면 한국 엄마들은 '부모(남녀)가 공평하게 육아 및 가사를 분담'하는 형태를 가장 이상적이라고 여겼다. 적지 않은 일본 엄마들이 '일일 육아' 같은 공공 육아 서비스조차 달가워하지 않을 정도로, 자기 외의 누군가에게 육아를 맡기는 데 일종의 저항감마저 갖고 있었다. 가시밭길을 가겠다고 자청하는 셈이다.

일본 엄마들은 주위의 눈도 많이 의식하고 있다. 나카타니 교수의 조사에 응한 엄마들은 주변의 비난을 피하고 싶어 사람들 앞에서 한층 더 엄하게 아이를 혼냄으로써 자신이 아이를 제대로 키우고 있다는 것을 보여 주는 경우가 많다고 고백했다. '아이에 대한 평가 = 자신에 대한 평가'라고 생각해 자신이 추궁받고 비판받지 않을까 불안해하고, 때로는 패닉 상태에 빠진다고 말했다. 아이에게 잔소리를 심하게 하고, 매를 들 때도 있으며, 일부 엄마는 비난을 원천 봉쇄하겠다고 아예 외출을 하지 않기도 했다. 스스로 '은둔형 외톨이 엄마'가 되기를 택한 셈이다. 육아가 그녀들의 삶을 삼켜 버렸다. 학자들은 육아

중인 엄마와 아이들을 사회 전체가 고립시키고 있다고 우려한다.

日 아빠 절반 이상 "육아는 내 일 아냐"

육아에 대한 일본 아빠들의 비협조도 엄마들의 육아 스트레스를 가중시키고 있다. 한일 엄마를 상대로 이뤄진 육아 행복도 조사에서 "아이 키우는 것이 즐겁습니까?"라는 질문에 일본은 58.1%, 한국은 84.0%가 "행복하다"라고 답해 큰 차이를 보였다. 일본 엄마들의 육아 행복감을 좌우하는 데는 특히 남편의 참여가 중요한 변수로 작용했다. 남편이 조금이라도 도와주는 경우 82%의 만족도를 보인 반면, 전혀 돕지 않을 경우 10%대로 뚝 떨어졌다. 일본 아빠들은 절반 이상이 "육아를 돕지 않아도 된다"라고 생각하고 있었다. 한국 아빠들은 그 비율이 10%포인트 낮았다.

일본 아빠들이 소극적인 것은 "남자는 일, 여자는 육아와 가사"라는 보수적인 가치관 때문이다. 일본 내각부의 조사를 보면 남녀의 성역할 구분에 찬성하는 비율이 일본은 남녀 모두 40%대인데 비해, 한국은 10%대로 크게 낮았다. 이는 보수적인 육아관으로 고스란히 이어진다. 한일 아빠를 비교한 한 연구에서 일본은 '돈 버는 것 외에 아빠가 집에서 다른 역할을 해야 한다'는 생각 자체가 없는 경우가 많았다. 반면 한국은 일과 '아빠 역할'을 별개로 생각하는 경향이 강했다. 아이의 교육과 인성도 아버지의 책임이라고 생각했고, 부담감도 큰 것으로 나타났다. 일본 학자들은 (한일 모두 가부장적인 사회지만) 한국이 가족 중심주의 사회여서 아빠들이 가족에 대한 애착과 책임감이 더 강한 것 같다고 풀이했다.

보육원 입주 문제로 주민과 갈등 — "방음벽 설치했지만 소송까지"

우리보다 덜 가족 중심적이다 보니, 엄마의 육아를 도와주지 않는 것은 남편뿐만이 아니다. 일본에서는 친정과 시댁에서 도움을 잘 주지도 않고, 엄마들 역시 바라지도 않는다. 일본의 한 가족 문제 전문가는 한국은 육아를 가족의 문제로 귀착시키고 가족 단위에서 해결하려는 경향이 있는 데 비해, 일본은 양육을 엄마만의 책임으로 한정하고 문제가 발생하면 엄마의 심리적 문제 등으로 연결 짓는 경향이 강하다고 분석했다.

결국 보육원과 같은 공공 기관에 의지해야 하는데, 이마저도 쉽지 않다. 보육원 건립이 주민들의 반대로 무산되는 경우가 적지 않아서다. 도쿄의 경우 62개 기초 지자체 가운데 약 70%에서 보육원 소음 민원이 접수됐다. 최근 도쿄도都는 보육원과 주민 간 갈등이 심해지자 주택지 소음 기준을 보육원과 유치원에는 적용하지 않기로 조례를 개정했다. 주민들의 요구에 맞추려면 아이들을 실내에 꽁꽁 가둬야 하는 상황이었기 때문이다. 반대하는 주민들은 고령자, 특히 여성이 많은데 이들은 '평온히 생활할 권리를 침해당했다'고 주장한다.

갈등이 얼마나 심각한지 도쿄에 위치한 한 사립 보육원의 사례를 살펴보자. 이 보육원은 주민들과 10여 차례 설명회를 가진 끝에 1) 악기는 실내에서만 사용하고, 2) 필요 시간 외에는 창을 닫고, 3) 아이들이 실외에서 노는 시간은 학급당 45분으로 제한하기로 했다. 그러나 주민들의 반대가 여전하자 약 1억 원을 들여 높이 3m의 방음벽을 설치했다. 그럼에도 주민들은 끊임없이 민원을 제기했다. 견디다 못한 보육원 측이 민가에 이중창을 설치해 주겠다고 제안했지만, 주민들은 소송까지 제기했다.

육아라는 전쟁터의 전우이자 동지, '마마토모'

고립무원이다. 홀로 고군분투해야 한다. 그래서 일본 엄마들에게는 같은 처지에 있는 또래 엄마들이 상대적으로 중요하다. 서로 의지해 육아라는 전쟁터에서 살아남아야 하는 전우이자 동지이기 때문이다. 그래서 일본에는 마마토모ママとも라는 단어가 있다. 엄마를 의미하는 '마마'와 친구를 뜻하는 '토모'가 합쳐진 말로, 아이를 매개로 맺어진 친구라는 뜻이다. 처음부터 끝까지 '어린아이를 둔 젊은 엄마들'의 관계로, 양육과 교육 등 공통의 관심사가 많기 때문에 상당히 밀접한 커뮤니티를 형성한다.

물론 우리에게도 당연히 이런 관계는 있다. 그러나 마마토모에는 일본 문화의 특수함이 묻어난다. 인간관계를 맺기가 쉽지 않은 일본 사회에서 마마토모는 젊은 엄마들에게 거의 유일한 교우 관계인 경우가 많다. 심리학자 미야기 유키고의 연구를 보면 그런 정서를 확인할 수 있다. 일본 엄마들의 90% 이상이 '육아 정보 교환'을 이유로 마마토모의 필요성을 인정했다. 그러나 74%는 '너무 가깝지도 너무 멀지도 않은 관계를 유지하고 있다'고 답했다. '불가근불가원'의 특수한 인간관계인 셈이다.

이처럼 마마토모의 특징은 '진짜 친구'가 아니라는 데 있다. 처음부터 아이 때문에, 즉 필요와 상황에 의해 맺어진 사이이기 때문이다. 한 연구 결과를 보면 일본 엄마들은 마마토모라는 단어에서 '얄은', '표면적인', '푸념' 등 부정적 이미지를 연상하는 반면, 친구라는 단어에서는 '신뢰', '동료', '즐거움' 등 긍정적 이미지를 떠올렸다. 마마토모는 친구라기보다 육아 상담이라는 필요에 의한 지극히 실용적인 관계다.

또 다른 지옥 ― '이름을 잃어버린 여신'들의 전쟁

마마토모는 밀착돼 있긴 하지만 속마음을 말할 수 없는 얕은 관계다 보니 오히려 트러블이 발생해 고민을 낳거나 스트레스를 받는 관계가 되기도 한다. 일본의 한 생활 정보지 조사에서도 20대 기혼 여성 10명 중 6명이 트러블 때문에 관계가 어긋난 마마토모가 있다고 했다. 힘든 육아에 의지와 도움이 될 수는 있지만, 자칫하면 지옥을 만드는 커다란 골칫거리가 될 수도 있는 것이다.

2011년 일본 후지TV에서 방영된 드라마 〈이름을 잃어버린 여신〉에는 일본 엄마들이 육아에서 느끼는 스트레스와 고민이 마마토모 관계를 통해 자세히 묘사돼 있다. 드라마는 다섯 엄마의 욕망과 갈등, 음모와 배신을 그렸다. 가볍게 말한 고민이 다음 날 마마토모 모임에서 소문으로 퍼지고, 한 번의 말실수나 별 뜻 없는 행동이 커다란 파장을 일으킨다. 시샘, 질투 등 엄마들의 은밀한 '파워 게임'이 펼쳐지며, 한순간도 방심할 수 없는 치열한 '전쟁터'가 된다.

마마토모가 큰 관심을 받은 것은 마마토모 간 갈등 때문에 살인 사건까지 벌어지면서였다. '분쿄구 여아 살인 사건'으로 불리는 이 사건은 유치원에서 놀고 있던 여자아이가 납치된 뒤 살해돼 암매장됐는데, 피해 아동 엄마의 마마토모가 범인으로 밝혀졌다. 가해자는 자신의 아들이 유치원 입학시험에 떨어진 반면 피해자의 아들이 합격하자, 질투심에 그 동생인 여자아이를 살해했다고 진술했다. 언론이 사건을 파고들었더니, 단순한 질투뿐 아니라 마마토모 간 알력, 배신 등 복잡한 갈등이 깊게 깔려 있어 일본 사회에 큰 충격을 주었다.

늘어나는 아동 학대 — 친엄마가 요주의 인물

이렇게 힘든 육아 환경에서 아이를 키우다 보니 일본 엄마들은 부담에 짓눌려 행복을 느끼지 못하는 경우가 많고, 가족에 대한 애착도 떨어진다. 육아 불안과 육아 우울증을 호소하는 이도 적지 않다. 이는 친부모의 아동 학대로 이어진다. 우리도 최근 각종 아동 학대로 문제가 됐지만, 일본에서는 오래전부터 심각한 사회문제로 다뤄졌다. 2014년 일본 경찰에 신고된 아동 학대 건수는 8만 8,931건으로 5년 전보다 2배로 늘어났다. 일본 소아피학회는 정부 공식 집계의 최소 3배에 달하는 아동이 학대로 숨지는 것으로 추정했다. 우리나라의 경우 지난 2015년 발생한 아동 학대 건수는 1만 1,709건이다. 인구를 감안해도 일본은 우리의 3배가 넘는다.

아동 학대의 내용도 끔찍하다. 2016년 1월 사이타마현의 한 아파트에서 얼굴 등에 화상을 입은 채 숨진 여자아이가 발견됐다. 아이의 사체에서 멍, 화상 흉터 등 20곳이 넘는 학대 흔적이 발견됐다. 범인은 친엄마였다. 이 밖에도 아이가 엄마에게 맞아 죽거나, 엄마가 아이를 집에 가두고 나가는 바람에 굶어 죽거나, 엄마가 아이를 욕조 물에 빠트려 죽이거나 하는 일들이 종종 발생해 사회문제로 다뤄지는 경우가 빈번하다.

일본 사회는 성 평등을 지향하고 있을까

UN과 세계경제포럼의 국제 비교 조사를 보면 일본과 한국 모두 '성 격차 지수'나 '육아 환경 지수'에서 하위권을 면치 못한다. 남성의 가사와 육아 시간은 두 나라 모두 일주일에 1시간이 못 된다. '저녁이 없는 삶'으로 표현되는 세계 최장 노동시간 탓이라고 변명할 순 있지만 그래도 궁색하다. 특히 서구권과 비교하면 한참 뒤처진다. 두 나라를 비교하는 것 자체가 도토리 키 재기 같기도 하다.

그러나 앞서 본 것처럼 한일 간 육아관이 다르다. 한국 엄마들은 일본 엄마처럼 결코 독박 육아를 당연하다고 생각하지 않는다. 한국 아빠들도 현실적으로 잘 돕지 못하는 데에 적어도 미안해하는 척은 한다. 사회적으로도 한국은 일본처럼 '대놓고' 엄마를 타박하지는 않는다. 그래서 한국보다는 일본이 갈 길이 더 멀어 보인다. 아베 내각이 '1억 총활약 사회'라는 슬로건을 내걸고 여성의 사회참여를 독려하고 있지만, 보수적인 일본 사회는 여전히 성 평등을 지향점으로 삼지 않는 듯하다.

젊은 일본 엄마들은 그러한 부당함에 저항한다. 한 카피라이터는 젖병에 시침바늘을 꽂은 사진과 함께 "갓난아기에게 엄격한 나라에 아이들이 늘어날 리 없다"라는 글을 블로그에 올렸는데, 페이스북 등에서 순식간에 확산돼 '좋아요' 수가 16만 건을 넘어 화제가 됐다. 젊은 엄마들은 "현모양처의 판타지를 여성들에게 무리하게 강요해 출산율이 떨어졌다"라며 '아이에게 친절한 나라'라는 일본 정부의 슬로건에 '엿먹이고' 싶다고 말한다. 일본은 다른 것은 몰라도 육아 문제에서만큼은 확실히 선진국이 아니다.

02

일본 아이들은
왜 공감 능력의 발달이 늦을까

가정교육

〰〰〰〰〰〰

마인드 리딩 능력의 발달을 알 수 있는 '틀린 믿음 과제'

심리학에서 유명한 샐리와 앤 실험Sally and Anne Test이다. 먼저 아이들에게 다음의 상황을 보여 준다.

샐리와 앤이 방에서 함께 놀고 있다. 방에는 바구니와 상자가 있다. 샐리가 공을 바구니 속에 놓고 방을 나간다. 앤은 샐리가 없는 동안에 바구니에서 공을 꺼내 상자 안에 옮겨 넣는다. 앤이 나가고 이번에는 샐리가 다시 방에 들어온다.

아이들에게 묻는다. 방에 들어온 샐리는 공을 찾으려고 어디부터

볼까? 정답은 물론 바구니다. 샐리는 앤이 공을 상자로 옮겼다는 사실을 모르기 때문이다. 만 4세 이상의 아이들은 정답률이 높다. 그러나 만 3세 이하의 아이들은 상자라고 대답한다. 자신이 관찰자의 입장에서 '앤이 상자에다 공을 넣었다'는 사실을 알고 있기 때문에 샐리도 알 거라 믿어서다. 즉 상대방의 입장에서 생각하지 못하고, 자기중심적으로 생각하는 것이다.

반면 4세 이상의 아이들은 샐리의 입장에서 생각한다. 샐리가 '잘못된 믿음'을 가질 수 있다는 것을 이해하는 것이다. 그래서 이는 틀린 믿음 과제false belief task로 불린다. 간단해 보이지만, 샐리와 나를 분리해 샐리의 입장에서 생각하지 않으면 답을 맞힐 수 없다. 상대방의 마음을 읽는 이른바 마인드 리딩mind reading 능력이 발달됐음을 알 수 있다. 그래서 발달심리학에서는 이 인지능력을 '마음 이론'이라고 부른다.

지난 30여 년간 이뤄진 많은 연구들은 일관되게 만 3~5세에 이 능력이 획기적으로 발달한다는 사실을 보여 준다. 3세 이하의 아이들은 자신의 믿음이 참이고 다른 사람의 믿음이 거짓일 때, 남을 이해하는 데 어려움을 겪었다. 필요한 원리를 학습시켜도, 3세 이하 아이들은 그 효과가 2주를 가지 못했다.

평균 4~11개월 늦는 일본의 아이들 — 충격에 빠진 日 학계

이 마음 이론이 일본 학계에서 뜨거운 논란의 대상이 돼 왔다. 정확히 말해 학자들을 혼란과 충격에 빠뜨렸다. 여러 연구에서 일본 아이들이 다른 나라 아이들보다 평균 4~11개월 정도 발달이 늦다는 결과가 나왔기 때문이다. 일부 연구에서는 무려 2년 가까이 늦는 것으로도 나타났다.

특히 그들의 자존심(?)이 상하는 것은 이웃 한국과 중국 아이들은 전혀 뒤처지지 않는다는 점이다. 오히려 한국과 중국 아이들은 동년배 서구 아이들보다 대체로 성적이 더 좋았다. 결국 같은 문화권으로 분류되는 동아시아권의 공통된 특성이 아닌, 일본 문화만의 특성이 이 능력의 발달을 방해하고 있음을 시사한다.

더욱이 일본 학계 입장에서 뼈아픈 것은 이 능력이 통상적으로 '공감 능력 발달'의 척도로 쓰인다는 점이다. 공감 능력이란 다른 사람의 입장에서 느끼고 배려할 줄 아는 '타인 이해 능력'이다. 일본이 어릴 때부터 가정교육을 통해 그렇게 강조하고 일본의 문화적 특성이라며 자랑스럽게 손꼽는 '배려심'과 일맥상통하는 능력이다. 그런데 일본 아이들의 공감 능력 발달이 유독 뒤진다니 이 무슨 아이러니란 말인가.

게다가 논란은 있지만 대체로 마음 이론 능력은 자폐증과도 관련 있는 것으로 여겨진다. 상당수 자폐증 아이들은 좀처럼 이 틀린 믿음 과제를 이해하지 못해 정답률이 20%를 넘지 못한다. 그래서 일부 학자들은 이를 자폐증 판정의 '리트머스 시험지'로 활용하자고 제안하기도 했다. 그렇다면 자칫 '일본 문화는 아이들을 자폐증으로 내모는 문화'라는 오해를 살 수도 있는 위기에 처한 셈이었다.

발칵 뒤집힌 일본의 발달심리학계는 왜 일본 아이들의 공감 능력 발달이 유독 늦어지는지를 밝히기 위해 필사적으로 매달렸다. 과연 무엇이 문제일까?

'궁합'이 안 맞을 뿐?
―"명확한 자기표현을 억제하는 일본어의 특성 때문"

먼저 일본 학자들은 일본어의 독특한 특징 때문에 틀린 믿음 과제의 성적이 좋지 않은 것 아니냐는 주장을 폈다. 일본 아이들의 공감능력은 충분히 발달돼 있는데, 단지 일본어로 표현하기 어려운 것뿐이라는 설명이다. 즉 애초부터 실험과 '궁합'이 안 맞아 성적이 신통치 않았다는 이야기다. 아이들의 발달 지체를 인정하고 싶지 않은 자존심이 느껴진다.

심리학자 도야마 가오루는 자신이 어떻게 생각해서 대답했는지 설명하지 못하는 일본 아이들이 유독 많았다는 점에 집중했다. 아이들은 실험 속 주인공의 생각과 욕구에 거의 주목하지 않고 정답에만 집중했다. 훌쩍 자라 6~8세가 되어서도 질문 자체를 이해 못 하는 아이가 많았다. 도야마는 그 이유를 일본어가 '나는 ~(이)라고 생각한다', '나는 ~을(를) 알고 있다'라는 표현을 잘 쓰지 않기 때문이라고 설명했다. 평소 자신의 심리적 상태를 명확히 표현하지 않는 문화에서 자라다 보니, 아이들이 '어떻게 생각하는가?'라는 질문에 낯설어하고 대답하는 데 어려움을 겪는다는 것이다.

일본어 특유의 모호한 화법도 이유로 거론됐다. 일본은 대인 관계의 갈등을 피하기 위해 에둘러서 표현하는 경우가 많은데, 이것이 아이들에게는 혼란을 주기 쉽다는 것이다. 실제 발달심리학자인 피터슨과 슬래터는 인과관계를 명확하게 설명해 주는 엄마의 아이일수록 틀린 믿음 과제의 성적이 높다는 점을 입증했다. 평소 솔직하고 명쾌한 화법을 구사하는 엄마의 자녀들은 과제를 잘 이해했고, 정답률도 높았다. 일본에서 비슷한 연구를 실시했더니, 엄마가 애매모호한 답변을 하는 성향일 경우 그 자녀들의 과제 통과율이 낮게 나타났다.

'이심전심'을 강조하는 문화도 도마에 올랐다. '말하지 않아도 스스로 알아채라'라는 이심전심은 어른들의 눈높이에서 본 희망 사항일 뿐 아이들이 받아들이기에는 무척 어려운 과제인데, 일본 문화에선 이것이 강요되는 경우가 많다. 그 시기 아이들은 자기중심적 사고 단계에서 겨우 타인 이해의 사고 단계로 서서히 이동하는데, 어른들이 자신들의 기대 수준에 맞춰 무리하게 아이들을 끌어올리려 해 역효과를 낸다는 것이다. 막 공감 능력이 발달하기 시작한 아이들에게 고난이도를 요구하다 보니, 아이들은 그 자체를 버겁고 힘들어했다.

〰〰〰〰〰〰

"엄격한 훈육이 아이들의 공감 능력 발달을 방해"

그러나 단지 언어 환경 탓으로 돌리기에는 설명이 충분치 않다. 일본 엄마들은 아이들에게 상대방의 입장에서 헤아리라고 끊임없이 말하는데, 왜 아이들은 상대방의 생각과 욕구를 이해하지 못할까? 실제 일본 엄마들은 예를 들어 "기껏 밥했는데, 안 먹으면 엄마는 슬퍼", "밥을 남기면 농민들에게 미안한 일이야"라며 아이의 행동이 어떤 결과를 가져오는지 설명하거나 다른 사람의 기분을 이야기하면서 설득한다. 분명히 '공감적 태도'를 키우려고 노력하는데 왜 아이들은 따라

가지 못할까?

일본의 많은 심리학자들은 지나치게 엄격한 일본의 훈육 방식을 그 원인으로 지목한다. 아이들에게 순종과 복종을 요구하는 방식이 공감 능력의 발달을 지체시킨다는 것이다. 모든 것을 통제하려는 부모들로 인해 위축된 아이들은 그저 부모가 제시한 '정답'을 찾는 데만 급급하다는 설명이다. 아이들은 자신과 남들의 마음이 어떤지 생각해 볼 여유가 없다. 결국 진정한 공감을 못 하는 셈이다.

실제 아프리카의 카메룬이 그랬다. 독일과 코스타리카, 카메룬 아이들을 대상으로 한 비교 연구에서 독일과 코스타리카의 틀린 믿음 과제 통과율은 서로 비슷했지만, 유독 카메룬 아이들의 성적이 좋지 않았다. 일본과 비슷했다. 연구자들은 카메룬 부모들의 훈육 방식을 그 원인으로 지적했다. 카메룬 부모들은 아이들에게 욕구를 억누르고 순종할 것을 바랐으며, 아이와의 커뮤니케이션이 특히 적었다. 자녀의 생각을 인정하지 않는 부모의 교육 방식은 아이들을 수동적으로 만들었고, 공감 능력의 발달을 저해했다.

특히 칭찬을 지나치게 아끼고 반성을 강조하는 양육법이 도마에 올랐다. 문화심리학자 가라사와 마유미가 미일 보육원 교사들을 비교한 결과, 일본의 보육 교사들이 두드러지게 아이에게 자기비판, 즉 반성을 많이 요구했다. 다른 아이들 앞에서 아이의 인격에 대해 부정적으로 말하거나 꾸짖는 경우가 잦았다. 또 아이들에게 "왜?"라는 질문을 많이 했는데, 아이의 의견이나 생각을 듣기 위해서가 아니라 아이 스스로 자신의 나쁜 짓을 반성하게 할 때 사용했다. 반면 미국 교사들은 아이들이 잘못 행동했을 때 명확히 지적해 주고, 또 잘했을 때는 칭찬을 아끼지 않았다.

칭찬에 인색한 점은 한국과 비교해도 두드러진다. 사회심리학자인 조선영과 마쓰모토 요시유키 등이 한일 대학생을 대상으로 어릴 때 부모에게 칭찬받거나 혼난 경험을 조사했더니, "칭찬받은 경험이 혼난 경험보다 많다"라고 답한 대학생이 한국은 53.9%, 일본은 31.8%였다. 또 '어렸을 때 자신 있고 긍정적으로 말했을 때 부모님이 칭찬해 주었다' 등의 항목에서 한국 학생의 평균치가 일본보다 크게 높았다.

日 부모 자식 간에 너무 먼 심리적 거리

또 일본의 지나치게 엄격한 훈육법은 부모 자식 간 심리적 거리를 멀게 하는 것으로 나타났다. 1980년대 후반부터 각국 청소년 비행의 원인을 연구해 온 사회심리학자 마쓰이 히로시 교수가 일본, 한국, 중국, 미국, 터키 등 6개국 청소년을 대상으로 136개 항목에 대한 비교 연구를 했다. 일본 청소년들은 대인 관계 맺는 것을 가장 어려워했고, 부모와의 관계를 힘들어했다. '부모와 사이가 좋지 않다', '부모를 존경하지 않는다', '부모와 대화를 하지 않는다' 등의 항목에서 남녀 및 중고생 가릴 것 없이 6개국 중 가장 두드러졌다.

마쓰이 교수는 2004년에는 일본과 터키 두 나라만을 대상으로 중고생의 부모 자녀 간 관계를 집중 연구했다. 터키를 택한 것은 앞선 연구에서 터키가 부모 자녀 간 사이가 가장 좋았기 때문이었다. 마쓰이 교수는 단순히 사이가 좋고 나쁨을 벗어난 종합적인 '심리적 거리' 척도를 이용했는데, 그 결과 아버지와 심리적 거리가 가깝다고 느끼는 일본 청소년이 29%(터키 87%), 어머니와는 44%(터키 91.9%)에 불과했다. 특히 여학생보다 남학생이 부모와 관계가 더 소원했다.

일본 부모들 역시 자식과의 심리적 거리를 멀게 느끼고 있었다. '자녀와 상담을 한다', '자녀가 자신을 존경하고 있다' 등 자녀와 친밀하다고 생각하는 부모는 18%에 그쳤다(터키 88%). 일본 부모들의 80%는 '자녀를 사랑하고 있다', '자녀는 나의 보물이다'라고 답하는 등 터키 부모와 비슷하게 자녀에 대한 애정이 깊지만, 아이들과 사이가 벌어졌다는 점을 인정하며 고민하고 있었다.

日 부모의 자녀에 대한 애정 표현 자제 ─ 오해의 증폭

심리적 거리가 멀어진 이유로는 일본 부모들이 겉으로 애정 표현을 잘 하지 않는다는 점이 꼽혔다. 감정 표현이 미덕으로 간주되지 않는 일본 사회 분위기에서 부모들은 아이에 대한 직접적인 사랑 표현을 자제한다. 특히 아버지가 그렇다. 일본에서 아버지의 전형은 '속 깊은 애정이 있지만 겉으로는 엄하고 과묵'하다. 어머니도 우리만큼 살갑지는 않다. 철이 들면 부모님의 사랑을 깨닫지만, 어린아이들은 부모님의 사랑을 '오해'하기 쉽다.

일본의 영화나 드라마 등에서 애정을 표현하지 않는 아버지와 자식의 갈등은 단골 소재다. 둘은 오랫동안 반목하고 갈등을 겪지만, 우연히 서로에 대한 깊은 사랑을 깨닫고 극적으로 화해하는 설정이 종종 등장한다. 영화나 드라마에서는 해피 엔딩으로 끝나지만, 만일 오해를 풀어 줄 극적인 사건이 없었다면 어땠을까? 현실에서는 아들이 여전히 아버지를 오해하는 비극으로 끝날 가능성이 높다. 일본의 부모는 애정 표현에 너무 인색하다.

여기다 엄마가 민폐를 끼치지 않으려고 아이의 정서나 행동을 강하게 통제하니 오해는 증폭되기 쉽다. 엄마의 태도는 아이에게 과도한 지시와 간섭으로 이어진다. '이것도 안 돼', '저것도 안 돼'라는 잔소리에 아이는 기가 죽는다. 겉으로는 체념하고 따르지만, 속으로는 부모에게 반감을 갖기 쉽다고 지적한다.

실제 사회심리학자 이토 다다히로 등이 한일 대학생을 상대로 어린 시절 부모의 양육 태도에 대해 조사했더니, 일본 대학생들은 한국 대학생들보다 훨씬 더 부모가 자신의 모든 것을 통제하려 했으며 이는 부모에 대한 친밀감을 떨어뜨리는 원인이 됐다고 기억하고 있었다. 일본 대학생들은 '스스로 내린 결정에 대해 부모님이 좋아하셨다', '부모님이 내가 바라는 대로 외출을 하게 해 주셨다' 등의 자율성 항목과 '부모님이 나에게 자주 미소를 지어 주셨다', '차갑게 대하지 않으셨다' 등의 친밀성 항목에서 한국 대학생보다 낮은 점수를 기록했다.

이는 자존감 저하로 이어지기 쉽다. Part 1의 '대인 관계' 관련 챕터에 자세히 소개했듯이 많은 연구에서 일본인의 자존감은 유독 낮은 것으로 나타난다. 심지어 일본인들이 '자존감이 높다'고 여기는 기준치가 한국인의 평균치를 밑돌 정도다. 상당수 학자들은 가장 큰 원인으로 일본 부모들의 양육 태도를 지적한다. 엄격함만 강조할 경우 아이들은 부모와 애착 관계를 형성하는 데 실패하기 쉽고, 위축된 아이들은 높은 자존감을 갖기 어렵다는 것이다.

"왜 한국과 중국은 가정교육을 제대로 시키지 않나"

일본의 훈육 방식이 지나치게 엄격하다는 지적에 대해 일본인들은 어떻게 생각할까? 가까운 일본인들에게 들어보면, 많은 일본인들은 한국이나 중국의 가정교육이 지나치게 무르다고 생각한다. 왜 한국과 중국의 부모들은 아이들에게 공중도덕과 매너, 배려를 제대로 안 가르치느냐며 반문하는 경우가 많다. 그들은 개인의 영역 침해에 민감하고 특히 아이들을 '방치'하는 부모에게 엄격한 잣대를 들이대기 때문에, 한국 부모들의 육아 방식을 좋게 보지 않는 것이다.

특히 혐한 성향이 있는 네티즌들은 한국인에 대해 "상식이 결여됐다", "제멋대로다", "교양이 없다" 등 경멸과 혐오의 감정을 드러내며 마구 비난한다. 아이들의 대학 입시와 출세를 위해선 그렇게 아이들을 다그치면서, 왜 기본적인 가정교육에는 소홀하냐며 야유한다. 한국에선 새치기가 횡행하고, 답례도 하지 않는다는 등 개인적인 경험을 일반화해 싸잡아 비난하기 일쑤다.

혐한 글이야 무시하면 되지만, 정말로 궁금해하며 진지하게 물어오는 일본인에게는 답변이 궁색해질 때가 있다. 한국인에 대한 자신의 경험을 말하며 왜 그런 것인지 물으면, 일부 '무개념' 부모의 문제일 뿐이라고 옹호하지만 속으로 씁쓸해질 때가 있다. 특히 왕자나 공주처럼 대접받아 버릇이 없는 아이들, 이른바 골드키즈gold kids의 사례를 이야기할 때면 나도 모르게 얼굴이 화끈거린다.

"韓日 양육 방식을 합친 뒤 반으로 나누면 이상적일 듯"

일본에 사는 한국인들은 한국은 아이들을 너무 풀어 주고, 일본은 너무 옥죈다고 말한다. 특히 공공장소에서 어린아이를 심하게 혼내는 일본 엄마의 모습이나, 강하게 키운다는 명분으로 한겨울에 초등학생 아이를 반팔에 반바지 차림으로 밖에 내보내는 일본 부모들을 보면서 일종의 문화적 충격을 받는다고 한다. 나 역시 그런 모습을 보면 일본 아이들이 안쓰러워져 어떤 가정교육이 좋은 것인지 자문하곤 했다. 그리고 한국과 일본 그 사이 어딘가에 '정답'이 있지 않을까 생각하게 된다. 지인들끼리 한국과 일본의 방식을 더해서 반으로 나누면 이상적인 가정교육 방식일 것이라는 이야기를 농담 반 진담 반으로 나누기도 했다.

최근 일본 인터넷에서 화제가 된 어느 한국 부모의 블로그 글은 비슷한 고민을 잘 보여 준다. 블로그의 주인공은 일본에 거주하다 최근 귀국한 한국인 아버지다. 그는 아이들이 한국에 돌아온 뒤 일본에서보다 자유롭게 놀러 다니고 어디에서나 친구를 사귀는 등 '활기와 생기가 생겼다'며 기뻐했다. 그는 "일본에서는 쇼핑몰을 가건 식당을 가건 부모가 자녀를 통제하지 않으면 안 됐다. 아이에게 다른 아이가 다가와 '소란'으로 발전하기 전에 다른 곳으로 자리를 피해야 했다. 하지만 한국에서는 완구점에서 모르는 아이들과 섞여 말다툼을 하거나 함께 웃으며 곧 친해진다. 일본에서처럼 아이에게서 눈을 떼지 못하고 '감시'해야 할 필요는 없다"라고 말했다.

그러나 그는 일본에서는 좀처럼 경험하기 어려운 '분노'를 느낄 때도 있다고 말한다. 식당에서 멋대로 돌아다니는 아이에게 주의를 주지 않는 한국 부모를 볼 때다. 그는 한국의 부모들이 교육열은 높아서 아이에게 오랜 시간 공부를 시키지만, 집에서 예의를 가르치는 일은 적다고 꼬집는다. 또 일본에서는 잔소리하지 않아도 손 닦기와 양치질 등 자신의 할 일을 똑바로 하던 지인의 초등생 아이가 한국에 와서는 아무것도 하지 않는 아이로 '돌변'했다며, "일본 학교에서는 에티켓과 예절을 비중 있게 가르치는데 한국 초등학교에서는 공부 외에는 아무것도 가르치지 않는다"라고 지적한다.

한국과 일본의 양육관은 서로 반대편에 있는 양육관의 전형을 보여 준다. 부딪치기 쉽고 오해하기 쉽다. 한쪽 방식은 아이들의 기를 살려 주지만 버릇없이 만들기 쉽고, 다른 쪽은 예의 바른 아이로 자라게 돕지만 주눅 들게 하기 쉽다. 어느 쪽을 선택하건 원칙 하나만 지키면 될 것 같다. 부모 입장이 아닌 아이 입장에서 따뜻하게 바라보려 하는 마음가짐이다. 항상 고민이 필요하다. 좋은 부모가 된다는 것은 역시 어렵다.

03

지하철 내 쓰레기 방치보다
더 나쁜 '유모차 승차'

민폐

왜 노인은 유모차에 탄 아이를 폭행했을까

2015년 9월 26일 오후 1시쯤, 일본 도쿄의 유라쿠초 지하철역 승강장에서 폭행 사건이 발생했다. 피해자는 유모차에 타고 있던 만 1세 사내아이. 범인은 64세 노인이었다. 그는 30대 엄마가 미는 유모차에 타고 있던 아이의 얼굴을 갑자기 오른쪽 주먹으로 때리고 도망갔다.

아이의 아버지에게 곧바로 붙잡힌 노인이 경찰 조사에서 밝힌 폭행의 이유는 어이없었다. 유모차가 길을 막아 욱하는 마음에 때렸다는 것이었다. 범행 당시는 출퇴근 시간이 아니어서 유모차가 통행을 방해하지 않는 상황이었다. 궁색한 변명이었다. 이 사건은 화제가 되었고, 네티즌들은 비난의 댓글을 쏟아부었다.

정부까지 중재에 나선 '유모차 민폐' 논란

그런데 많은 일본 엄마들은 이 사건을 결코 우발적으로 발생한 '예외적 사건'으로 보지 않았다. 지금의 일본 사회 분위기라면 일어날 수도 있는 일이라는 것이다. 주변에서 유모차를 바라보는 시선이 워낙 차갑고 따가워서, 주먹으로 맞는 것과 비슷한 '준폭행'을 수시로 당한다고 호소했다. 유모차를 끌고 다닌다는 이유만으로 낯선 사람들에게서 민폐 끼치지 말라는 소리를 들었다는 경험담이 인터넷 게시판과 신문 독자 상담란에 쇄도했다.

사실 일본에서는 이 사건이 있기 전부터 유모차 민폐 논란이 뜨거웠다. 특히 유모차를 접지 않고 지하철에 승차하는 문제로 대립이 첨예했다. 옹호하는 쪽은 젊은 엄마들, 반대하는 쪽은 노인들이 많아 세대 갈등 양상으로까지 번졌다. 결국 정부까지 나섰고, 2014년 일본 국토교통성은 아이를 태운 유모차로 공공 교통수단을 이용할 때 접지 않고 그대로 승차할 수 있도록 규정을 바꿨다. 그러나 많은 아이 엄마들은 폭행 사건에서 보듯 여전히 일본 사회가 유모차를 귀찮은 존재로 여긴다고 말한다.

유모차에 냉랭하고 엄격한 일본 사회

유모차 민폐 논란을 접하고 처음에는 의아했다. 한국에서는 유모차가 민폐라는 생각을 해 본 적이 없어서다. 더욱이 일본 사회라면 당연히 구미의 다른 선진국처럼 사회적 약자인 아이와 장애인에게 우호적일 것이라고 막연하게 생각했던 것 같다. 더욱이 일본은 항상 '배려'를 가장 우선시하는 나라 아닌가. 자료를 찾아보니 휠체어에 대해선 일본이 시설과 인식 면에서 모두 선진국다웠다. 우리의 열악한 환경을 돌이켜보면 부끄러울 정도였다. 그러나 장애인에 대한 관대한 시선과는 대조적으로 유모차에 대해선 우리 사회보다도 훨씬 냉랭한 것으로 각종 조사에서 나타났다.

일본 국토교통성이 2013년 한국과 일본을 비롯해 6개국의 유모차 이용 인식을 조사한 결과를 보자. '혼잡할 때 유모차를 접지 않고 타는 승객이 있으면 불쾌하다'는 대답이 한국은 8%인 데 비해, 일본은 42%에 달했다. '유모차 승하차 시 주변 승객의 양보를 받은 적이 있다'고 답한 엄마의 비율도 한국은 53%였지만 일본은 13%에 그쳤다. 다른 조사에서도 90%가 넘는 일본 엄마들은 주변의 양보나 도움을 아예 바라지도 않는 것으로 나타났다.

그렇다고 일본 엄마들이 유모차는 당연한 권리라며 '위세를 부리거나' '경우가 없는' 것도 아니다. 오히려 무척 몸조심을 한다. 한 잡지의 조사를 보면 92%의 엄마가 교통이 혼잡할 때는 유모차를 이용하지 않거나 이용하더라도 접고 승차하는 것으로 나타났다. 앞선 국토교통성 조사에서도 일본 엄마 10명 중 9명은 유모차가 방해가 되지 않을까 항상 신경을 쓴다고 답했다. 결국 일본 사회가 유독 유모차에 대해선 엄격하다는 것을 알 수 있다.

전동차 내 쓰레기 방치보다 더 나쁜 유모차 승차

'유모차 = 민폐'라는 일본인의 인식을 볼 수 있는 조사가 있다. 일본 민영철도협회는 해마다 '전철 내 민폐 행위' 순위를 홈페이지에 발표한다. 이런 순위를 집계한다는 것 자체로 일본인들이 얼마나 민폐에 민감한지 알 수 있다. 여기서 '유모차 접지 않고 승차하기'는 당당히 7위에 올라 있다. 8위의 쓰레기 방치, 10위인 음주 후 승차하기보다도 높다. 경멸과 혐오의 느낌마저 난다. 실제 일본 엄마들은 유모차를 탄 아이와 자신을 죄인 취급한다고 호소한다.

아무래도 너무하다는 생각이 든다. 유모차를 접고 버스나 전철을 타는 모습은 누가 보더라도 정말 힘들어 보인다. 한 손에 아이, 다른 손에 유모차와 아기 용품이 든 큰 가방을 들고 낑낑대는 모습은 너무 위태위태하다. 더욱이 지하철은 승하차 시간도 짧아 슈퍼우먼이 아니라면 이는 불가능한 자세다. 내 가족이라고 생각하면 안쓰러워서 도와줄 마음이 드는 게 정상일 것 같은데, 왜 일본인들은 민폐라며 타박하는 것일까?

"유모차 승차는 타인의 사적 영역을 침해하는 행위"

심리학자인 기비오리 미쓰디키는 일본인들이 유모차를 대동하고 대중교통을 이용하는 것을 '타인의 사적 영역을 침해하는 행위'로 인식하기 때문이라고 설명한다. 그가 전철 내 민폐 행동에 대한 일본인의 평가 기준을 분석했더니, 일본인들은 공간 침해 행위가 가장 질이 나쁘다고 바라보는 것으로 나타났다. 그래서 '유모차 승차' 역시 새치기와 '쩍벌남', 문 주변에 쭈그려 앉기와 동일하게 취급된다는 것이다. 그것도 '악질'로 말이다. 한 칼럼니스트는 "일본 사회는 다른 사람에게 조금이라도 불편을 주는 것에 대해 이상할 정도로 엄격한 사회"라고 진단한다.

또 다른 해석도 있다. 유모차 승차는 집단에서 예외를 인정하는 꼴이기 때문에 허용하기 어렵다는 분석이다. 집단이 만들어 낸 시스템을 벗어나는 행위로 간주된다는 것이다. '상대적 약자에 대한 보호'라는 가치와 '집단 이익에 벗어나는 예외의 인정'이라는 가치가 상충할 때 일본인은 집단 이익의 편을 든다는 설명이다. 엄마의 고통보다 더 지켜야 할 가치가 집단의 이익이라고 생각하는 셈이다.

왜 IS 희생자 유가족들은 민폐를 끼쳐 죄송하다고 했을까

2015년 2월 이슬람 과격 무장 조직 IS에 의해 일본인 인질 2명이 참혹하게 살해됐다. 살해된 고토 켄지 씨의 어머니는 살해 동영상이 공개된 날 기자회견을 열었다. 큰 충격을 받았을 어머니가 무리하게 기자회견을 연다는 것 자체가 우리 정서와 안 맞았지만, 그녀가 꺼낸 첫 말은 다른 의미의 '충격'을 주었다. 그녀는 침착한 목소리로 "제 아들로 여러분 모두에게 많은 걱정과 고생을 끼친 점에 깊이 사죄드립니다"라며 깊이 머리 숙여 사과했다. 그녀뿐만이 아니다. 앞서 살해당한 인질 유카와 하루나 씨 아버지의 첫마디도 "모든 분에게 폐를 끼쳐 죄송하다"였다.

왜 유가족이 사과를 할까? 고토 씨는 법을 어기지도 않았고, 다른 인질을 구하려다 희생된 '의인'이었다. 민폐를 끼쳤다고 비난받아야 할 부분은 별로 없어 보였다. 우리 같으면 유가족이 정부의 대응력 부족을 비판하고, 아들을 살려 내라고 눈물로 호소했을 것이고, 여론도 유가족의 입장을 옹호했을 것이다.

더욱이 놀라운 것은 많은 일본인들이 유가족의 사죄를 당연하게 받아들인다는 점이었다. 〈요미우리신문〉의 여론조사 결과 '위험 지역에서 일어난 테러 피해는 자업자득'이라고 답한 일본인이 무려 83%에 달했다. 왜 유가족들이 사죄 회견을 할 수밖에 없었는지 알 수 있는 대목이다. 일본 사회 특유의 강한 '사회적 압력'을 견딜 수 없었던 셈이다.

이웃에 폐 끼칠까 봐 자동차에서 생활하는 가족

관련 사례로, 2011년 동일본 대지진이 발생했을 때 한 일간지에 소개된 일이다. 이와테현 오후나토시에 사는 한 가족이 대피소가 아닌 자동차에서 생활하는 사연이 실렸다. 이유는 자폐증이 있는 10세 아들이 대피소에서 폐를 끼칠까 봐 거정대서였다. 그것도 무려 8명이 가족이 좁은 차 3대에 나눠 타고 숙식하며 온갖 불편을 참고 있었다. 더욱이 밤에 눈이 내릴 정도의 추위에 지진으로 식수와 전기도 끊긴 학교 운동장에서였다. 신문은 이를 '아름다운 배려'라고 보도했다.

다른 사례는 안민정의 저서 《일본 엄마의 힘》에 소개된 한 일본 남성의 이야기다. 이 남성은 "아이한테 코를 곤다는 지적을 받았을 때 큰 충격을 받았다. 지진이 나서 대피소 생활을 하게 되면 얼마나 시끄러울까? 다른 사람들에게 폐를 끼칠 것 같아 고쳐야겠다고 생각했다"라고 말한다. 자신의 코골이를 알았을 때 먼저 대피소 생활을 연상하고 이웃에 폐를 끼칠까 봐 고쳐야겠다고 결심하다니……. 민폐를 무엇보다 우선시하는, 강박관념에 가까운 일본인의 정서를 단적으로 드러낸다.

120개 민폐 항목 — 이런 것까지 민폐?

일본에서는 스팸 메일spam mail이 '메이와쿠迷惑 메일', 즉 '민폐 메일'로 불린다. 과거 소니의 워크맨 개발 배경에 일본의 민폐 문화가 작용했다는 분석도 있다. 다른 사람을 방해하지 않으면서 음악을 즐기는 방법을 찾으려 고민한 것이 명품 탄생의 원동력이 됐다는 설명이다. 많은 일본인들이 아주 어렸을 때부터 엄마에게 귀에 딱지가 앉도록 듣는 말이 "남에게 폐를 끼치면 안 된다"다. 그만큼 일본인의 복잡한 심리 코드를 풀 수 있는 키워드로 여겨진다.

따라서 많은 일본인 학자들이 메이와쿠 연구, 즉 민폐 연구에 매달렸다. 1999년 요시다 도시카즈 등 일본 나고야대학의 교육학자와 심리학자 9명은 일본인이 느끼는 민폐에 대해 광범위한 조사를 진행했다. 일본 사회에서 민폐라고 여겨지는 항목 311개를 뽑고 그중 많은 사람들이 민폐라고 지적한 120개 항목을 선별했다. 일본인 의식 속에 있는 민폐의 개념을 총망라한 셈이다.

120개 항목 가운데 '민폐 톱 10'은 누구나 수긍할 행위들이다. 새치기, 강매, 소란 피우기 등으로 사실 법의 잣대로 봐도 문제 있는 행동들이다. 하지만 이 120개 가운데는 의아한 항목도 적지 않다.

- 여럿이 간 노래방에서 혼자 노래 부르기
- 뷔페에서 너무 많은 음식 갖고 오기
- 공공장소에서 껴안거나 키스하기
- 술자리에서 분위기가 무르익었는데 술 사양하기
- 식후에 차로 입안을 헹구기
- 다른 사람의 취향을 고려하지 않고 선물하기

특히 한국인이라면 흔히 하는 행동도 적지 않게 포함돼 있다.

- 지하철 내에서 휴대전화로 통화하기
- 개인의 사생활과 관련된 주제를 화제에 올리기(나이, 결혼 여부 등)
- 사전 연락 없이 집 방문하기(친한 사이에도 해당)
- 친구에게 돈 빌려 달라고 부탁하기
- 세대가 다른 사람에게 자신이 가치관 강요하기

일부 항목에는 '맞아, 맞아' 하며 고개를 끄덕이다가도, 다른 항목에는 '이것도 민폐야?'라며 고개를 갸웃거리게 된다. 특히 우리 문화와 다른 부분에는 거부감도 든다. 그래서 한일 간 민폐를 둘러싸고 문화적 마찰이 자주 빚어지는데, 나 역시 예외가 아니었다.

게이오대 방문 연구원 시절 한국 문화에 대해 관심 있는 게이오대 학생 10여 명을 상대로 한일 문화 차이에 대해 말할 기회가 있었다. 이러저런 이야기를 하다가 휴대전화 사용 문화가 화제가 됐다. 난 한국에서는 일본과 달리 큰 소리만 아니면 지하철 내에서 휴대전화로 통화해도 꼭 민폐로 여겨지진 않는다고 했다. 그러자 한 여대생이 의아한 표정을 지으며 대뜸 한국은 공중도덕도 안 가르치느냐며 반문했다. 불쾌감을 줄 정도로 통화하지 않으면 꼭 나쁜 것은 아니고, 아예 전화를 못 받는 일본과는 달리 장점도 있다며 문화 차이의 문제라고 설명했지만, 그 여대생은 도저히 납득하기 어렵다는 얼굴이었다. 일본에서 지하철 내 통화는 대표적인 민폐 사례이기 때문이다.

"흡연은 민폐가 아니었다" — 시대에 따라 달라지는 민폐 개념

일본 학자들은 민폐를 '타인의 어떤 행동 때문에 불쾌한 감정을 느끼는 것'으로 정의한다. '불쾌감'이라는 지극히 주관적인 감정이 기준인 만큼, 개인차가 클 수밖에 없다고 설명한다. 똑같은 상황에서 누군가는 불쾌감을 느껴 '민폐'라고 생각하는 반면, 다른 누군가는 전혀 그렇지 않은 상대적 개념이라는 것이다. 그래서 문화와 시대에 따라 달라질 수밖에 없다.

심리학자 히라마쓰 류엔은 일본 사회에서 민폐 개념은 계속 변화했다며, 대표적인 예로 흡연과 화장을 든다. 1990년대까지만 해도 일본은 '흡연자들의 천국'으로, 전동차 내에 재떨이가 있을 정도였다고 지적한다. 물론 지금 일본에서 흡연은 상당한 민폐다. 또 1990년대 전반까지만 해도 전동차 내에서 화장을 하는 것은 민폐가 아니었지만, 지금은 대표적 '꼴불견' 가운데 하나로 여겨진다. 실제 전동차 내 화장은 2015년 일본 민영철도협회 선정 민폐 순위 9위였다. 그러나 상당수 일본 여대생들은 이를 민폐라고 생각하지 않는다고 한다.

'자기충', '화장충' ― 90년대 말 일본에서 유행한 혐오 표현

많은 일본인들이 주관적 불쾌감을 객관적인 것으로 지나치게 일반화하는 경우가 적지 않다. 그저 자신의 눈에만 거슬렸을 뿐인데도 '타인에 대한 배려가 부족해 주변과의 조화를 깼다'며 비난한다. 특히 권위주의적인 사람일수록 '공동체의 조화'를 운운하며 엄격하게 민폐의 잣대를 들이댄다. 유연성과 관용이 부족해 아무런 피해가 없어도 "내가 불쾌하니까 민폐"라고 규정하고 갈등을 키운다. 전문가들은 일부 노인들이 유모차를 보며 "옛날에는 엄마들이 아이들을 모두 업어서 키웠다" 하며 자신의 옛 가치관을 기준으로 못마땅해하는 것도 비슷한 심리라고 풀이한다.

심리학자 기타오리는 그래서 일본 사회에선 경미한 일도 비난의 대상이 되는 경우가 잦다고 지적한다. 최근 우리 인터넷상에서 유행하는 '노인충', '맘충', '급식충'과 같이 특정 계층이나 집단을 벌레蟲로 낮추는 혐오의 표현은 이미 1990년대 말 일본에서 많이 쓰였다고 한다. 1999년 어느 일본 광고에서 이기적인 행동을 벌이는 사람을 자기충蟲이라고 표현했는데, 이 단어가 당시 유행어 10위 안에 들 정도로 크게 인기를 끌었다. 또 지하철에서 화장하는 여성을 가리켜 '화장충', 자신의 짐으로 좌석을 차지하는 사람을 가리켜 '공간차지충'이라고 불렀다고 한다. 조금이라도 심사를 뒤트는 누군가에게 '민폐를 끼치는 벌레'라고 혐오의 말을 붙여 자신의 적대감을 표출한 것이다.

그러고 보니 각종 '~충'이 유행한 1990년대 후반의 일본과 최근의 한국은 공통점이 있다. 팍팍한 현실이다. 당시 일본은 경제의 거품이 꺼지고 유례없는 불황이 시작되면서 사회에 대한 실망과 냉소주의가 팽배했다. 최근 한국 사회 역시 '헬조선', '지옥불반도'로 표현될 정도로 불만과 냉소가 가득하다. 불황과 위기는 사회 구성원들의 감정에 지대한 영향을 미치고, 이는 특정 계층에 대한 무차별적 혐오와 멸시로 이어질 수 있다는 연구 결과가 여럿 있다.

"정의의 반대는 또 다른 정의다"

'민폐 연구의 대가' 요시다는 자신의 저서 《민폐의 심리학》(국내 미출간) 첫머리에서 만화 〈짱구는 못 말려〉의 짱구 아빠 노하라 히로시의 대사를 인용한다.

"정의의 반대는 악이 아니다. 정의의 반대는 또 다른 정의다."

가치관의 상대성을 함축적으로 표현한 명대사다. 요시다는 많은 일본인들에게 무엇보다 이 말을 해 주고 싶었던 것 같다.

민폐는 자의적 개념이다. 그런데 일본에서는 선악을 판단하는 절대적 도덕 기준처럼 쓰일 때가 적지 않다. 일본인들이 남을 공격할 때 자신들의 정의를 주장하는 전가의 보도처럼 '민폐'를 사용한다는 느낌을 자주 받았다. 특히 자신은 규칙을 엄수한다고 자부하는 사람들일수록 상대방에게 '악인'의 낙인을 마구 찍었다. 그들에게도 짱구 아빠와 같은 관대한 마음이 생기길 바란다.

04

일본에서는 정말 혈액형 따라
유치원 반까지 나눌까

∨∨∨∨∨∨∨∨∨

日 장관 사퇴의 변, "B형이라 성질 급하고 충동적이어서 실언"

　3.11 동일본 대지진으로부터 4개월이 지난 2011년 7월, 대지진 피해 지역 복구를 담당하는 부처인 부흥청 장관 마쓰모토 류가 사퇴 기자회견을 가졌다. 피해지 주민을 비하하는 발언을 잇따라 하는 바람에 불명예스럽게 물러나게 된 것이다. 설화舌禍로 낙마하게 됐음에도 그는 사퇴의 변에서 또 깜짝(?) 발언을 한다.

　"피해지 주민들의 마음을 상하게 해서 죄송합니다. 제가 혈액형이 B형이어서 성질이 급하고 충동적입니다. 그래서 제 생각과는 다른 말이 튀어나오곤 합니다."

　일본 기자들은 대수롭지 않다는 듯 이 발언을 기사화하지 않았다.

당시 도쿄 특파원이었던 나도 그가 그런 말을 했는지 기억이 없는 걸 보면 일본 내에서 그의 발언은 그다지 화제가 되지 않았다.

그러나 외신의 반응은 폭발적(?)이었다. 황당한 그의 변명에 외신들은 앞다퉈 일본 사회의 혈액형 성격론 맹신을 비꼬는 기사를 게재했다. 핀란드의 한 신문은 "수상이 방송에서 엉뚱한 대답을 해 놓고 변명으로 '코가 막혀서'라고 둘러댔는데, 마쓰모토 장관의 말보다는 신뢰성이 있다"라고 꼬집었고, 남아프리카의 한 일간지는 "이제부터 각료에는 A형을 임명해야 한다"라고 '제안'했다. BBC 특파원은 "혈액형 탓을 하는 것이 황당무계할지 모르겠지만, 일본에서는 혈액형이 성격에 영향을 준다고 믿고 있다"라고 보도했다.

日 총리 "나는 A형이니 정치 더 잘해"

사실 일본에서 이 정도 일은 기삿거리가 되지 않을 만큼 '혈액형이 성격을 결정한다'는 믿음은 보편적이다. 우리도 비슷하긴 하지만, 일본의 맹신 사례들을 보면 입이 떡 벌어진다. 소소한 재밋거리가 아니라 진지하고 심각하게 생각하는 사람들이 많다.

정치와 경제계에서도 혈액형이 성격을 결정한다는 '신자'들은 많다. 아소 다로 전前 총리는 공식 프로필에 자신은 A형이고 라이벌 정당의 당수는 B형이어서 자신이 정치를 더 잘한다고 강조하기도 했다. 대기업 미쓰비시전자는 1990년대에 전원 AD형으로 구성된 팀을 만들이 창조적 성과를 거뒀다고 공식 발표했다. 친절하게 'AB형의 창조적 기획 능력'덕분이라는 설명도 달았다.

혈액형에 따라 대표 팀 선수를 구성?

스포츠계도 만만치 않다. 대표적인 인물이 홈런 474개를 터트린 유명 프로야구 선수 출신으로 일본 야구 대표 팀의 타격 코치였던 다부치 코이치다. 그는 혈액형을 고려해 당일 출장 선수를 정하는 것으로 유명했다. 포수 출신인 그는 심지어 혈액형에 따라 볼 배합을 하도록 포수에게 지시했다. 예를 들어 "너는 O형이니까 1번 타자는 안 돼!", "과거에는 개성 있게 리드하는 B형 포수의 시대였지만, 지금은 투수의 성격에 맞춰 주는 A형 포수 시대다"라는 식이다. 열렬한 신봉자로서 자신의 '철학'을 공공연히 설파한다.

보통의 일본인도 믿음이 굳건한 경우가 많다. 혈액형이 지배하는 사회인 셈이다. 사생활에 대한 질문을 극도로 삼가는 일본인들도 혈액형을 묻는 질문에는 비교적 거침이 없다. 마치 혈액형을 알면 그 사람의 성격에 대해 많은 정보를 얻는다고 생각하는 듯하다. 일본인들이 첫인사에서 가장 많이 하는 것이 날씨 관련, 그다음이 혈액형이라는 이야기가 있을 정도다. 친한 일본 아주머니가 내 아이의 혈액형을 물어봐서 B형이라고 대답했더니, 대뜸 "마이 페이스my pace겠군요"라며 씩 웃었던 기억이 난다. 주변을 신경 쓰지 않고 자기 스타일대로 산다는 이야기로, 자신만의 독특한 세계가 있거나 고집이 세겠다는 의미다. 이는 B형에 대한 일본인들의 대표적인 고정 관념이다.

혈액형이 성격을 결정한다는 고정관념이 있는 곳은 전 세계에서 한국과 일본, 대만 정도다. 일본과 우리는 이력서에도 혈액형 기재란이 있는 경우가 적지 않지만, 외국은 본인의 혈액형을 모르는 경우도 많다. 수혈할 때 문제가 되지 않을까 반문하겠지만, 응급 상황 시 혈액형을 바로 체크하면 아무 문제가 없다고 한다. 우리나라와 대만이 갖고 있는 혈액형에 대한 고정관념은 일본이 '원조'다.

1년에 70개 — 혈액형 성격론 확산의 일등 공신은 '방송'

일본에서 혈액형 성격론은 1930년대 한 교육학자를 통해 제창됐다. 그러나 그의 이론을 검증하는 연구에서 예외가 너무 많아 학설은 결국 폐기됐다. 하지만 1970년대에 한 추종자의 집념으로 그 이론은 화려하게 부활한다. 방송작가 출신의 노미 마사히코가 그의 학설에 깊은 감명을 받아 쓴 책이 빅 히트를 치면서 혈액형 성격학은 일본 사회에 광범위하게 확산된다. 그의 아들 노미 토시다카는 '혈액형 인간 과학 연구센터'까지 설립했다.

노미 부자의 공도 공이지만, 일본에서 혈액형 성격론이 자리 잡은 데 일등 공신은 방송이었다. 일본에서는 1980년대 중반, 1990년대 중반, 그리고 2000년대 중반에 혈액형 성격론 붐이 불었다. 거의 10년에 한 번 꼴이다. 가장 최근인 지난 2004년은 특히 엄청났다. 한 해에 무려 70여 개의 프로그램이 쏟아져 나왔다. 심지어 프로그램에 '혈액형별 오늘의 운세' 코너까지 있었다. 그만큼 시청자들이 흥미를 보였다는 의미다.

당시 프로그램의 전형적인 형태는 크게 두 가지였다. 한 가지는, 연예인들을 혈액형별로 나눠 특정 상황에서 관찰 카메라 또는 몰래카메라로 그들의 행동을 촬영해 보여 주고 그것이 '혈액형 때문'이라고 해석을 덧붙이는 것이다. 예를 들어, 연예인 대기실 밖에서 싸움이 났을 때 혈액형별로 어떤 반응을 보이는지 몰래카메라로 들여다보는 상황을 연출한다. AB형 연예인이 독특한 행동을 하면 "역시 AB형은 이중인격"이라고 말하며 웃고 떠드는 식이다. 혈액형별 지갑 속 내용물의 차이점, 혈액형별 수박 먹는 법 등 모든 행동의 차이를 혈액형으로 몰아갔다.

다른 하나는 유치원 아이들을 혈액형으로 나눈 다음 상황에 따른 반응을 관찰 카메라 또는 몰래카메라로 살피는 형식이다. 예를 들어 한 개그맨이 일부러 비싼 꽃병을 깼을 때 아이들의 반응을 살핀다. 걱정이 많은 A형은 놀라서 도망가고, 정의감이 강한 O형은 가차 없이 잘못을 추궁한다는 식으로 해석을 덧붙인다.

혈액형 따라 반을 나누어 수업하는 유치원

방송의 영향 때문인지 아이들을 혈액형별로 반을 나누어 수업하는 유치원까지 생겨났다. 처음 그 이야기를 듣고 설마 했는데, 일본 논문과 방송 자료를 찾아보니 그런 사례가 다수 소개돼 있었다. 2006년 우리나라에서 방송된 〈SBS 스페셜: 혈액형의 진실〉 편 제작진도 실제로 한 유치원을 방문해 취재했다. 오기현 담당 PD에게 당시 체험담을 물었더니, "취재에 응한 유치원 원장은 자신의 교육법을 자랑스러워했다. A형 반에 들어가 아이들의 신발 정리 모습을 보여 주며 A형답게 정리를 잘한다고 설명했다"라고 들려주었다.

日 학자들 "혈액형과 성격은 아무 상관 없어"

혈액형 신드롬이 일면서 많은 학자들이 그 신빙성을 연구하기 시작했다. 초기에는 혈액형별 성격 분류가 근거가 있는지를 과학적으로 입증하는 데 집중됐다. 많은 연구가 이뤄졌고, 대부분의 연구 결과는 일관되게 '혈액형과 성격은 무관하다'는 것을 보여 줬다. 오해에 근거한 일종의 유사 과학이라는 결론이 내려졌다. 일본의 대학교 심리학 수업에서는 대표적인 고정관념의 사례로 혈액형 성격 판단을 가르치고 있다.

그러나 많은 일본인들은 여전히 이 믿음을 거두지 않는다. 2008년 야후재팬 조사에선 66%의 일본인이 혈액형을 통해 자신의 성격을 객관적으로 파악할 수 있고, 48%의 일본인이 친구를 사귀고 연애를 할 때 도움이 된다고 답했다. 다른 연구에서도 80%가 넘는 일본인이 혈액형을 통한 성격 판단이 흥미롭다고 말했다. 혈액형 성격론에 관한 서적들이 베스트셀러가 되기도 했다. 2007년 출간된 《B형 자기설명서》 등 혈액형 시리즈 4권은 누계 540만 권 이상이 팔렸다.

신봉 이유 1 — 바넘 효과 "가끔 소심할 때도 있고 인간적인 면도 있다"

학자들은 연구 방향을 돌렸다. 왜 사람들이 혈액형이 성격과 상관있다고 믿는지 심리 구조를 밝히는 데 초점을 맞췄다. 학자들은 크게 3가지 이론으로 설명한다. 첫 번째는 바넘 효과다. 바넘 효과는 사람들이 보편적으로 갖고 있는 특징을 자신만의 것으로 착각하는 심리적 경향이다. 예를 들어 '가끔 소심할 때도 있고, 인간적인 면도 있다', '쾌활하게 행동하지만 속으로는 불안할 때가 있다'는 말은 사실 누구에게나 해당되는데, 자신에게만 해당한다고 오해하는 현상이다.

혈액형 성격론 비판론자인 마쓰오카 큐지는 이를 유쾌한 방식으로 입증했다. 그는 '궁극의 혈액형 심리검사'라는 혈액형 성격 진단 웹사이트를 만들었다. 약 450만 명이 이 사이트를 방문해 검사를 받았다. 성격 진단 결과가 자신의 성격을 얼마나 맞혔느냐는 질문에 90% 이상의 이용자가 제대로 맞혔다고 대답했다. 그러나 실제로는 임의로 성격 특성을 갖다 붙인 엉터리 검사였다. 수백만 명의 믿음이 단지 '자기 최면'임을 보여 준 대규모 실험이었다.

신봉 이유 2 — 확증 편향 "난 믿고 싶은 것만 믿어"

두 번째는 확증 편향으로, 자신의 신념과 일치하는 정보는 받아들이고, 일치하지 않는 정보는 무시하는 경향을 말한다. 혈액형과 성격이 관련 있다고 강하게 믿을수록 심한 확증 편향을 갖고 있음이 여러 연구에서 입증됐다. 예를 들어 자신이 믿는 혈액형 성격과 맞는 사례가 있으면 "역시 내 생각이 옳아"라며 더 굳게 믿지만, 반대 사례가 나타나면 "저 사람 특이하네, 예외겠지"라고 제외하는 식이다.

혈액형 성격론을 입증하기 위해 통계상 트릭을 이용하는 것이 대표적이다. 표본이 한쪽으로 치우쳤다든가, 유리한 데이터만 인용한다. 노미 마사히코는 10만 명 이상의 데이터를 수집해 이론의 통계적 근거로 삼았다고 주장했다. 문제는 그 10만 명이 모두 자신의 책 독자들이거나 강연 참석자들이라는 점이다. 애초부터 신봉자만을 상대로 하니, 그들이 원하는 결과가 나올 수밖에 없다.

신봉 이유 3 — 자기 이행적 예언 "믿는 만큼 바뀐다"

세 번째는 자기 이행적 예언 혹은 피그말리온 효과다. 근거가 없어도 그것을 믿고 행동하면 말한 그대로의 결과가 나타나는 현상이다. 사회심리학자 야마자키 켄지와 사카모토 아키라는 1992년 발표한 논문에서 혈액형에 이런 믿음이 작동하고 있음을 입증했다. 혈액형 붐이 일 때만 혈액형과 성격의 연관이 나타난다는 것이다.

이런 3가지 심리적 현상들은 낯익다. 바로 점을 칠 때도 나타나는 현상이다. 점쟁이는 누구에게나 해당되는 말로 '용하다'는 감탄을 이끌어 내고(바넘 효과), 믿는 만큼만 보이게 만들며(확증 편향), 스스로 그 예언을 성취하게 만든다(자기 이행적 예언). 〈뉴스위크〉지는 이런 점을 들어 "일본이 새로운 인간 분류법을 찾아냈다. 점성술이 아니다. 과학적 근거가 없음에도 일본인들은 연애에서 입사 면접까지 모든 것에 혈액형을 적용한다"라고 비꼬았다.

아무리 떠들어 봐라, 내가 믿음을 버리나!

그러나 수많은 연구와 야유에도 불구하고 일본인들의 철옹성 같은 믿음은 흔들리지 않았다. 한 심리학자의 조사 결과 많은 일본인들이 "비과학적이라는 것은 알겠는데, 나와 남들의 행동을 이해하는 데 도움이 된다"라고 믿고 있었다. "과학적으로 증명할 수 없는 부분이 있을 것"이라고 믿는 '심리적 저항'도 보였다. "혈액형과 성격이 관련 없다고 딱 잘라 말하기는 어렵다", "논리적으로는 맞지 않지만, 신기하게도 맞을 때가 많다"라는 사람들이 많았다.

그래서 학자들은 혈액형 성격론이 얼마나 비과학적인지를 입증하는 대신 실제로 어떤 피해가 생기는지를 밝히는 쪽으로 방향을 틀었다. 대표적인 것이 혈액형 차별이다. 일본에서는 이를 통칭 '브라하라'라고 하는데, 영어 blood type harassment의 일본식 약칭이다.

'혈액형 괴롭힘'을 아시나요 ─ 차별받는 B형

사회심리학자 야마오카 시게유키는 10여 년간 일본 대학생들을 대상으로 혈액형별 이미지 변화 추이를 조사했다. 그 결과 가장 피해를 많이 본 혈액형은 B형이었다. 일본에서 B형은 자기주장이 강하고 자기중심적이라는 고정관념이 강하다. 절반이 넘는 B형 대학생이 혈액형 때문에 불쾌한 경험을 한 것으로 나타났다. 차별과 따돌림을 경험한 경우도 25%나 됐다. 반면 A형과 O형은 5% 이내였다.

특히 B형의 호감도가 나빠진 것은 2004년 TV에서 혈액형 관련 프로그램들이 한창 방송된 직후였다. 당시 방송에서는 'B형에게 심하게 당한 A형 피해자의 모임'이라든가 'B형 남성과 교제하다 화난 여성 30인' 등 B형에 대한 편견을 부추기는 내용이 '혈액형별 궁합'이라는 타이틀로 집중적으로 방송됐다고 한다. 아, 불쌍한 일본의 B형…….

혈액형별 전반적인 호감은 O>A>AB>B형순이었다. 90년대 초반까지만 해도 이미지가 가장 나쁜 혈액형은 AB형이었는데, 90년대 후반부터 'AB형은 천재'라는 믿음이 퍼지면서 이미지가 개선됐다. 특이한 것은 A형과 O형이 겪은 '불쾌한 경험'의 내용이다. B형이나 AB형과는 달리, '내 혈액형인 A형(또는 O형)처럼 보이지 않는다는 말을 들어서' 불쾌했다는 사람이 많았다.

"혈액형 성격론을 믿는 것이 인간관계에 이득"

최신 혈액형 연구는 혈액형에 대한 고정관념이 일상에서 어떻게 작동하는지를 세밀하게 분석한다. 그리고 일본 사회에 혈액형 성격논이 자리 잡은 이유로 '믿는 사람이 믿지 않는 사람보다 이득이 더 많기 때문'임을 보여 준다. 혈액형은 재미 삼아 이야기하거나 대화의 실마리를 풀어 나가기에 좋은 소재라는 것이다. 그래서 일본인들은 혈액형 성격론을 적당히 믿는 사람들에 대해 '똑똑하지는 않지만 인간성은 좋다' 정도로 생각하는 것으로 나타났다.

반면 혈액형 성격론을 반대하는 사람에 대해서는 '능력은 있지만 거리감이 있다'고 느꼈다. 혈액형에 대해 가볍게 농담을 나누는데 정색하며 분위기를 깨는 사람으로 여긴다는 것이다.

한국에서는 B형, 일본에서는 A형이 환영받는다?

2015년 한국의 어느 IT 업체가 SNS 빅 데이터를 통해서 사람들의 인식을 읽어 보니, 한국인에게 A형은 섬세하고 내성적인 사람으로, B형은 활동적이고 매력적인 사람으로 회자되는 것으로 나타났다. 또 어떤 혈액형이 평판 면에서 가장 손해를 보는지 알아본 결과, 의외로 A형으로 나타났다. 반면 B형은 비교적 반감이 덜했다.

이에 대해 전문가들은 지금 우리 사회는 A형이 가지고 있다고 여겨지는 성격적 특징, 즉 '소심하지만 성실하고 꼼꼼한' 성격에 대해서 그리 긍정적으로 바라보지 않는다고 분석한다. 반면 B형의 성격으로 간주되는 '자기주장이 강하고 낙천적인' 성격에 대해서는 비교적 호의적인 것 같다고 평가한다.

이는 일본과는 반대 현상이다. 일본에선 A형이 환영받고, B형이 차별받는다. 묘사되는 혈액형별 성격은 양국이 대동소이한데, 똑같은 혈액형의 사람이 한 나라에선 이득을 보고 다른 나라에선 손해를 보는 셈이다. 특히 일본에선 자기주장이 강한 B형은 '제멋대로고 배려 없음, 이기적'으로 연결된다. 반면 우린 '자신감 있고 개성 있음'으로 이어진다. 결국 혈액형 선호도는 그 사회의 성격 선호도와 밀접한 관련이 있음을 보여 준다.

'피'에 유별나게 집착하는 한국과 일본

BBC는 "일본이 비교적 획일적인 사회여서 혈액형 성격 분류가 인기를 끄는 것 같다"라고 보도했다. '같다는 것＝좋은 것'이라는 가치관이 팽배한 일본 사회에서, 그나마 혈액형 분류를 통해 사람들 간 차이를 발견하는 일이 즐겁다는 것이다. 또 A형이 호감을 얻는 이유도 일본 사회에서 다수이기 때문이라고 해석했다. 반면 B형과 AB형은 소수여서 차별을 받는다고 설명했다.

혈액형에 대해 한국과 일본의 관심이 유별난 이유를 '피' 자체에서 찾기도 한다. 유독 우리와 일본만이 '혈통', '피는 못 속인다' 등의 말로 피에 높은 가치와 의미를 부여한다. 피에 대한 집착에 가까운 숭상이 혈액형 공화국을 만들고 있다는 설명이다. 이제는 피의 굴레를 벗어나야 할 때인 것 같다.

05

부탄 국왕 부처의 방일은
왜 신드롬을 일으켰나

∨∨∨∨∨∨∨∨∨

왜 부탄 국왕 부처의 방일은 신드롬을 일으켰을까

2011년 11월 히말라야의 작은 나라 부탄 국왕 부처의 방일이 일본에서 큰 화제가 됐다. 언론은 국왕 부처의 6박 7일 일정 내내 일거수일투족을 상세히 보도했다. 총리와의 회담과 국회 연설 등 공식 일정은 물론 국왕 부처가 교토를 여행하고 기모노를 입은 모습까지 뉴스로 다뤘다. 웬만한 선진국 정상은 물론 외국 인기 스타를 뛰어넘는 뜨거운 관심이었다. "온화하고 자애로운 미소와 감동적인 말로 일본을 매료시켰다" 등 온갖 찬사가 이어졌다.

인구 75만에 불과한 소국小國 부탄 국왕의 방일이 일본에서 붐을 일으킨 이유는 무엇일까? 무엇보다 부탄이 일본을 너무나 좋아하는 '친

236 일본민 심리 상자

일' 국가라는 점이 크게 작용했다. 1986년 양국 간 국교가 수립된 이후 부탄이 일본의 UN 안보리 상임이사국 진출을 일관되게 지지하는 등 상당히 우호적인 입장을 취한 것이 강조됐다. 하지만 일본인에게 더 큰 감동을 준 것은 부탄 국왕들의 남다른 '일본 사랑' 에피소드였다. 선대 부탄 국왕은 1989년 히로히토 일왕이 사망하자 애도의 의미로 한 달간 상복을 입었을 정도로 각별함을 보였다고 한다.

현 부탄 국왕의 일본 사랑도 이에 못지않았다. 그해 봄 동일본 대지진에 성금 100만 달러를 보낸 사실이 다시 부각됐다. 일본 언론은 부탄의 경제 규모를 감안했을 때 이 금액은 일본으로 치면 1조 5,000억원이 넘는 큰돈이라고 강조했다. '파격적 원조'인 셈이다. 실제 국왕은 방일 기간 동안 대지진 피해지를 방문하는 등 일본 국민에게 위로와 격려의 메시지를 전달하는 데 힘을 쏟는 모습이었다. 더욱이 31세의 젊은 국왕이 막 결혼한 신혼부부라는 점도 대중의 호기심을 끌고 호감을 높이는 데 기여했다.

부탄 국왕의 방일이 일본 사회에 일으킨 '행복 붐'

부탄 국왕의 방일은 일본 사회에 또 다른 붐을 일으켰다. 바로 '행복 붐'이다. 부탄이 '세계에서 가장 행복한 나라'로 소개되면서, 어떻게 그 작고 가난한 나라가 일본보다 더 행복할 수 있는지 생각하게 만든 것이다. 부탄은 물질적으로는 1인당 국민소득이 2,730달러에 불과한 빈국이지만, 국민 97%가 행복하다고 말하는 정신적으로는 풍요한 나라다. 여느 후진국과는 달리 모든 교육과 의료가 무상이며, 거리에서 거지나 노숙자를 찾아보기 어렵다. 사람들은 순박하고 이웃 간에도 돈독한 우정을 자랑하는 것으로 알려졌다. 이 같은 보도들이 가뜩이나 동일본 대지진 피해로 허무와 상실감에 힘들어하던 일본인들에게 신선하게 다가왔다.

1972년 부탄은 국내총생산GDP이 아닌 국민행복지수로 통치하겠다며 GNHGross National Happiness라는 개념을 세계 최초로 도입했다. 일본의 지자체들은 대중의 여론에 민감하게 반응했다. 일부 지자체는 발빠르게 이를 응용해 독자적인 행복지수를 만들기까지 했다. 후쿠오카현은 '현민 행복도 일본 제일'을 공약으로 내세웠고, 도쿄 아라카와구는 GNH를 본떠 GAHGross Arakawa Happiness라는 지표를 만들어 측정하기 시작했다.

부탄의 GNH는 세계가 행복지수를 만드는 데 좋은 모범이 돼 왔다. 영국과 프랑스, 캐나다 등 선진 구미 국가와 국제기구인 UN, OECD가 행복지수를 개발하고 정책에 반영하는 데 큰 영향을 미쳤다. 물론 각 행복지수는 '행복'의 정의만큼이나 다양했다. 어떤 항목을 중시하고 가중치를 두느냐에 따라 결과가 크게 달라졌다. 부탄의 행복지수는 주관적 지표 위주여서 명상 등 정신적 가치를 주로 측정하는 반면, UN의 '세계 행복 보고서WHR'와 OECD의 '보다 나은 삶 지수BLI'는 심리적 상태와 경제적 성과 등 여러 가지 조건을 종합적으로 측정했다. 예를 들어 GNH에서 부탄은 1위지만, UN의 2015년 세계 행복 보고서에서는 전체 158개국 가운데 79위에 그쳤다. GDP와 건강 수명 등의 수치가 포함됐기 때문이다.

'행복 후진국' 한국과 일본 — 이스털린의 역설이 통하는 사회

일본은 GNP 3위의 경제 대국이지만 행복이라는 측면에서는 대표적인 행복 후진국으로 불린다. 한국 역시 마찬가지다. 각종 국제기구의 행복도 조사에서 두 나라는 하위권을 면치 못한다. 2016년 UN 세계 행복 보고서에서 전체 157개국 가운데 한국은 58위, 일본은 53위를 기록했다. 2015년 OECD의 보다 나은 삶 지수에서도 36개국 가운데 한국이 29위, 일본은 28위를 차지했다.

특히 두 나라 모두 경제적 풍요에 비해 행복도가 높지 않은 나라로 거론된다. '기본적 욕구가 충족되면, 소득이 증가해도 행복에는 큰 영향을 미치지 않는다'는 내용으로 유명한 이스털린 역설Easterlin's paradox이 작동하는 전형적인 사회다. 경제적 풍요에도 불구하고 행복감은 정체돼 있다. 1974년 이 이론을 발표한 미국의 이스털린 교수는 자신의 논문에서 1960년대 눈부신 고도성장에도 국민의 행복감은 늘지 않는 일본을 대표적 사례로 들었다.

그러나 일본의 학자들은 이런 행복도의 국제 비교에 대해 일정 부분 수긍하면서도 강하게 이의를 제기했다. 행복에 관해서는 무시할 수 없는 문화 차이가 존재하는데, 일본의 행복관은 서구와 크게 달라 실제 일본인이 느끼는 행복을 제대로 반영하지 못한다는 것이다. 그래서 국제 조사에서 항상 '손해'를 볼 수밖에 없고, '행복하지 않은 나라'의 멍에를 쓰고 있다고 지적한다. 일본 학자늘은 어떤 근거로 이런 주장을 하는 것일까?

"일본인의 가장 이상적인 행복 점수는 100점 만점에 70점"

일본 학자들은 일본인이 추구하는 행복은 '다다익선'식이 아니라 '균형을 지향하는' 행복이라고 설명한다. 일본인은 부족함을 알면서도 일정 정도가 충족되면 행복을 느낀다고 주장한다. 100점을 만점으로 치면 가장 이상적인 행복 점수는 70점 정도라는 것이다.

일본인이 이상적으로 여기는 '균형적인 행복'이란 무엇일까? 긍정과 부정의 균형이다. 즉 인생에서 좋은 일만 있을 수 없기에, 긍정적인 일과 부정적인 일이 조화를 이룰 때 행복하다는 생각이다. 예를 들어 서구에서 행복은 좋은 일을 극대화하는 것이다. 즉 젊고 건강하고 수입이 많고, 대인 관계도 좋고 자존감이 강한 사람을 행복한 사람이라고 본다. 하지만 일본 학자들은 많은 일본인들이 인생의 가장 절정에 이르러서도 겸손해하며, 또 좋지 않은 일이 일어나도 행복하다고 느낄 수 있는 마음을 가졌을 때 행복한 사람으로 여긴다고 말한다.

사회심리학자 우치다 유키코와 기타야마 시노부가 2009년 미일 대학생을 대상으로 행복에 대한 개념을 조사했다. "행복은 무엇인가?"라며 5가지를 자유롭게 제시해 보라고 하자 미국인은 97.4%가 긍정적인 기술, 즉 성취나 달성에 관한 것 일색인 데 비해 일본인은 이 항목이 68%에 그쳤다. 나머지 30%는 다른 사람에 대한 미안함 같은 부정적 감정과 집단 조화에 관한 것으로 채웠다. 마음속에 품고 있는 행복에 대한 이미지 자체가 다른 셈이다.

또 비슷한 맥락에서 일본 학자들은 각성의 정도와 행복을 연관해 설명한다. 미국 등 활동적인 북미인들은 고高각성, 즉 흥분되고 짜릿한 느낌을 통해 주로 행복을 경험한다고 지적한다. 극도의 스릴을 느낄 수 있는 익스트림스포츠가 인기를 끄는 사례가 대표적이다. 반면 일본인을 비롯한 동양인은 저低각성, 즉 평상심과 평온, 휴식과 같은 차분한 상태에서 행복을 느낀다는 것이다. 명상을 예로 들 수 있다.

日 개인주의는 '고립주의'로 변질 — 10명 중 1명은 '친구가 0명'

왜 일본인은 균형적인 행복을 추구하게 된 것일까? 학자들은 집단 내 조화를 중시하는 일본 특유의 폐쇄적인 문화 때문이라고 설명한다. 일본 사회는 집단 질서를 유지하기 위해 튀는 행동과 경쟁을 철저하게 억제해 왔다. 누구 하나만 행복하거나, 누구 하나만 유독 불행하면 집단 내 균형이 무너지기 때문에 보통과 평균을 지향해 왔다. 그래서 혼자만 최대한 행복하기보다 다른 사람들과 비교해 어느 정도 만족할 수 있다면 그것이 행복이라고 받아들이는 문화가 형성됐다고 설명한다. 당연히 개성 추구는 덜 장려되었다. 개성을 추구하다가 자칫 설 땅을 잃을 수 있기 때문이다.

따라서 일본에서 행복한 사람은 일에서 성공한 사람보다 인간관계를 잘 맺는 사람이다. 실제 사회심리학자 오기하라 유지 등의 연구에서 일본은 친구가 많고 대인 관계를 중시하는 사람일수록 더 행복했다. 반면 학업이나 업무 성적, 경쟁력과 같이 성공을 추신하는 사람들의 행복감은 낮았다. 폐쇄적인 일본 사회에서 주변 사람의 지지는 행복감을 크게 좌우하는데, 성공 지향적인 사람들은 친한 친구가 적을 수밖에 없어 행복감이 떨어지기 때문이다.

그러나 이런 전통적인 행복관은 개인주의가 확산되고 있는 일본의 사회구조와 충돌을 빚어 오히려 불행의 씨앗이 되기도 한다. 일본의 회사들은 급속한 글로벌화로 과거와 달리 대인 관계보다 경쟁과 달성을 중시하는 개인주의적 가치를 요구하는데, 한 개인이 자아실현과 성공을 위해 이를 따를 경우 일상의 인간관계에선 외면받기 쉽기 때문이다. 일본 사회가 워낙 폐쇄적이다 보니 이는 고립으로 이어져 결론적으로 행복감 저하로 이어진다고 분석했다.

실제 게이오대 마에노 다카시 교수가 2013년 전국 1만 5,000명을 대상으로 행복 앙케트를 한 결과, 조사 대상의 9%인 1,349명이 '친구의 수가 0명'이라고 답했다. 마에노 교수는 이들 가운데는 개인주의적 가치관을 지향하다 외면받은 사람들이 적지 않다고 분석했다. 미국에서는 개인주의가 사회적 관계 악화로 이어지지 않는데, 일본에서는 양호한 인간관계를 맺는 것을 어렵게 만든다고 지적했다. 일본 학자들은 이런 '일그러진' 모습이 서구식 개인주의와는 거리가 멀다며 '고립주의'라고 부르고 있다.

한국 행복관의 특징 — 높은 가족 만족도

일본 행복관의 특징이 균형적인 행복 추구라면, 한국 행복관의 특징은 무엇일까? 학자들은 가족 중심주의를 가리킨다. 유독 한국인은 행복의 근원을 가족에서 찾는 경우가 많다는 것이다. 〈한국일보〉가 2016년 '저성장 시대, 한국인의 행복 리포트' 기획을 위해 한국과 일본 등 4개국에 대한 국제 비교 조사를 한 결과, 한국은 가족에 대한 만족도가 가장 높게 나타났다. 10점 만점에 7.4점으로 일본의 5.7점을 크게 웃돌았다. '불만족'이라고 응답한 사람도 6.6%밖에 되지 않았다.

〈한국일보〉가 숭실대 배영 교수, 연세대 송민 교수와 함께한 다국적 빅 데이터 분석에서도 행복과 관련된 한국의 가족 중심주의는 두드러졌다. 행복의 연관어로 '가족', '사랑', '감사', '엄마' 등이 나왔는데, 가족이라는 단어가 등장하는 나라는 한국뿐이었다. 오히려 미국이나 일본은 가족이 불행의 연관어로 꼽혀 대조를 이뤘다. 미국은 '부모', '가족'이, 일본은 '아빠'가 불행과 함께 언급되는 일이 많았다고 한다.

사회심리학자 박준하 박사가 한일 행복도를 비교한 논문에서도 한국이 일본보다 가족과 친구에게서 행복을 추구하는 경향이 두드러지게 나타났다. 실제로도 많은 한국인이 가족과 친구를 통해 큰 행복감을 얻고 있었다. 가족 중심주의가 행복감을 유지하는 데 가장 큰 버팀목이 되는 셈이다.

돈이 행복을 좌우하는 한일 사회 ― 소득 양극화가 행복 양극화로

한일 행복관의 공통된 특징은 돈이 행복을 좌우한다는 점이다. 〈한국일보〉의 행복도 국제 비교 조사에서 한국은 소득 상위 집단과 하위 집단이 느끼는 행복도의 격차가 가장 컸다. 한국의 상층은 절대

다수인 95.6%가 행복하다고 응답했다. 반면 저소득층은 18%만이 행복하다고 답했다. '소득 양극화'가 '행복 양극화'로 이어지는 셈이다.

일본도 만만치 않았다. 소득 상위층과 하위층 격차가 한국보다 근소했지만, 행복의 가장 중요한 필요조건으로 '경제적 여유'를 꼽은 비율이 26.4%에 달해 우리의 20.9%를 제치고 가장 높은 순위를 기록했다. 일본 역시 '격차 사회'로 불릴 만큼 양극화가 진행되면서, 돈이 행복을 좌우한다는 믿음이 팽배해 있음을 보여 준다.

행복을 연구하는 심리학자들은 경제적인 면을 중시하는 사회일수록 행복감이 낮다고 공통적으로 지적한다. 경제적 조건을 따지고 돈에 얽매일수록 빈곤감 또는 박탈감을 상대적으로 많이 느끼기 때문이다. SNS에서 '세계 각국의 중산층 기준'이 화제가 된 적이 있다. 교양과 정의감 등 정신적인 면을 강조하는 프랑스나 독일 등에 비해 한국은 중산층의 조건으로 아파트와 통장 잔고, 자동차 등 경제적 조건을 따진다고 지적했다. 한국 사회의 서글픈 자화상이다.

희망을 잃고 달관 세대가 된 日 20대

〈한국일보〉의 조사에서 한일 통틀어 일본의 20대는 가장 행복하지 않은 세대였다. 행복도가 10점 만점에 5.2점으로 일본의 전 세대 중 최하위였다. 한국 20대의 6.3점보다도 현저히 낮았다. 전문가들은 장기 불황의 여파를 가장 먼저 꼽는다. 미래에 대한 꿈과 희망을 잃고, 달관 세대가 됐다고 우려한다. 또 Part 1의 '세계관' 관련 챕터에서 언급했듯이 일본 젊은 세대의 낮은 자존감 등 독특한 일본 문화도 배경으로 작용했다고 지적한다.

같은 조사에서 한국의 20대는 높은 청년 실업률 등 갖가지 악조건 속에서도 상대적으로 잘 '버티고' 있는 것으로 나타났다. 우리 사회의 모든 세대를 통틀어 가장 행복도가 높았다. 전문가들은 아직 희망과 의지를 버리지 않고 있다는 증거로 봤다. 특히 가족이 버팀목이 되어 주고 있다고 분석한다. 그러나 이는 전반적인 한국 사회의 행복도가 워낙 낮은 데서 비롯된 상대적 우위라는 지적도 있다.

상대적으로 덜 불행한 日 노년층 vs 사면초가 韓 노년층

심리학에서 유명한 행복 이론 가운데 하나가 '행복의 패러독스'다. 나이가 들면서 인생에 대한 기쁨이나 만족도가 증가하는 현상을 가리킨다. 즉 사람은 나이가 들수록 남은 시간이 적다는 것을 깨달아 정서적 만족을 추구하고 부정적 감정보다 긍정적 감정에 주의를 기울이게 된다는 것이다. 자신에게 시간이 없다는 것을 알수록 행복해진다는 면이 진짜 아이러니하다. 그래서 경제 수준이 어느 정도 갖춰진 국가에서는 일반적으로 청년층과 노년층의 행복감이 높고, 중년층의 행복감은 상대적으로 떨어지는 U 자형 분포를 보인다고 알려져 있다.

그러나 이 행복의 패러독스는 일본에는 '약간 해당', 한국에는 '전혀 해당 없음'으로 나타난다. 가장 큰 원인은 노후 대비다. 일본은 연금 생활자가 많아 경제적 어려움을 덜 겪는 경우가 많은데, 한국의 노년층은 준비가 전혀 되어 있지 않아 '노년 빈곤'에 무방비로 노출돼 있었다. 심각한 경제적 어려움은 행복감 저하로 직결됐다. 〈한국일보〉의 조사에서 일본 노년층의 만족도는 일본의 전 세대 중 가장 높았지만, 한국은 전 세대 중 가장 낮았다.

일본 내각부의 '고령자 생활과 의식에 관한 국제 비교 조사'는 양국 노년층의 행복도에 차이가 나는 이유를 잘 설명해 준다. 한미일, 독일, 스웨덴 등 5개국을 대상으로 한 조사에서 "일상에서 스트레스가 많다"라고 답한 노인의 비율은 일본이 6.3%로 가장 적은 반면 한국은 16.7%로 가장 높았다. 한국 노인은 주로 경제적 고통을 호소했다. 생활비로 스트레스를 받는다는 노인이 한국은 42.2%에 이르렀고, 일본은 13.3%에 그쳤다.

반면 일본 노인은 인간관계에서 고민이 많았다. "친구와 지인들과의 관계가 힘들다"라고 답한 일본 노인의 비율은 한국 노인의 3배가 넘었다. 대화 상대가 없다는 고민도 일본 노인이 1.5배 정도 많았다. 가족이 행복에서 차지하는 비중은 한국이 상대적으로 높았다. 61.8%의 노인이 삶에서 보람을 느끼는 경우로 "자식이나 손자 등 가족과 단란한 시간을 보낼 때"라고 답했다. 반면 일본의 노인들은 공부나 취미, 여행에서 삶의 보람을 느끼는 것으로 나타났다.

행복의 '도토리 키 재기' 하는 韓日

행복에 관한 챕터를 쓰는 내내 역설적이게도 행복하지 않았다. 두 나라의 각종 연구와 지표는 높은 행복감과 거리가 멀었고, 저 뒤쪽에서 '도토리 키 재기'를 하고 있다는 생각이 들었다. 누가 더 행복하냐가 아닌 누가 덜 불행하냐를 놓고 다투고 있었다. 오히려 갈수록 뒷걸음치고 있다는 느낌도 받았다. 일본은 달관 세대처럼 순응과 체념으로, 한국은 가족의 힘으로 팍팍한 현실을 버티고 있는 것 같다.

심리학에서 행복에 대한 관심과 연구가 각광을 받기 시작한 것은 불과 30년, 더 짧게 잡으면 20년 정도밖에 안 된다. 주관적인 느낌이어서 측정이 쉽지 않아 연구가 어렵다는 이유가 컸다. 또 많은 연구가 전쟁 후유증 같은 심리 부적응 개선에 집중된 탓도 있었다. '긍정 심리학'의 제창이 주목받으면서 본격적인 연구가 시작된 것이다.

행복에 관한 최근 연구 성과 가운데 가장 인상적인 것은 행복과 불행이 서로 반대 개념이 아니고, 다른 차원의 감정이라는 점이다. 불행하지 않다고 행복한 것이 아니고, 행복하지 않다고 꼭 불행한 것은 아니란 이야기다. 불행은 사고 등 외부에서 오는 반면, 행복은 주로 내부에서 온다고 했다. 그래서 "불행하지 않으려 애쓴다고 행복해지지는 않는다"라고 한다. 한국인과 일본인 모두에게 외부 조건은 여전히 팍팍하지만, 불행하지 않기 위해서가 아니라 행복하기 위해 분투할 수 있기를 바란다.

06

왜 일본 야구 대표 팀의 별칭은
'사무라이 재팬'일까

스포츠

1. 야구

〰〰〰〰〰〰

'싱크로율' 90%? — 소년병 출정식 vs 고교 야구 개막식

가자, 소년병! 육해공군의 젊은 사무라이 제2진들! 전국 중학생과 고등학생 출신의 각종 소년병 지원자들을 보내는 출정식이 3월 22일 도쿄 중앙대회장을 비롯해 전국 각지에서 일제히 실시됐다. 어릴 때부터 군에 몸을 던진 그들은 곧 영미英美 격멸의 전장을 누빌 것이다. 작은 몸에는 늠름한 투혼이 넘쳐흘러, 소년들의 뺨을 붉게 타오르게 했다.

1944년 3월 28일 〈일본뉴스〉 제200호 '소년병의 출정식' 편 영상의 아나운서 멘트다. 우리의 〈대한뉴스〉와 비슷한 형식의 이 뉴스 영상에는 잔뜩 굳은 얼굴의 앳된 소년병 지원자들과 걱정스러운 표정을 감추지 못하는 가족의 모습이 보인다. 식장 앞쪽 귀빈석에는 군복 차림의 일본군 간부들이 앉아 있다. 출정식이 시작되면 대표로 나온 소년병은 연단에서 결의를 다지는 출정의 글을 힘차게 읽는다. 행사에 동원된 '국민학교' 교사와 아이들은 만세 삼창을 한다. 소년병들은 열병식을 치르며 출정식장을 행진해 나간다.

이후 일본이 패전하고 1년 뒤인 1946년 8월 15일, 전쟁으로 중단됐던 고시엔甲子園 고교 야구 대회가 부활한다. 당시 개회식을 전하는 〈아사히신문〉의 기사 일부는 다음과 같다.

"270명의 건아들은 감격에 벅차올랐고, 뜨거운 투혼이 감돌았다. 오전 8시 반 야구 대회 행진곡 리듬을 타고 감독과 전 선수들은 일사불란하게 입장했다."

하나는 일본군 소년병의 출정식, 다른 하나는 고교 야구 대회 개막식인데 분위기가 크게 다르지 않다. 왜 그럴까? 교육학자 우치다 마사카쓰는 이는 우연이 아니라고 말한다. 일본 고교 야구가 추구한 야구 소년의 롤모델이 소년병이었기 때문이라고 단언한다.

〰〰〰〰〰〰〰

왜 일본 야구 대표 팀의 별칭은 '사무라이 재팬'일까

지난 2015년 프리미어 12에 출전한 일본 야구 국가 대표 팀의 별칭은 '사무라이 재팬'이었다. 베이징올림픽 때도, WBC 때도 같았다. '국가 대표 선수=사무라이'라는 공식이다. 또 일본의 '국민 프로야구 구단'으로 통하는 요미우리 자이언츠의 과거 공식 명칭은 거인군巨人軍이었다. 선수가 아니라 군인이다. 왜 야구에 무사와 군대를 갖다 붙일까?

일본식 야구는 사무라이 야구, 정신 야구, 근성 야구로 불린다. 이를 제창한 인물이 있다. '일본 학생 야구의 아버지 또는 신'으로 불리는 도비타 스이슈라는 남성이다. 와세다대학의 선수이자 전설적인 야구 감독이었던 그는 제2차 세계대전이 끝난 1946년 일본 학생야구협회 창설과 학생야구헌장 작성을 맡았다. 전후 일본 학생 야구의 틀을 잡은 공로로 일본 야구 전당에도 입성해 있다. 오랫동안 그의 야구 철학이 곧 일본 고교 야구, 더 나아가 일본 야구 전체의 철학이었다는 데 이견을 다는 사람은 없다.

그의 야구관은 한마디로 '야구도道'다. 즉 그는 야구를 스포츠가 아니라 일종의 수행 과정으로 봤다. 정신 단련과 수양이 중요하며, 괴로움도 즐겨야 한다고 말했다. 그래서 그는 "공 하나에 혼을 담는다"라는 뜻의 일구입혼一球入魂을 강조했다. 또 이기심을 버리고 단체정신에 녹아들 것을 주문했다. 그가 생각한 고교 야구는 예의 바르고 진지한 학생들이 오직 팀으로 똘똘 뭉쳐서 자신을 희생하며 승리를 쟁취하는 것이었다.

∨∨∨∨∨∨∨∨∨

"야구는 목숨 걸고 하는 것, 야구장은 진검 승부 벌이는 전쟁터"

'무사도 야구'라는 말에서 보듯 도비타 스이슈가 생각한 고교 야구 선수들의 롤모델은 '젊은 사무라이'였다. 소년들이 '일본인 본래의 정신'을 갖추기 위해서 사무라이를 본받아 단련과 수양에 힘써야 한다고 늘 강조했다. 무사를 이상적인 모습으로 삼은 탓일까. 교육학자 우치다 마사카쓰는 그가 젊은 사무라이의 모습을 전쟁 전에는 소년병에서, 전쟁 후에는 야구 소년에게서 찾았다고 분석한다.

실제 도비타는 전쟁 중에 소년병의 참전을 야구에 빗대 독려했다. "소년군은 혼이 담긴 일구—球를 (연합군의) 머리 위로 던졌다", "대표 선수(소년병)는 전선에 있고, 배후의 학생은 총 뒤에 있다. 학교 대항 시합은 국가 전쟁의 축소판이다" 등의 글들을 썼다. 1940년대 당시 일본의 강압적인 분위기를 감안하더라도 상당히 호전적이고 섬뜩한 글이다. 태평양전쟁 중에 요절한 소년병은 수만에 이른다.

실제 그에게 야구는 오락이나 놀이가 아니었다. 교육학자 우치다는 도비타에게 야구장은 진검 승부와 싸움, 전투를 벌이는 전장이었다고 분석한다. 야구는 전쟁이었고, 야구 소년은 작은 전사였다. 그라운드는 전쟁터였다. 그래서 '강한 정신력'으로 기관총을 향해 달려가는 소년병처럼, 야구 소년들도 오직 승리를 향해 투혼을 불사르기를 원했다. 그에게 야구는 '목숨을 걸고 하는 무엇'이었다.

일본의 야구와 미국의 베이스볼은 다르다

도비타 스이슈가 추구한 야구는 이처럼 미국의 '베이스볼'과는 달랐다. 호전적이라는 인상을 지울 수 없다. 그런데 그의 야구 철학은 어떻게 전쟁이 끝나고 시작된 미美 군정하에서도 승승장구했을까? 당시 미 군정 체육 정책의 목표는 일본 군국주의 색깔을 지우는 것이었고, 그래서 가라테나 유도 같은 격투기는 엄격히 금지되었다.

대신에 미 군정은 야구에 특히 기대를 걸었다. 전폭적인 지원을 했고, 덕분에 야구는 전쟁 전보다 더 큰 인기를 모았다. 미국이 종주국이라는 점도 긍정적으로 작용했다. 미 군정은 야구를 통해 일본인이 '페어플레이'와 '민주주의'를 배우길 원했다. 야구를 효과적인 통치 수단이라고 본 셈이다.

스포츠사회학자인 나카무라 테쓰야는 도비타가 이런 미 군정의 목표, 즉 스포츠를 통해 사회 안정을 도모하려 한 점을 파고들었다고 분석한다. 당시 일본에서는 소년 범죄가 급증하고 있었다. 질서유지가 필요한 미 입장에서 이는 방치할 수 없는 문제였고, 야구를 통한 규범 준수를 강조하는 도비타의 야구관이 환영받았다는 것이다. 또 일본 사회의 이해와도 맞아떨어졌다. 당시 일본은 스포츠가 교육적 역할을 분담해야 한다는 생각이 확산돼 있었다. 경찰이 야구 대회를 열어 청소년을 교화하겠다고 나설 정도였다.

물론 그가 지금의 일본식 야구를 만든 것은 아니다. 1870년대 일본에 전래된 야구는 얼마 지나지 않아 일본적 정신이 가미된 야구로 변형되었고, 제국주의 시대에는 군국주의적 색채가 강화됐다. 하지만 패전 이후로는 야구를 스포츠로 보는 '미국식 야구'의 흐름을 보였는데, 도비타는 이를 교묘히 거부하고 과거의 일본식 야구로 되돌리는 데 중추적 역할을 한 것이다.

日 투수, "비효율적 연습과 체벌 관행은 야구도의 폐해"

혹독한 훈련과 감독의 권위를 강조하는 그의 야구 지도 스타일은 일본 전체 프로야구에도 영향을 미쳤다. 일본 프로야구에서 전설적 투수로 활약하다 미국으로 건너가 메이저리그도 경험한 대투수 구와타 마쓰미는 자신의 박사 논문에서 일본 야구계의 문제점으로 도비타의 야구도를 지적했다. 근성을 강조하는 정신 야구의 개념은 전쟁 전부터 존재했지만, 특히 도비타가 제창한 야구도의 이념이 패전 이후에도 계승돼 갖가지 폐해를 낳고 있다고 비판했다.

구와타는 도비타의 야구관이 실제 야구 현장에서 '연습량 중시'와 '정신 단련', '절대복종'의 3가지 양상으로 나타나고 있다고 분석했다. 중고등학교 감독들은 대부분 이런 지도 스타일을 고집하는데, 결국 비효율적이고 비합리적인 연습과 체벌 같은 악습으로 이어진다고 개탄했다. 특히 선수들에게 부상 방지 의식이 희박한 점과 부상 선수에게 시합을 강요하는 관행에는 도비타로 대표되는 뿌리 깊은 일본식 야구관이 작용하고 있다고 지적했다. 그는 도비타가 제창한 야구도의 사무라이 정신을 이제 스포츠맨십sportsmanship으로 바꿔야 한다고 역설한다. 실제로 일본식 야구는 혹사 논란으로 종종 도마에 오른다. 미국 메이저리그에 진출한 일본 프로야구 출신 투수들이 줄줄이 어깨와 팔꿈치가 고장 나면서 일본 야구, 특히 고교 야구 시절의 선수 보호 문제가 이슈가 되곤 한다.

일본식 야구에 대한 비판은 '한국식 야구'에도 이어진다. 국내 프로야구 한화 이글스의 김성근 감독을 비판할 때 흔히 쓰는 레퍼토리도 '일본식 야구'다. 김 감독의 트레이드마크인 '혹독한 훈련', '내일이 없는 벌떼 야구'가 일본식이라며 몰아세운다.

우리 역시 비효율적 연습과 체벌 관행, 승리 지상주의, 혹사 논란 모두로부터 자유롭지 못하다. 전문가들은 우리의 야구 스타일이 일본식 야구와 미국식 야구 사이 어디쯤이라고 하지만, 사실 초기에는 일본의 야구 시스템을 상당 부분 그대로 이식했다고 분석한다. 일본식 야구의 그늘은 여전히 짙다.

〰〰〰〰〰〰

"고시엔 우승, 일본 시리즈 제패, 메이저리그 정복"

일본인의 야구 사랑은 유명하다. 한 스포츠 재단의 2010년 조사에서 일본인이 TV 중계로 가장 많이 시청하는 스포츠 종목은 1위가 프로야구, 2위가 피겨스케이팅, 3위가 고교 야구였다. 그중에서도 고시엔甲子園(일본 고교 야구 전국 대회)으로 상징되는 고교 야구에 대한 일본인들의 애착은 유명하다. 학생들의 순수한 마음과 애향심이 크게 작용한다는 분석이다. 수많은 야구 소년들은 "고시엔에서 우승하고 일본 최고를 달성한 뒤 미국 메이저리그를 정복하겠다"라고 말한다.

우리도 비슷한 이야기를 한다. 일본 야구를 '정벌'하고, 미국 메이저리그를 '정복'한다고 말한다. 게임에서 지면 정신력 해이를 지적하고, 승리만이 최선이라고 말한다. 이제 그만 정복하고 야구를 즐길 수는 없는 것일까?

〰〰〰〰〰

日 축구 선수들 "슛해야 하나요, 패스해야 하나요?"

"일본 축구는 열등감이 심해요. 일본에 가면 당신은 그들의 문화나 삶의 방식을 이해해야 합니다. 일본 축구 선수들은 늘 누군가를 모시고 있어요. 자신보다 많이 알고 있는 누군가에게 지도를 받으려고만 합니다. 선수들은 지도자를 어려워합니다. 페널티박스 안으로 쇄도해 들어가 문전을 공략할 것 같은 순간, 선수들은 멈춰 섭니다. 그리고 나한테 이젠 뭘 해야 하냐고 물어요. '슛해야 하나요, 패스해야 하나요?'라고 말이죠. 일본 축구 문화의 가장 큰 문제는 위험을 감수하지 않는다는 거예요. 일본에는 즉흥적으로 이뤄지는 게 없습니다."

전 일본 국가 대표 팀 감독 이비차 오심이 영국 〈가디언〉지 인터뷰에서 일본 축구의 정신적 문제를 지적하며 한 말이다. 마찬가지로 전 일본 국가 대표 팀 감독이었던 필립 트루시에도 비슷한 이야기를 했다. 트루시에 감독이 레바논 원정에서 승리를 하고 난 뒤 대표 팀 선수들에게 하루 휴가를 줬다고 한다. 시내로 나가 기분 좀 풀라는 의미로 호텔 식당 문도 닫았다고 한다. 그러나 일본 선수들은 외출은커녕 그냥 굶고 말았다. 명확한 지시가 없으면 뭘 어떻게 해야 할지 모른다는 것이다. 트루시에 감독은 일본 축구계에 진취적인 면이 부족하다고 기저했다.

왜 일본에는 뛰어난 미드필더가 많고
뛰어난 스트라이커는 적을까

한일 축구인들은 가끔 "한국 스트라이커와 일본 미드필더로 팀을 꾸리면 월드컵에서 훨씬 더 좋은 성적을 낼 것 같다"라며 농담을 한다고 한다. 한국은 뛰어난 공격수가, 일본은 뛰어난 미드필더가 많다는 이야기다. 곰곰이 따져 보니 한국은 차범근, 최순호, 황선홍 등 대형 스트라이커를 많이 배출한 반면, 일본은 나가타 히데토시 등 유명한 미드필더가 먼저 떠오른다. 물론 현대 축구에서 포워드ᴿ시와 미드필더의 구분이 애매하고, 박지성과 기성용은 미드필더로 분류되는 만큼 과잉 일반화인 것 같기도 하지만, 확실한 점은 일본 축구에서 전형적인 스트라이커는 미우라 가즈요시 외에는 기억에 남는 선수가 없다는 것이다.

왜 일본에는 유명한 스트라이커가 없는 것일까? 앞서 언급한 전 일본 국가 대표 팀 감독인 오심과 트루시에의 인터뷰는 일본 특유의 문화에 그 배경이 있음을 알려 준다. 좋게 말하면 지나치게 배려하는 것이고, 나쁘게 말하면 주관이 없는 것이다. 스트라이커는 조금 무리가 되더라도 과감하게 슛을 해야 하는데, 일본 축구 선수들은 그게 영 안 되는 셈이다. 물론 가가와 신지나 혼다 다이스케 등 요즘 선수들은 슛을 잘 때리기는 하지만, 그럼에도 불구하고 일본 축구 선수들은 대체로 오밀조밀한 패스와 팀워크를 중시한다는 느낌을 준다.

게이오의 영웅 이우영 감독의 한일 선수 연구

주관적인 느낌이라고만 생각했는데, 일본 연수 시절 이를 뒷받침하는 논문을 준비하고 있던 이를 만났다. '비운의 축구 스타'로 불리는 이우영 전 축구 국가 대표 선수다. 그는 23세의 나이에 1996년 애틀랜타올림픽 대표 팀 선수로 발탁돼 주전으로 활약하며 최용수, 이기형에 이어 세 번째로 많은 공격 포인트를 기록한 국가 대표 스트라이커였다. 무릎 부상으로 일찍 은퇴했지만, 한일 양국에서 선수와 코치생활을 했다. 일본 게이오대학의 축구 팀 감독으로 좋은 성적을 거두면서 '게이오의 영웅'으로 칭송받기까지 했다.

그는 자신의 박사 논문에서 두 나라의 '심리적 경기 능력'에 주목했다. 일본 축구협회와 한국 축구협회에 등록된 고등학교 및 대학교 선수들을 대상으로 설문 조사를 벌여, 양국 선수들이 서로 어떻게 다른지를 12개 척도로 나눠 집중 분석했다. 연구 결과, 일본 선수들은 한국 선수들에 비해 협조성은 뛰어났지만 유독 상황 판단력이 떨어졌다. 구체적으로 어떤 차이가 있는지 살펴보자.

日 선수, "투쟁심과 협조성 높고 예측력과 판단력, 자신감 낮아"

일본 선수들에게 가장 높게 나타난 '심리적 경기 능력'은 '투쟁심'이었다. 이 감독은 "일본 축구협회는 수준 높은 경기력을 위해서는 투쟁심이 필요하다고 밝히고 있다. 선수의 정신력이 무척 중요하다는 점을 강조한다. 그러나 정신력은 상당히 추상적인 개념이다. 구체적으로 무엇을 강화해야 경기력을 향상시킬 수 있는지는 불분명하다"라고 지적했다. 투쟁심은 앞서 '야구' 편에서 말한 정신 야구의 축구판이 아닐까 싶다. 일본에서 모든 좋지 않은 결과는 정신력 부족으로 귀결된다.

다음으로 높은 것은 '협조성'이었다. '예측력'과 '판단력'은 가장 낮았다. 더불어 '자신감'과 '결단력'도 낮은 점수대를 형성했다. 일본 선수들의 성향을 종합하면, 시합을 치를 때 다양한 상황에서의 예측력과 판단력 등 전술적 사고는 상대적으로 부족하지만, 팀이 하나가 되어서 끝까지 포기하지 않고 싸우겠다는 의지는 무척 강하다고 할 수 있다.

韓 선수, "자기실현 욕구와 승리 욕구 강하고 안정성은 떨어져"

반면 한국 선수들은 어떨까? 일본 선수들과 마찬가지로 투쟁심이 가장 높았다. 2위는 자기실현 욕구, 3위는 승리 욕구였다. 게임에 이기는 것은 물론 우승이나 득점왕 차지, 국가 대표 선발 등 성공하겠다는 욕구가 강하다는 뜻이다. 일본 선수들에게는 높지 않았던 항목으로 그들의 높은 협조성과 대조된다. 반면 '자기 통제력'과 '집중력'이 가장 낮았다. '긴장 완화 능력'도 좋지 않았다. 즉 한국 선수들은 시합을 할 때 정신적·신체적 긴장도가 높고 성공과 실패에 집착하며 상대방의 플레이에 좌우되기 쉬워 안정성은 떨어지지만, 목표 의식이 뚜렷하고 실력 향상에 대한 의지가 높아 강한 투쟁심으로 시합에 임하는 것으로 분석됐다.

이 논문을 살펴보면서, 양국 선수들의 경기 스타일이 양국의 문화차를 고스란히 반영하고 있다는 사실에 놀랐다. '그렇지 않을까' 하고 막연하게 추측했던 가정이 실증 연구를 통해 확인된 셈이다. 일본보다 자신감과 자기주장을 강조하는 한국 문화에서 자란 한국 선수들은 더 과감하게 슛을 했고, 집단 내 조화를 강조하는 일본 문화에서 자란 일본 선수들은 팀워크가 뛰어났다. 또 일본 선수들은 튀지 않고 자신을 억제하려는 성향이 너무 강해 결정적인 찬스에서 자주 머뭇거렸다. 노No를 하지 못하는 사회 분위기 속에서 자란 탓에 감독의 지시 없이는 스스로 잘 움직이지 않았다. 물론 한일 두 나라만을 놓고 본 상대적 비교지만 말이다.

생활체육 중심의 日, 선진국형 스포츠 시스템

야구와 축구 외에 전체 스포츠로 시야를 넓혀 보면, 한일 간 뚜렷하게 차이를 보이는 것이 있다. 한국은 '엘리트 체육', 일본은 '사회체육'이 중심이라는 점이다.

일본 학생들은 방과 후 활동인 부카쓰部活를 한다. 수업이 끝나면 교내 또는 동네 체육관의 축구 교실이나 수영장으로 향해 신나게 운동을 한다. 2015년 기준 중학생의 63.4%, 고등학생의 43.2%가 부카쓰 등으로 운동을 했다. 성인들도 주 1회 이상 운동하는 비율이 40%

가 넘는다. 생활체육 인프라가 잘 갖춰진 덕분이다. 일본의 생활체육 시스템을 보면 이 부분은 확실히 선진국이라는 생각에 부러워진다.

전문가들은 과거 일본도 우리와 같은 엘리트 중심의 체육 정책을 펴다가, 1960년대에 이 패러다임을 버렸다고 한다. 그런데 우리는 여전히 메달 지상주의라는 낡은 틀 속에 갇혀 있다. 과거 군사정권 시절의 정책 탓도 클 것이다. 전문가들은 하나같이 입을 모은다. 이제는 '보는 스포츠'에서 '모두가 즐기는 스포츠'로 바뀌어야 할 때라고 말이다. 열렬한 지지를 보낸다. 그리고 이제 정말 우리도 '정신력 타령'은 그만했으면 좋겠다.

PART 4

대지진과 불안의
심리 코드

일본인 심리 상자

01

후쿠시마산 농산물을 먹은 아이돌은 정말 암에 걸렸을까

방사능 불안

∨∨∨∨∨∨∨∨

후쿠시마산 농산물을 먹은 일본 아이돌이 암에 걸렸다?

일본의 유명 아이돌 그룹 TOKIO(토키오)의 리더 야마구치 타쓰야가 방사능에 피폭됐다는 소식이 국내에서 한동안 화제가 됐다. 대중적으로 알려진 계기는 지난 2013년 JTBC의 프로그램 〈썰전〉에서 '일본 방사능 유포! 괴담 혹은 진실'을 주제로 이야기를 나누던 중 한 패널이 야마구치 타쓰야가 내부 피폭(체내에 섭취된, 혹은 체내에서 생성된 방사성물질에 의한 피폭)을 당했다고 밝히면서였다. 2014년 TV조선의 〈강적들〉에서도 언급됐다. 패널들은 "야마구치 타쓰야는 내부 피폭 판정을 받은 뒤에도 후구시마 농산물을 먹겠다고 신인한 깃으로도 일러져 충격을 주고 있다"라고 전했다. 방송 내용을 정리하면 다음과 같다.

야마구치 타쓰야는 2012년 3월 일본 방송 중에 받은 전신 스캔에서 '세슘-137에 20.47Bq(베크렐)/kg 내부 피폭'이라는 진단을 받았다. 그가 속한 아이돌 그룹 TOKIO는 '후쿠시마 건강해'라는 광고를 찍으며 후쿠시마산 농산물을 먹는 데 앞장서 지역 주민들을 응원했다. 그는 후쿠시마 농수산물의 방사능은 정부 허용치 이하라는 주장을 믿고 1년간 섭취했으나, 결국 내부 피폭이라는 진단을 받았다.

그룹 TOKIO가 후쿠시마 살리기에 나선 이유는 후쿠시마와의 남다른 인연 때문이다. TOKIO는 1997년부터 16년간 니혼TV의 〈더! 철완! 대시!ザ! 鐵腕! DASH!〉라는 프로그램에 출연해 왔다. 그들이 '대시' 마을에서 농사를 지으며 겪는 일을 담은 예능 프로그램으로 오랫동안 사랑받아 왔다. 이곳은 후쿠시마 원자력발전소에서 불과 10km 떨어져 있다.

〰〰〰〰〰〰〰

선명하게 표시된 세슘 수치 ─ 그런데 아무도 놀라지 않는다?!

야마구치 타쓰야는 한국에서 '내부 피폭 연예인'의 대명사가 된 듯하다. 과연 어디까지가 진실일까? 〈더! 철완! 대시!〉는 나도 가끔 보던 프로그램이다. 농사짓는 과정을 재미있게 보여 줘서 눈길이 갔다. '후쿠시마 건강해'란 캠페인도 본 적이 있다. 그러나 일본에서 특별히 화제가 되거나 소동이 벌어진 기억은 없다. 그래서 처음에는 정말인가 싶었다.

당시 방송을 찾아봤다. 문제의 내용은 동일본 대지진 발생 1년 뒤인 2012년 3월 11일 방영된 '동일본 대지진 1년' 특집 방송의 일부분이었다. 야마구치가 후쿠시마의 대시 마을처럼 과거 체르노빌 원전 사고로 방사능에 오염된 벨라루스 지역의 농촌을 돌며, '부활'을 위해 노력하고 있는 현지 주민들의 모습을 담은 방송이었다.

정식 검사 아닌 '간이' 검사 — "아이들에게 경각심 주기 위한 교육용"

문제의 장면은 야마구치가 WBC라는 간이 검사기로 내부 피폭을 검사할 때에 나왔다. 검사 결과 용지에는 선명하게 세슘 수치가 쓰여 있었다. 그러나 이 검사를 받은 야마구치도, 검사를 한 전문가도 별로 놀라지 않는다. 방송에서는 벨라루시의 피폭 기준은 '위험'이 200Bq, '주의'는 70Bq이어서 기준치를 밑돌아 괜찮다고 설명했다.

방송 전후 맥락을 조금 더 살펴보면 왜 이 수치를 심각하게 생각하지 않았는지 알 수 있다. 무엇보다 야마구치가 받은 것은 '간이' 검사였다. 검사에 쓰인 기기는 치과에서 보는 등받이 의자 모양의 기기로, 그냥 앉아 있으면 잠시 뒤에 수치가 나온다. 세슘-137은 붕괴할 때 감마선을 배출해, 등 부근에서 이 감마선의 양을 측정하는 원리라고 했다. 방송을 보니 채혈을 하는 것도 아니고, 2분 정도 앉아 있는 것만으로 결과가 나왔다. 검사를 진행한 전문가는 등받이 쪽 천에 세슘이 묻어 있을 수도 있어 오자가 크다고 했다. 벨라루스의 전문가는 "아이들에게 방사능에 오염된 버섯을 먹지 말라는 경각심을 주기 위한 것으로, 사실상 교육용 기기다"라고 설명했다.

한 달 만에 검게 변한 얼굴과 수척해진 몸 ─"혹시 정말 피폭?"

야후재팬 사이트에서 야마구치의 이름을 치면 '피폭'이 연관 검색어로 뜬다. 일본 네티즌 사이에서 그가 '방사능 피폭'으로 화제가 됐던 것은 사실이다. 단, 2012년 방송 당시는 아니었던 것 같고, 그로부터 약 1년 4개월이 지난 2013년 7월쯤 큰 논란이 일었다. 당시 야마구치는 니혼TV 아침 정보 프로그램에 고정 패널로 출연하고 있었는데, 1~2개월 사이에 그의 얼굴이 몰라볼 정도로 변해 네티즌들이 "야마구치의 얼굴이 눈에 띄게 수척해지고 안색도 시커메졌다. 혹시 피폭된 것 아니냐"하며 의혹을 제기한 것이다. 이때 2012년 방송에서의 피폭 수치도 다시 거론되면서 의구심이 커졌다.

실제로 당시 화면을 보면 얼굴이 아주 심하게 마르고 검게 변했음을 확인할 수 있는데, 야마구치 본인은 서핑과 다이어트로 그런 것이라고 해명했다. 아직까지 무사하고 다시 통통한 얼굴로 돌아온 것을 보면 그의 말대로 몸에 별문제는 없어 보인다.

후쿠시마산 농산물을 먹다가 백혈병에 걸렸다?

내가 야마구치 논란을 취재(?)한 이유는 회사의 동료 기자들과 지인들이 내게 이 사건이 사실인지 물어 왔기 때문이었다. 그런데 '암'에 걸렸다는 이야기는 또 무슨 소린가 하여 찾아보니, 아무래도 유명 아나운서 오오쓰카 노리카즈가 백혈병에 걸린 것을 두고 하는 이야기 같았다. '야마구치의 피폭', '오오쓰카의 백혈병'이라는 2개의 사실이, 소문을 전달하는 과정에서 하나로 합쳐져 '유명 아이돌이 암에 걸렸다'로 와전된 듯하다.

오오쓰카 노리카즈의 백혈병은 일본 네티즌 사이에서도 꽤 유명하다. 그는 지난 2011년 11월 급성 백혈병에 걸린 뒤 지금까지 투병 생활 중이다. 발병 전까지 17년이 넘도록 후지TV의 간판급 아침 정보 프로그램인 〈메자마시 테레비めざましテレビ〉에서 메인 MC로 사랑을 받아 왔다. 꽤 유명한 '국민 아나운서'로, 당시 그가 백혈병에 걸렸다는 기사도 읽은 기억이 난다.

그가 야마구치와 함께 입에 오르내리는 이유는 그 역시 '후쿠시마산 농산물 응원' 캠페인을 벌였기 때문으로 보인다. 오오쓰카는 아침 방송에서 10회 이상 후쿠시마산 야채로 만든 요리를 먹었다. 사람들은 이런 무모한 행동이 백혈병의 원인이 아니냐는 의혹을 제기하고 있다. 그러나 전문가들은 대부분 무리한 추측이라고 말한다. 백혈병은 원인을 밝혀내기 쉽지 않지만, 적어도 그 정도의 방사능 노출을 발병의 직접적 원인으로 보기는 무척 어렵다고 설명한다.

비교적 장황하게 이 두 사람에 대해 이야기한 것은 이 사례들이 방사능과 관련된 소문의 특징을 잘 보여 주기 때문이다. 방사능 관련 소문에는 분명히 움직일 수 없는 '사실'이 포함돼 있다. 야마구치가 검사에서 약 20Bq이라는 방사능 수치가 나온 점이나 오오쓰카가 백혈병에 걸린 점은 엄연한 '팩트'다. 그러나 여기에 맥락 무시와 논리 비약, 주관적 추측, 특히 불안이 첨가되면 생각보다 무서운 이야기가 된다. 소동이 때로는 괴담이 되는 것이다. 적지 않은 사람들의 뇌리에는 '후쿠시마산 농산물을 먹으면 암에 걸린다'는 이미지가 남는다.

"염색체 1개 손상? 피폭된 건가요?"

2011년 동일본 대지진 당시, KBS 현장 취재팀 가운데 상당수가 피폭이 확인돼 파문이 일면서 나를 포함해 일본에 있던 특파원 대부분이 한국에서 피폭 검사를 받았다. 혈액검사였는데 1단계는 급성 피폭을 가리는 검사, 2단계는 불안전형(이동원형) 염색체, 즉 이상 또는 손상 염색체를 확인하는 정밀 검사였다. 2단계 검사는 혈액에서 1,000개의 DNA를 채취해 배양한 뒤 염색체변이가 있는지 육안으로 일일이 확인하는 작업을 거친다고 했다. 당시 피폭 검사를 받는 인원이 많아 나는 검사 2개월 반 만에 결과를 받아 볼 수 있었다. 진단서를 기다리는 동안 불안감에 은근히 스트레스를 받았다.

나의 손상 염색체 수는 1개. 진단서를 본 순간, 먼저 든 생각은 '다행이다'였다. 특파원들 사이에서 손상 염색체가 2개 이하면 '정상', 3개는 '경계선', 4개부터는 '비정상'으로 알려졌기 때문이다. 그해 국정감사에서는 KBS 취재 인원 79명 중 19명, MBC는 59명 가운데 11명이 '염색체 3개 이상 손상'으로 확인돼 파문이 일었다. 특히 KBS의 한 취재팀의 경우 무려 8개의 염색체가 손상된 것으로 알려져 충격을 줬다.

Laboratory Medicine Special Report

검사명 : 불안정형 염색체 분석법 (CA)

병록번호: 01057544
성   명: 유영수
SEX/AGE : M/41
생년월일: ▨▨▨-1******
검체종류: Blood/Heparin

검사번호: CG-U-2011-221
진료과: RM
병   동:
의뢰의사: ▨▨▨
의 뢰 처:

분석방법 : Dicentric chromosome assay
(PHA stimulated T-lymphocyte 48hrs culture & Giemsa stain)

분석 결과 : 관찰한 총 세포수 : 1000 cells
관찰된 Dicentric chromosome 수 : 1개/1000 cells

Yield of the dicentrics(Y) : 0.001
추정 피폭 선량(D) : < 0.1 Gy

참고 표준 곡선 : 방사선원 Co-60
흡수 선량률 0.519Gy/min
교정 곡선 계수 A = 0.00146, α = 0.02688, β = 0.07171
계산식 Y = A + αD + βD²

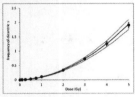

결 론: 본 검사 결과는 방사선사고에 대한 응급 의료대응 계획의 일환으로 제공되는 자료입니다. 피폭환자가 전신 피폭되었다는 가정하에서 생물학적 피폭선량평가 방법 중 하나인 불안정형 염색체이상 분석(Dicentric chromosome assay)을 시행한 결과, 방사선 피폭이 의심되지 않습니다.

의뢰일 2011-06-01   접수일 2011-06-01   보고일 2011-08-17   보고자 ▨▨▨▨▨▨

국가방사선 비상진료센터 선량평가팀
주소 : (139-706) 서울시 노원구 공릉동 215-4 원자력병원(노원구 노원길 75)
전화 : 02) 970-1470(생물학적 선량평가팀)

• 피폭 검사 결과지 •

"염색체 몇 개 손상됐어?"— 서로 확인하는 특파원들

당시 특파원들끼리 만나면 단연 화제는 방사능 피폭, 그 가운데서도 손상 염색체의 개수였다. 서로 조심스럽게 물으며 확인하곤 했다. 손상 염색체 개수를 밝히지 않는 특파원들도 있었지만, 나중에는 대체로 누가 몇 개인지 알 수 있었다. 결과에 따라 희비가 엇갈렸다. 스트레스를 무척 받는 특파원도 적지 않았다.

왜 누구는 손상 염색체 개수가 많고, 누구는 적은지에 대한 의견도 분분했다. 처음에는 후쿠시마 원전 사고 당시 얼마나 원전 가까이 접근해 취재를 하고 있었느냐가 피폭의 정도를 가르는 기준이 되지 않을까 생각했다. 그러나 확인해 보니 가장 원전 가까이 있던 특파원은 손상 염색체가 0개인 반면 도쿄에만 있던 특파원 가운데 5개가 나온 경우도 있었다. 앞뒤가 맞지 않아 이 가설은 부정됐다. 그럼 이유는 무엇일까? 결국 뚜렷한 결론은 나지 않았다.

"원전 사고의 '하얀 연기'가 무엇을 뜻하는지 무지했다"

후쿠시마 원전이 폭발한 2011년 3월 15일, 나는 미야기현에서 쓰나미 피해 지역 출장 취재 중이었다. 원전과는 직선거리로 약 100km 떨어진 무척 가까운 곳이었다. 그날 톱뉴스는 당연히 원전 폭발 소식이었는데, 솔직히 그때까지만 해도 원전 폭발이 얼마나 심각한 문제인지 실감하지 못하고 있었다. 폭발 당시 피어오른 하얀 연기의 의미도 정확히 몰랐다. 그러나 원전 사고는 이후 수많은 일본인, 그리고 내 삶까지 마구 흔들어 놓았다.

원전 사고 이후 취재의 초점은 원전 상황과 방사능 유출에 맞춰졌다. 정확한 기사를 쓰기 위해 준전문가 수준으로 원전과 방사능 공부를 해야 했다. 원자로의 구조를 그릴 수 있게 됐고, 멜트다운meltdown이라는 용어도 처음 알게 됐다. 알면 알수록 이번 사고가 얼마나 큰 재앙인지를 알게 됐다. 과연 일본이 이를 잘 수습하고 사고 이전으로 돌아갈 수 있을까 싶었다.

진실 감추기에 급급한 日 정부와 언론

더욱이 일본 정부의 발표 내용과 태도는 실망 그 자체였다. 불안해하는 국민들을 안심시키고 싶다는 의도는 알겠지만, 진실을 숨기기에 급급해 오히려 불신을 키웠다. 가장 대표적인 예가 저선량 피폭 문제다. 원전 사고 초기 일본 정부는 "1년간 100mSv(밀리시버트) 이하 저선량 피폭으로 인한 건강상의 영향은 없다"라고 여러 차례 강조했다. 7월까지도 주무부처 장관이 과학적 근거가 없다는 기존 입장을 되풀이했지만, 결국 10월 말에야 자신들의 발표에 오류가 있음을 인정하고 정정했다. 사고 이후 무려 7개월 이상 걸린 것이다. 국제방사선방호위원회ICRP가 이미 "100mSv 이하의 피폭으로도 해링 짱기에 암이 발생할 수 있다고 가정하는 것이 과학적으로 타당하다"라고 강조했음에도 이를 무시해 왔던 것이다. 의혹을 제기하면 일본 정부는 초기에 강력히 부정하다가 나중에 인정하는 일이 반복됐다.

일본 언론의 보도도 의아했다. 정부와 도쿄전력(후쿠시마 원전 운영 회사)이 정보를 은폐하고, 언론은 그에 장단을 맞췄다. 대표적인 예로 '노심 용융', 즉 멜트다운이라는 단어의 사용을 기피했다. 원자로의 노심부가 녹는 중대 사고임에도 일본 언론은 정부와 도쿄전력의 '연료봉 손상'이라는 표현을 고집스럽게 사용했다. 또 원전 사고의 심각성을 나타내는 국제적 기준인 국제원자력사고등급INES에서도 실제는 가장 심각한 '레벨 7' 상황이었음에도 불구하고, '레벨 4' 정도라는 정부의 발표를 그대로 보도했다. 일본 정부는 수소 폭발 1개월 뒤에야 이를 인정했다. 〈도쿄신문〉을 제외하고는 모든 언론이 정부 공식 발표가 있기 전 멜트다운의 가능성도, 최악의 사고 등급 가능성도 거의 제기하지 않았다.

"日 언론의 원전 보도는 전형적인 대본영 발표"

와세다대학의 세가와 시로 교수는 일본 언론의 원전 보도가 전형적인 '대본영 발표'였다고 신랄하게 비판했다. 대본영은 태평양전쟁 당시 일본군 최고 통수 기관으로, '대본영 발표'란 전황에 대한 일본군의 공식 발표였다. 그런데 당시 대본영은 의도적으로 전쟁 피해를 축소하거나 미화하고 심지어 승패를 바꾸는 등 사실과 다르게 밝히는 경우가 많았다. 그래서 대본영 발표는 이후 '전혀 믿을 수 없는 내용의

엉터리 공식 발표'의 대명사로 통하게 됐다. 즉 원전 사고에 대한 일본 주요 언론의 보도는 진실과 거리가 먼 허위 보도였다는 것이다.

세가와 교수는 대표적 사례로 일본 언론이 '당장은 건강에 영향이 없다'는 정부의 발표를 앵무새처럼 되풀이했던 일을 든다. 나도 지겹도록 들었다. 그러나 얼마나 교묘하고 무책임한 말인가. 당장은 아니지만 언젠가 영향이 있을 수 있다는 뜻이다. 일본 언론은 당시 이를 '자숙自肅 보도'라고 합리화했다. 실제로는 정보 부족과 편향된 지식, 그리고 무책임한 이른바 발표저널리즘(사실 확인 및 분석 없이 취재원이 제공한 정보나 해석을 그대로 보도하는 것)에 불과했는데 말이다.

심리학자들은 일본 정부와 언론의 이런 태도에 대해 '정상 편향'을 지적한다. 즉 사람들은 눈앞에 있는 위험을 평소의 범위 내에 있는 것이라고 자위하며 잘못 인식하는 경향이 있는데, 당시 원전 사고에서 이런 경향이 두드러졌다는 것이다. '최악의 시나리오'임이 명확한데도 이를 인정하지 않고, 자신들의 바람 또는 기대가 반영된 '최선의 시나리오'를 믿으려 한다는 것이다. 일종의 현실 부정인 셈이다.

분노하는 日 국민, "정부와 언론이 진실을 말하지 않는다"

결과적으로 일본 정부와 언론은 국민들로부터 신뢰를 얻는 데 실패했다. 많은 일본인들이 '정부와 도쿄전력이 진실을 말하지 않는다', '신문과 TV는 그 발표를 그대로 받아쓸 뿐이나'라며 분통을 터뜨렸다. 세키야 나오야 도쿄대 교수의 2011년 9월 조사를 보면 55.7%의 일본인이 "정부와 도쿄전력의 대응에 분노를 느낀다"라고 답했고, 49.8%가 "원전 사고에 대해 정부가 은폐하고 있다"라고 믿고 있었다.

정부 발표를 믿지 못해 방사능 측정기를 구입해서 직접 수치를 재는 시민들이 많아졌고, 각종 유언비어도 퍼졌다. 사노 카즈미 의학 박사의 연구를 보면, "원전 사고 이후 동식물 기형이 늘고 있다", "유출된 방사성물질 때문에 많은 사람들이 죽었다" 등의 소문이 당시 SNS를 통해 돌았는데, 이를 접한 일본인들의 3분의 2가 '진실'이라고 믿고 있던 것으로 조사됐다. 또 많은 일본인들이 방사능 전공의 원자력 분야 연구자들에 대해 '어용학자'라는 꼬리표를 붙이며 강한 불신을 갖고 있었다. 사노 박사는 '과학적 데이터'가 공표되고 있는 지금도 그 발표 자체를 믿지 않는 일본인들이 여전히 많다고 진단했다. '양치기 소년 딜레마'에 빠진 셈이다. 정보가 신속히 제공되지 않으면, 불명확하고 과장된 정보가 급속히 확산된다고 많은 학자들은 지적한다.

먹거리에 대한 불안 — 외면받는 후쿠시마산 농수산물

특히 먹거리의 방사능 오염에 대한 불안이 큰 것으로 나타났다. 후쿠시마뿐 아니라 주변 지역인 이바라키·군마·지바현의 농수산물도 외면을 받았다. 나중에 발표된 방사능 오염 지도를 보면 이들 지역에도 만만치 않게 많은 오염 물질이 확산됐기 때문이다. 농업경제학자 고야마 료타의 연구를 보면, 2011년 9월 호우와 태풍 때문에 전국적으로 농산물 가격이 급등했는데 후쿠시마산 농산물은 오히려 가격이 하락했다고 한다. 특히 복숭아의 경우 평년의 절반 이하였다.

당시 나도 동네 슈퍼마켓에 탐스러운 복숭아가 있기에 덜컥 샀다가 나중에 후쿠시마산인 것을 알고 버린 경험이 있다. 마치 '독 복숭아' 같이 느껴졌기 때문이다. 복숭아뿐만이 아니었다. 원전 사고 이후 방사능 오염에 대한 불안 때문에 일상생활에서 적지 않은 스트레스를 받아야 했다. 우선 음식을 마음껏 사 먹을 수 없었다. 꼭 산지를 확인하는 버릇이 생겼다. 물도 조심했다. 당시 특파원을 비롯한 도쿄 주재 원들의 상당수는 한인 슈퍼마켓에 가서 한국산 생수를 대량으로 구입해 집에다 재어 놓는 경우가 많았다.

"내 아이의 소변에서 세슘이 나온다" — 후쿠시마 주민의 절규

어느 가정이나 아이들의 피폭에 대한 걱정이 가장 컸다. 일본에 있던 한국인 자녀를 돌려보내는 '역기러기' 가정도 많았다. 방사능 오염이 인체에 미치는 영향을 놓고 학자들마다 의견이 극과 극인 경우가 많았지만 한 가지 점에서는 확실히 일치하기 때문이었다. 아이들은 성인에 비해 방사능 피해가 크다는 사실이다. 학자에 따라 성인의 최소 2~3배, 많은 경우 10~20배까지 피해를 입는 것으로 보고 있다. 그래서 후쿠시마 방사능 피폭 정도를 이야기할 때 아이들의 소변에서 세슘이 얼마나 나오는지, 또 갑상선암에 얼마나 많이 걸리는지가 기준이 된다. 당시 기사 가운데, 아이의 소변에서 세슘이 나온다며 절규하던 한 후쿠시마 주민의 인터뷰를 읽고 가슴 아팠던 기억이 난다.

실제로 후쿠시마 아이들의 방사능 피폭 정도는 심각하다. 2016년 2월 일본 정부 조사에서 후쿠시마현의 18세 이하 아동·청소년 중 116명이 갑상선암 확진 판정을 받은 것으로 나타났다. 일본 전국 발병률의 60배에 가까운 수치다. 자각증세가 없는 아이들을 포함한 전수조사라는 점에서 원전 사고 때문이라고 보기 어렵다는 것이 공식 견해지만, 이를 그대로 믿는 일본인은 드물다. 오카야마대학 쓰다 도시히데 교수 연구팀은 정부가 피폭 정도를 축소하려 한다고 비판하면서 후쿠시마현에서 전국 평균치의 20~50배로 갑상선암이 발생했다고 밝혔다.

현재진행형인 후쿠시마 주민들의 방사능 공포

특파원 생활을 마치고 귀국한 2013년 여름, 한국에서도 방사능 불안이 핫이슈로 떠올랐다. 당시 SBS 보도제작부 프로그램 〈현장 21〉 팀에 있던 나는 광복절 기획 '누가 혐한에 맞서나'의 취재 차 일본 출장을 준비하고 있었다. 방사능 불안을 취재하던 후배 기자가 내게 일본에 가는 김에 후쿠시마 방사능도 취재해 줄 것을 부탁했다. 후쿠시마 주민들이 실제 어떻게 느끼고 있는지 궁금했기에 흔쾌히 응했다.

사고로부터 2년 반이 지난 시점이었지만 후쿠시마 사람들에게 방사능 공포는 현재진행형이었다. 사고 원전에서 꽤 떨어진 후쿠시마 시였지만, 일부 지점에서 방사능 측정기의 수치가 갑자기 큰 폭으로 뛰었다. 인터뷰에 응한 주민들은 "이제는 괜찮다"라고 이야기했지만, 표정에서 불안감을 감추지 못했다. 그들은 단지 체념하고 있는 것 같았다. 삶의 터전이 이곳인데 어찌하겠느냐는 심정이 엿보였다. 정부에 대한 반감도 드러냈지만, '안심하라'는 정부의 발표를 액면 그대로 믿고 싶어 했다. 안쓰러웠고, 그 마음이 이해가 됐다.

"대재앙은 서막을 열었을 뿐"— 보이지 않는 적, 방사능과의 싸움

1986년 발생한 구소련의 체르노빌 원전 사고 이후 20년이 지나도 벨라루스의 주민들은 여전히 정신적 고통을 겪고 있는 것으로 조사됐다. 전문가들은 체르노빌의 3배가 넘는 방사능 오염물질이 유출된, 역사상 가장 큰 재해인 후쿠시마 원전 사고의 후유증 역시 정도를 예측하기 어렵다고 말한다. 오염물질의 80%는 태평양으로 빠져나갔다. 세계 각국의 과학자들은 더 충격적인 보고서를 내놓고 있다. 대재앙은 이제 서막을 연 것에 불과하다는 것이다. 후쿠시마의 시계를 사고 이전으로 되돌리기 어렵다고 비관한다.

방사능 불안과 공포가 쉽게 사라지지 않는 이유는 진실과 거짓이 뒤섞여서 돌아다니기 때문이다. 확실한 지식이 별로 존재하지 않다 보니 불안감이 커질 수밖에 없는 구조다. 방사능은 '보이지 않는 적'이기에 불안은 더욱 증폭된다. 때로는 우리의 불안을 먹고 괴물이 되기도 한다.

최근 건강검진에서 갑상선 결절이 발견됐다. 5mm 이하의 작은 크기다. 의사는 흔히 있는 증상이지만, 계속 추적 관찰해야 한다고 했다. 전에 갑상선 초음파검사를 한 적이 없기에 이 결절이 원전 사고 전부터 있었는지, 아니면 원전 사고의 영향인지는 잘 모르겠다. 확실한 것은 결절이 내 몸에 있고, 앞으로 계속 신경을 쓰며 살아야 한다는 사실이다. 많은 일본인들에게도 후쿠시마 원전 사고와 방사능 불안은 분명히 현실 어딘가에 함께 있음이 느껴지지만, 가능하면 피하고 싶고 또 잊고 싶은 존재가 아닐까 싶다.

천만 관객 영화 〈해운대〉는
왜 일본 흥행에 참패했나

대지진 공포

∿∿∿∿∿∿∿

영화 〈해운대〉는 왜 일본에서 흥행에 참패했을까

2009년 개봉된 영화 〈해운대〉는 한국에서 1,132만 명의 관객을 동원하며 빅 히트를 쳤다. 기세를 몰아 일본에서도 지난 2010년 9월 개봉했다. 일본 배급사는 개봉 전 많은 기대를 했다고 한다. 그래서 비싼 지상파 광고를 내보내고, 가장 '핫한' 일본 아이돌 그룹에게 일본 버전 주제가를 부르게 하는 등 수십억의 마케팅 비용도 쏟아 부었다. 그러나 결과는 관객 수를 말하기도 민망할 정도의 대참패로 끝났다.

원인이 무엇일까? 영화 담당자들이 쓰라린 복기 끝에 내린 잠정 결론은 일본에서 재난 영화가 갖는 특수성을 과소평가했다는 것이나. 지진이나 쓰나미의 공포가 아주 가까이 있는 일본에서 재난 영화는 무척 조심스럽게 접근해야 하는데, 영화 〈해운대〉는 그 정도로 섬세한 작품은 아니었다는 것이다. 언제든 자기 일이 될지도 모를 재난 경험을 굳이 영화관에까지 가서 보고 싶어 하지 않는 일본인의 정서를 간과했다는 반성도 했다고 한다.

일본 평론가들이나 관객들의 평을 보면, 특히 영화에서 묘사된 이른바 메가mega 쓰나미에 대한 비판이 많다. 높이 100m, 시속 800km의 쓰나미가 몇십 층짜리 빌딩을 덮치고 수십 톤짜리 컨테이너를 날린다는 설정이 황당해 쓴웃음을 짓게 된다는 반응이 적지 않았다. 또 쓰나미에 의해 숨지는 피해자들의 모습이 적나라해서 보기 괴로웠다는 글도 많았다. 생생하다기보다는 끔찍했던 것이다.

역대 흥행 기록을 봐도 일본에서 재난 영화는 관객들이 선호하는 장르는 아니었다. 한국에서 539만 명을 동원한 할리우드 블록버스터 영화 〈2012〉도 일본에서는 썩 재미를 못 봤다. 영화 〈일본 침몰〉은 크게 성공했지만, 흥행 원인을 재난 묘사의 생생함이 아니라 사회적 메시지 등 다른 곳에서 찾는다. 평론가들은 일본인은 재난 영화, 특히 지진과 쓰나미를 소재로 한 영화를 재미있어하며 볼 수 있는 마음의 여유가 없다고 말한다. 그리고 앞으론 더욱더 그럴 것이라고 전망한다. 2011년 동일본 대지진이 남긴 트라우마가 너무 깊기 때문이다.

동일본 대지진은 현재진행형 —"일본 최악의 참사"

동일본 대지진이 발생한 시각은 2011년 3월 11일 오후 2시 46분,

어떤 언론은 46분 15초라고까지 기록한다. 규모 9의 대지진이었다. 사망자와 실종자를 포함해 1만 8,455명의 희생자를 낸 최악의 대참사였다. 현재 지진 발생 후 5년이 지났지만, 아직 17만 명이 넘는 이재민이 고향으로 돌아가지 못하고 있다. 우리에게는 희미해진 과거의 일이지만 일본인에게는 여전히 너무 아픈 현재진행형의 일로 여겨진다.

도쿄 특파원이던 나는 지진이 발생하던 그때 한국에 있었다. 얼굴에 혹이 나서 휴가를 내고 한국의 한 병원에서 제거 수술을 받고 있었다. 수술이 끝나고 도쿄에 있는 아내에게 안부 전화를 걸었는데, 공교롭게도 그때가 지진으로 집이 심하게 흔들리던 때였다. 공포에 휩싸인 아내의 울음 섞인 목소리를 듣고 큰 지진이 났다는 것을 알았다. 곧바로 공항으로 갔지만, 도쿄 근처 공항이 모두 폐쇄돼 비행 편이 취소된 상태였다. 공항 근처에서 밤을 새우다시피 하고 다음 날 첫 비행기로 도쿄 지국 사무실에 도착하니 낮 12시가 조금 넘었다. 가장 중요한 22시간을 비운 셈이다. 회사 선후배들에게 무척 미안했고, 개인적으로도 두고두고 뼈아픈 시간이었다.

가족을 비롯해 주위의 많은 사람들이 당시의 생생한 공포를 이야기했다. 도쿄에 있던 집은 37층 고층이어서 흔들림이 더 심했다. 가재도구는 모두 굴러떨어졌다. 마치 폭풍 한가운데서 배 위에 있는 듯해, 아내는 이러다 죽는 것 아닐까 하는 정신적 충격을 받았다고 했다. 학교에서 수업을 받던 아이는 다른 친구들과 건물에서 뛰어나와 운동장에 모여 두려움에 떨었다고 했다. 길을 가던 지인은 보도블록이 요동쳐 땅바닥에 엎드릴 수밖에 없었으며, 다른 지인의 유치원생 아이는 너무 놀라 며칠간 실어증 증세를 보이기도 했다. 통신과 교통수단이 모두 '올 스톱' 되면서 공포는 극대화됐다. 가족들은 생사를 확인하지 못해 피를 말리는 시간을 보냈다. 평소라면 가는 데 1시간쯤 걸리던 거리는 반나절 거리가 됐다. 일본 전체가 패닉에 빠졌다.

강한 여진도 쉴 새 없이 이어졌다. 규모 6의 지진이 하루에도 몇 번씩 있었고, 얼마간은 규모 7이 넘는 지진도 일주일에 한 번 꼴로 발생했다. 더욱이 원전 사고로 물과 음식도 안심하고 먹을 수가 없었다. 한국인을 비롯해 많은 외국인들이 공포에 질려 피난 가듯 일본을 급히 떠났다. 말 그대로 일본판 엑소더스_{exodus}였다.

지진이 무서운 것은 예고가 없다는 점이다. 밤낮을 가리지 않고 일어난다. 한밤중에 침대가 심하게 흔들리는 바람에 잠에서 깨는 경우도 있다. 일본은 큰 지진이 오기 전 휴대전화를 통해 긴급 메시지와 경고음을 보내 주는 '지진 조기 경보 시스템'이 구축돼 있다. 경보가 울리고 지진이 올 때까지 몇 초 동안의 정적은 상당히 숨 막힌다. 하루는 식당에서 밥을 먹고 있는데, 동시에 식당 안 여러 사람의 휴대전화에서 "삐삐삐" 하는 경고음이 울렸다. 동시에 울린 경고음은 무척 크고 날카로웠다. 당시 사람들의 겁먹은 표정을 잊지 못한다. 나 역시 비슷한 표정을 짓고 있었을 것이다. 지진은 사람을 잔뜩 긴장하게 하고 피폐하게 만든다.

지진 당시 일본인의 침착한 반응이 언론을 통해 많이 보도됐다. 하지만 일본 학자들은 일본인들의 특성상 잘 드러내지 않았을 뿐 극도의 공포를 느꼈다고 말한다. 심리학자 간다니 나오야는 과거 다른 사례를 봐도 일본인은 안전에 대해서는 극도로 예민하게 반응한다고 지적한다. 각종 화산이나 지진이 발생한 지역은 상당 기간 관광객이 찾지 않았다. 어느 정도인지 보여 주는 사례가 미국의 9.11 테러 직후 일본 내국인들의 오키나와 관광 급감 현상이다. 오키나와에 미군 기지가 많아 테러의 위험성도 크지 않을까 하는 우려 때문에 많은 일본인들이 관광을 기피한 것이다.

"30년 이내 수도권 지역 강진 발생 확률 70%"

더 불안한 점은 동일본 대지진이 끝이 아니라는 것이다. 또 다른 대지진에 대한 무서운 경고가 이어졌다. 도쿄 직하 대지진, 난카이 대지진, 토카이 대지진 등이 '수년 이내에 발생할 확률 몇 %'라는 기사들이 연이어 쏟아졌다. 일본에는 약 2,000개의 활단층(현재 활동하고 있거나 활동한 기록이 있는 단층)이 있고, 이 가운데 당장 위험한 것만 100개 가까이라고 한다. 전문가들은 하나같이 "지금 당장 일어나도 하나도 이상하지 않다" 하며 겁을 주었다.

그러한 예측 중 가장 끔찍한 것이 '수도권 직하 대지진'이다. 직하지진은 육지를 진원으로 하는 수직형 지진으로, 좌우가 아니라 상하로 흔들려 피해가 훨씬 크다. 도쿄 근처에서 진도 7의 지진이 발생할 경우 건물 61만 채가 파괴되고 2만 3,000여 명이 숨질 것으로 예측됐다. 한 지진연구소는 30년 이내에 수도권 지역에서 진도 7 규모의 강진이 발생할 확률이 70%에 달한다고 분석했다. 2016년 5월 도쿄 근처에서 규모 5.5의 강진이 발생하자, 수도권 직하 대지진의 진조가 아닐까 하는 불안감이 급속히 확산되었다.

더욱이 이런 경고가 많지 않았던 곳에서도 최근 지진이 종종 발생했다. 2016년 4월 16일 지진으로 69명이 희생된 구마모토현은 비교적 안전지대로 여겨졌던 곳이다. '130년 만의 강진'이라는 수식어에는 그만큼 이곳에서 지진이 뜸했음을 말해 준다. 이제 더 이상 안전을 장담할 수 있는 곳이 사라진 셈이다.

상황이 이렇다 보니 동일본 대지진 이후 일본인의 지진 공포감은 극한으로 치닫고 있다. 사회심리학자 나카야치 교수가 대지진 전과 후 일본인이 가장 불안을 느끼는 것이 무엇인지 조사했다. 51개 항목 중 1위는 전후 모두 '지진'이었지만, 대지진 이후 불안도가 급상승했다. 그런데 독특한 것은 다른 항목, 예를 들어 교통사고나 일반적인 식품 안전에 대한 불안감은 오히려 낮아졌다는 점이다. 지진과 원전 사고라는 워낙 큰 충격을 겪다 보니, 상대적으로 다른 '자질구레한' 위험에는 둔감해진 것이다. 한국인에게 한국전쟁과 분단이 피할 수 없는 숙명 또는 트라우마인 것처럼, 일본인에게 지진은 평생 안고 가야 하는 불안과 공포의 근원일 수밖에 없는 셈이다.

"한순간에 모든 것을 잃었다" — 쓰나미가 할퀴고 간 상처

동일본 대지진 당시 지진보다 쓰나미로 많은 사상자가 발생했다. 최대 높이가 40m 이르는 거대한 검은 파도가 해안가를 덮쳤다. 피해 지역은 대부분 태평양 연안의 도호쿠 지방으로, 노후를 보내려는 은퇴자들이 많이 찾는 평온한 곳이었다. 현장 취재를 위해 쓰나미 직후를 비롯해 여러 차례 이 지역을 찾았다. TV 화면으로 보는 것과는 느낌의 강도가 달랐다. 취재 차량이 해안가로 접어드는 순간, 온통 폐허로 변한 마을의 모습에 할 말을 잃었다. 비현실적일 정도로 참혹한 광경이 이어졌다. 수백 km에 이르는 바닷가 일대의 마을 전체가 성한 곳이 없었다.

겨우 목숨을 건진 사람들은 비교적 높은 건물로 피했거나 산 근처에 살던 사람들이었다. 불과 몇 m 차이가 생사를 가른 것이다. 그들은 갑자기 몰아친 거대한 쓰나미에 미처 손을 쓸 수가 없었다. 목숨만 건졌을 뿐, 한순간에 눈앞에서 소중한 사람과 모든 재산이 사라지는 것을 안타깝게 지켜볼 수밖에 없었다.

주민들에게 당시에 대한 이야기를 취재했다. 그들은 모두 가까운 가족이나 친구, 이웃을 잃은 사람들이었다. 상처를 다시 건드리는 것 같아서 참 미안했다. 한 연구에 의하면 일본 기자들의 80%가 대지진을 취재하며 가장 힘든 점으로 '가족이나 친구를 잃은 사람들을 취재할 때'를 꼽았다. 또 일본기자클럽의 조사에서는 약 25%의 기자들이 비참한 광경에 의한 우울증을 호소한 것으로 나타났다. 대지진은 모두에게 말 그대로 '미증유'의 참사였다.

취재기자들도 이 정도로 힘들었으니, 주민들의 고통은 얼마나 극심했을까. 많은 의료진과 심리학자들이 주민들의 정신 건강을 조사했다. 수년이 지나도 그들의 상태는 매우 심각했다. 이재민 21만여 명을 대상으로 한 2014년 조사에서 PTSD(외상 후 스트레스 장애) 증세를 보인 성인의 비율은 미국 9.11 테러 세계무역센터 충돌 뒤 현상 수습 노동자의 비율과 비슷했다. 아이들의 정신 건강도 나빠서, 4~6세 아동 중

문제 아이의 비율이 평균치의 2배였다. 이 밖에 주민들은 우울증, 불안, 초조, 분노, 수면 장애 등 갖가지 건강 문제를 호소했다. 특히 알코올의존증이 늘었다. 해안에 살던 사람들은 쓰나미 공포 때문에 아예 내륙으로 옮겨 생활했다.

"가족과 친구의 소중함 더 느껴" — 행복감도 상승

지진은 일본인들의 가족관과 행복관도 바꿔 놓았다. 일본 내각부가 동일본 대지진 이후 가치관이나 인생관이 달라졌는지 물었더니, '가족과 친구에 대한 소중함을 더 느끼게 되었다'고 답한 사람이 90%나 됐다. 결혼이 늘었다는 보도도 나왔다. 심리학자들은 미국에서 9.11 테러 이후 가족 간 유대감이 깊어진 것과 비슷한 현상이라며, 불안하면 누군가와 함께하고 싶어지는 친화 욕구가 강해지기 때문이라고 설명했다.

한편 일본인 전체의 행복감이 상승한 것으로 나타났다. 게이오대 연구팀의 조사 결과 모든 세대, 모든 소득층의 행복감이 올라갔으며 특히 저소득층과 비정규직, 젊은 층에서 두드러졌다. 불행한 사건인 지진의 영향으로 오히려 행복도가 높아진 것은 그만큼 자신의 인생과 가족에 대해 돌아보는 계기가 됐던 것으로 해석된다. 이타심도 높아졌다. 특히 피해 지역 주민들 사이에 두드러졌는데, 힘든 사람들이 도리어 더 힘든 사람들을 배려하려 하는 셈이다.

"이제는 전후戰後가 아니라 재후災後다" — 보수화되는 일본

동일본 대지진 이후 일본에서는 "이제는 전후戰後가 아니라 재후災後다"라는 선언이 유행처럼 범람했다. 일본은 현대사를 흔히 전전戰前과 전후戰後로 나눴다. 여기서의 전쟁은 물론 태평양전쟁이다. 전쟁 전후의 일본은 질적으로 다르다는 의미였다. 그러나 대지진 이후 일본은 지진 전과 지진 후로 나뉜다. 그만큼 일본 사회에 미친 영향이 컸음을 알 수 있다. NHK가 2014년 실시한 '일본인의 전후 70년관觀' 조사에서도 전후 일본 사회에 가장 큰 영향을 준 사건으로 동일본 대지진을 든 사람이 가장 많았다.

문제는 지나친 보수화 일변도로 흐르고 있다는 점이다. NHK의 2013년 국민 의식 조사 자료에 이런 경향이 잘 나타난다. NHK는 5년마다 일본인의 정치·경제·사회에 대한 의식을 조사하는데, 이 조사에서 민족주의 성향이 갑자기 크게 높아졌다. "일본인은 우수한 자질을 갖고 있다", "일본은 일류 국가다"라고 생각하는 사람들이 5년 전보다 크게 늘어, 과거 최고조였던 1983년 수준에 가까웠다. 또 천황제에 대해서도 "존경심을 갖고 있다"라는 사람이 1973년 수준과 비슷해졌다. 민족주의 감정은 30~40년 전으로 되돌아간 셈이다.

다른 연구 결과도 비슷한 이야기를 한다. 심리학자 간다니는 대지진 이후 4개월 만에 일본 적십자사에 3조 원이 넘는 지원금이 모였는데, 이는 과거에는 결코 없었던 규모라고 한다. 또 "대지진과 같은 국가적 위기에 단결할 수 없는 정치가는 문제라고 생각한다"라는 일본인이 절반을 넘고, "일본인은 단결해야 한다", "일본인임이 자랑스럽다"라는 답변도 크게 늘었다고 한다. 하지만 그는 이런 분위기는 준전시戰時 분위기라며 우려한다.

불안을 해소하기 위해 공격성도 증가했다. 한 연구에서는 인터넷상에 경멸이나 무시를 담은 단어 사용이 늘고, 감정적 분노나 주장이 포함된 댓글이나 블로그 글이 크게 증가한 것으로 나타났다. 또 TV 방송국이나 정부 기관 등의 여러 공공 기관에 각종 불만 제기, 즉 '클레임claim을 거는' 일본인들이 매우 많아졌다고 지적한다. 이는 불만을 억제하는 일본인다운 모습이 아니며, 이전에는 볼 수 없던 공격성이라고 해석했다.

일본의 자화자찬 풍조 — "포지티브 내셔널리즘"

공격성 증가와 함께 일본을 예찬하는 책과 방송이 범람하는 현상이 두드러졌다. '찬일 서적' 또는 '찬일 프로그램'으로 불리는 이들 책과 방송의 타이틀을 보면 민망할 정도다. 일본 예찬으로 베스트셀러가 된 도서는 크게 두 부류다. 먼저 서구에서 오래 생활한 일본인이 쓴 책들이다.《살아 본 유럽, 9승 1패로 일본 승》,《독일 대사도 인정한 '일본이 세계에서 사랑받는 이유'》,《영국에서 봐도 일본은 무릉도원에 가장 가까운 나라》등이 있다. 다른 부류는《일본은 왜 세계에서 가장 인기 있는가》,《패배하지 않는 일본 기업》,《일본인으로 태어나서 정말 다행이다》등과 같이 우익 성향의 저자가 일본 기업과 문화의 우수성을 강조하는 책이다.

찬일 방송으로는 〈세계에 자랑할 만한 일본의 기술〉, 〈세계가 놀란 일본! 대단해!〉, 〈세계의 신기한 발견! 일본이 낳은 스시 문명〉 등이 있다. 일본의 기술과 문화가 얼마나 뛰어난지를 자랑하는 내용이다. 이들 프로그램에는 흔히 일본을 좋아하는 외국인들이 출연해 일본에 대한 찬사를 늘어놓는다. 방송 시간도 주말 저녁 등 황금 시간대가 많다. 제작자들은 '시청률이 좋으니까' 편성하게 된다고 설명한다.

정신과 의사이자 평론가인 가야마 리카는 이런 현상을 포지티브 내셔널리즘positive nationalism이라고 명명했다. '긍정적 민족주의'쯤으로 해석할 수 있을 것이다. 그녀는 동일본 대지진 직후 '일본은 강한 나라', '힘내라 일본' 같은 문구가 넘쳐 나는 것에 대해 '부흥 내셔널리즘'이라고 지적한 바 있다. 그녀는 이 같은 현상이 부흥 내셔널리즘의 연장선상에서 불안감을 해소하고 '자기부정적'이 되지 않기 위해 반대로 자기를 긍정하기 위한 몸부림이라고 분석했다.

"죽음에 대한 공포가 日 민족주의 자극" — 존재 위협 관리 이론

대지진 이후 왜 일본인들의 민족주의 경향이 강해졌는지를 뒷받침하는 이론이 있다. 존재 위협 관리 이론terror management theory, 우리는 '공포 관리 이론'이라고 부른다. 이는 죽음에 대한 심리 방어 메커니즘을 설명하는 이론으로, 긴단히 밀해 죽음의 공포를 줄이기 위해 민족적 자존심을 이용한다는 것이다. 즉 자신이 속한 사회의 문화가 우월하다고 강조함으로써, 자존감을 지키고 이를 통해 공포감을 해소한다는 것이다. 따라서 자신의 문화에 더 방어적이 되기 쉽다.

사회 심리학자 플로렛 코언 등의 실험에서는 죽음을 상기하는 위기 상황에서 카리스마형 지도자의 인기가 높아졌다. 반면 관계를 중시하는 합리적 지도자에 대한 선호도는 낮아졌다. 크리스탈 호이트의 연구에서는 죽음에 대한 상기 뒤에 이너 서클inner circle 출신 지도자와 남성 지도자에 대한 선호도가 높아졌다. 또 다른 연구에서도 자존감이 낮으면 자신의 세계관을 보호하거나 다른 사람을 업신여기는 경향이 관찰됐다. 또 지나치게 이너 서클을 옹호하는 성향이 강했다.

이 연구들은 왜 일본인들이 대지진 이후 아베 총리 같은 우익 성향의 지도자를 선호하는지, 또는 왜 아베 총리가 '강력한 리더십'을 연출하려 하는지 짐작하게 한다. 사회심리학자 하시모토 다케시는 공포 관리 이론에서 말하는 행동 패턴의 변화가 대지진 이후 일본인의 행동 패턴과 비슷하다고 했다. 애국심이 고양되고, 자숙하는 분위기가 유지되며, 자원봉사와 기부가 활성화됐다는 것이다. 또 '일본인다움'이라는 고정관념이 강화되어 스스로 '일본인답게' 행동하려 한다고 지적했다. 질서를 지향하는 경향도 더 강해졌으며, 다른 사람의 의견이나 행동에 동조하려는 경향 역시 높아진 것으로 나타났다.

자신감과 여유를 상실한 일본 — 그들의 불안을 읽어야

동일본 대지진은 일본의 많은 것을 바꿔 놓았다. 일본인들은 일상이 한꺼번에 무너지는 기분, 뒤집히는 기분이었다고 말한다. 더욱이 방사능 문제는 해결될 기미가 보이지 않는다. 자신감과 여유의 상실, 그리고 숨어 있는 일본인의 불안과 공포는 우리의 상상 이상으로 크다.

그러나 특파원을 마치고 한국에 돌아온 나는 주변 사람들이 동일본 대지진으로 일본인들이 받은 영향과 피해에 대해 과소평가하고 있다는 점에 놀랐다. 지진 전후의 일본인은 너무 다른데, 대지진을 '사고' 정도로 치부한다는 느낌을 받았다. 그 '사고'가 그들의 가치관, 행복관, 국가관을 얼마나 드라마틱하게 바꿔 놓았는지는 연관 지어 생각하지 않는 듯하다.

일본인의 불안은 여전히 진정되지 않고 있는 것 같다. 그들이 더 움츠러들지 않기를 바란다.

03

일본의 '넷우익'과 한국의 '일베'는 샴쌍둥이?

넷우익과 혐한

∨∨∨∨∨∨∨∨

왜 그는 한국문화원에 불을 질렀을까

2015년 3월 25일 밤, 도쿄 한국문화원 건물에서 방화 사건이 일어났다. 범인은 곤도 도시카즈라는 30대 일본 남성이었다. 그는 경찰 조사에서 한국과 북한에 대한 악감정으로 불을 질렀다고 말했다. 그에게는 징역 2년의 실형이 선고됐다. 방화범 곤도는 왜 불을 지를 정도로 반한反韓 감정을 갖고 있었던 것일까?

몇몇 주간지가 그를 자세히 취재했다. 곤도는 무직으로 차 안에서 생활하고 있었다. 그와 오랜 친구 사이인 A는 곤도가 거리에서 혐한 시위를 하는 넷우익이 된 것은 극히 최근의 일이라고 말했다. 곤도는 고등학교 졸업 후 도쿄의 한 출판사에 광고 영업 사원으로 취직했다.

당시 그는 성격 좋고 유쾌한 사람으로, 취미로 감상하던 청춘 영화들을 주제로 A와 이야기꽃을 피우곤 했다고 한다. 그러나 영업력이 뛰어나진 않았고, 결국 2년이 채 안 돼 회사를 그만두고 여러 일을 전전했다. 룸살롱 종업원 등의 일도 했다고 한다. 사람을 모으는 친화력은 있었지만, 사업을 하다 실패하면 그때마다 사람들이 떨어져 나갔다.

이때쯤부터 사회에 대한 불만이 폭발했고, 그 배출구로 인터넷을 이용했다고 한다. 자신의 블로그를 통해 일본 정치가를 비판하고, 몇 년 전부터는 한국과 북한 사람들에게 두 번 다시 일본에 오지 말라며 분노를 터트렸다. A는 "그가 변하기 시작한 건 넷우익 게시판에 글을 자주 쓰면서다. 거기서 얻은 정보로 정치인들과 한국을 비판했다. 한국과 북한이 전쟁을 한다는 근거 없는 정보를 이메일로 주고받는 경우도 있었다"라고 말했다.

주간지 기자는 방화범 곤도에게서 인상적인 것은 그의 말버릇이라고 보도했다. 그는 줄곧 "나는 이 정도의 인간이 아니야"라고 말하고 다녔다고 한다. 그는 자신의 초라한 현실에 대한 불만과 분노를 한국을 향해 터트려 왔고, 급기야 불까지 지른 것이다.

일본 우익도 비판하는 넷우익, "너희는 차별주의자"

방화범 곤도는 전형적인 넷우익이다. 일본에서 넷우익은 '인터넷상에서 과격하고 배타적인 차별 발언을 일삼는 사람들'을 일컫는다. 극단적인 혐한·혐중 발언을 하는 것이 그들의 특징이며, 실제로 거리에

나와 상상을 초월할 정도로 분노와 혐오가 담긴 말을 내뱉으며 시위를 벌이기도 한다.

노골적인 발언 때문에 넷우익은 일본 전통 우익으로부터도 외면당한다. '넷우익의 사상적 지주'로 불리는 극우 인사 고바야시 요시노리조차도 공공연히 "너희는 차별주의자다. 힘없는 약자들을 괴롭히는 바보들"이라고 강도 높게 비난했고, '일본 보수 우익의 마돈나'로 불리는 사쿠라이 요시코는 "감정에 치우쳐 '한국으로 돌아가라'라고 외친다 해서 애국이고 보수는 아니다" 하며 비판했다. 다른 우익 단체나 우익 정치인들 상당수가 넷우익의 배타적인 인종차별 행동과 발언에 우려를 표하며 거리를 두고 있다.

대표적인 넷우익 단체는 재특회(재일 특권을 용납하지 않는 시민 모임)다. 재특회의 혐한 시위, 이른바 헤이트 스피치hate speech는 국내에서도 자주 보도돼 악명이 높다. 내가 특파원 임기를 마치고 귀국할 즈음이던 2013년 2월부터 본격적인 혐한 시위가 벌어졌다. 2013년 3~8월에는 무려 160건이 넘는 헤이트 스피치를 벌였다는 통계도 있다. 이후 같은 해 8월 방송된 SBS 〈현장 21〉 '누가 혐한에 맞서나' 편의 제작을 위해, 나는 도쿄에서 그들의 시위 현장을 몇 차례 취재할 수 있었다.

〰〰〰〰〰〰

광기 어린 재특회 혐한 시위, "죽여라" 구호 난무

혐한 시위 현장에서 가장 많이 들린 말은 "코로세(죽여라)!"와 "모도레(돌아가)!"였다. 피켓에는 "좋은 놈 나쁜 놈 가릴 것 없이 한국인을 죽여라", "한국인은 기생충" 같은 살벌한 말이 적혀 있었다. 태극기에 바퀴벌레를 그려 놓고 조롱했고, "조선 여자는 매춘부다"라는 끔찍한 말을 태연하게 외쳤다. 대낮에 도쿄 도심에서 벌어지는 광경이라고는 믿기지 않았다. 집단 광기라고 표현하기에도 부족한 잔인함이 뿜어져 나왔다. 취재하는 내내 너무 화가 나고 분했다.

혐한 시위대 중 지금도 생생히 기억하는 한 일본인이 있다. 확성기를 들고 선동하는 젊은 여성이었다. 다른 넷우익 시위를 촬영한 유튜브Youtube 영상에도 자주 등장하는 이 여성은 주로 위안부 관련 구호를 외쳤다. 위안부가 거짓이라며 절규하듯 악을 썼고, 해외에 거짓말을 반복하는 한국인을 가만둘 수 없다며 분노를 표출했다. 표정에는 조금의 망설임도 보이지 않았다. 말 그대로 '확신범'이었다. 같은 여성인데 그녀는 왜 할머니들의 눈물과 아픔을 보지 않을까? 무슨 자격으로 그들에게 상처 주는 말을 저렇게 태연히 내뱉을까? 자신의 믿음이 거짓일 수 있다는 생각은 왜 하지 못하는 것일까?

많은 사람들이 이들의 비인간적인 모습에 나처럼 충격을 받는 것 같다. 재특회 전문가이자 《거리로 나온 넷우익》의 저자 야스다 고이치는 지난 2007년 중국인 이주 노동자가 일본인 경찰에 의해 살해된 사건을 취재하던 때 처음 재특회 사람들을 만났다고 한다. 법원 앞에서 소란을 피우는 무리가 있었는데 그들이 재특회 사람들이었다. 외관상 독특했던 것은 우익의 상징인 흑색의 가두선전 차량이 없고 특공대복 차림을 하지 않은 점이었다. 그러나 일반 시민처럼 보인 그들의 입에서 나온 말은 끔찍했다. "지나인('중국인'의 비하어)이 사살당한 것은 당연하다. 경찰관님, 고맙습니다!"라고 외치고 있었다. 야스다는 그들이 내뱉은 추악한 말에 충격을 넘어 공포까지 느꼈다. 아무렇지도 않게 "지나인!", "죽어!", "죽여!" 하고 외치는 그 모습을 도저히 잊을 수 없었다고 한다.

야스다는 인간의 존엄성에 상처 주는 말을 죄책감 없이 외치는 그들을 결코 용서할 수 없었다고 한다. 또 재특회의 멤버들은 본명이 아닌 인터넷상의 별명으로 불리는데, 본명으로 세상에 떳떳이 나와 사람과 마주하지 못하는 그들의 나약함도 싫었다고 말한다.

친동생에게도 '자이니치' 꼬리표를?

2007년에 설립된 재특회는 단체명이 말해 주듯 재일 교포가 주 공격 대상이다. 그들은 표면적으로 재일 교포가 4가지 특권을 누리고 있다며, 이를 없애야 한다고 주장한다. 물론 그들의 주장은 조금만 따져 봐도 어불성설임을 알 수 있을 정도로 조악하다. 그들의 첫 가두시위도 재일 교포를 겨냥했다. 2009년 12월 재특회 10여 명이 교토 조선학교 앞에서 "간첩의 자식들이다", "역겨운 김치 냄새가 나네" 하며 시위한 것이 최초였다. 2013년에는 아예 재일 한국인 모두를 겨냥해 도쿄 신오쿠보 코리아타운에서 대규모 시위를 벌이기 시작했다.

그들은 '매국노=반일=재일 교포'로 간주하고, 자신들 마음에 들지 않는 말을 하는 상대에게 거리낌 없이 자이니치在日라는 꼬리표를 붙인다. 한 비평가는 TV 출연 이후 넷우익이 자신에게 자이니치라는 딱지를 붙였다고 한다. 그들이 내세운 근거는 딱 하나, 자신들을 폄하하기 위해 반대쪽 사람들이 만든 넷우익이란 단어를 썼다는 이유에서다. 그들이 마구잡이식으로 꼬리표를 붙이는 것을 비꼬는 우스갯소리도 있다. 한국을 비난하는 형에게 친동생이 "그건 말이 안 돼"라고 하자, 형이 대뜸 동생에게 "너, 자이니치지?"라고 한다는 이야기다. 그들에게 자이니치는 적敵임을 인증하는 단어인 셈이다.

왜 그들은 재일 외국인을 포함한 한국인을 타깃으로 삼았을까? 야스다는 그들이 모든 사회문제의 근원을 외국인, 특히 재일 한국인 탓이라고 믿고 있다고 말한다. 심지어 재특회는 자신들을 재일 교포라는 거대한 적에 맞서는 레지스탕스 조직이라고 생각한다고 꼬집는다. 그러나 전문가들은 실은 재일 교포가 일본 사회에서 가장 차별받는 약자여서 괴롭혀도 별 뒤탈이 없는 것을 알기 때문에 재특회가 그렇게 잔인할 수 있다고 말한다. 스스로 학대당하고 있다고 주장하는 이들이 더 학대당하고 있는 약자를 공격하는 것은 그들의 천박한 측면을 드러낼 뿐이라고 비판한다.

넷우익은 "격차 사회가 낳은 패배자", "공격적인 히키코모리"

넷우익을 혐오하는 사람들은 넷우익을 이른바 마케구미負け組, 즉 패배자로 본다. '공격적인 히키코모리' 또는 '밖으로 나온 히키코모리'라고 비꼬기도 한다. 극우 인사인 고바야시 요시노리는 이들을 '연 수입 200만 엔 이하의 하층'이라고 단언한다. 많은 전문가들도 일본 사회의 양극화가 넷우익을 낳았다고 본다. '격차 사회' 일본에서 불만을

쌓은 젊은이들을 중심으로, 자신의 초라한 자존심을 민족적 자존심으로 보상받으려고 넷우익이 됐다는 것이다. 그래서 그들은 자신을 피해자로 인식한다고 지적한다.

확실히 넷우익은 '뺏겼다', '되찾자', '되돌리자'라는 구호를 많이 외친다. 그 대상은 복지와 영토, TV 등 여러 가지다. 야스다는 이것이 넷우익에 저학력자, 니트NEET족, 비정규직 노동자가 많은 것과 무관하지 않다고 분석한다. 사회에 대한 불만을 가진 층이 자신들의 분노를 거친 말로 내뱉고 있는 셈이다.

한국과 중국을 타깃으로 삼은 것도 이런 상대적 박탈감에 뿌리를 두고 있다고 해석한다. 장기 불황으로 '잃어버린 20년'을 거치는 사이 두 나라의 힘이 커진 반면, 일본은 침체가 계속되자 위협과 불안을 느낀 일부 하층 일본인들이 극단적 방어 행동을 보이고 있다는 설명이다. 특히 동일본 대지진 이후의 자신감 상실이 넷우익이 자랄 토양을 형성했으며, 이명박 전 대통령의 독도 방문과 일왕 사죄 요구 이후 한일 관계가 악화되면서 그들의 희생양으로 혐한 의식이 자리 잡았다고 분석한다.

철학 없는 넷우익, 누가 더 극단적인 발언을 하는지 경쟁

넷우익은 격한 구호만 앞세울 뿐 제대로 된 논리가 없다는 평을 듣는다. 정치의식은 물론 철학은 더더욱 없다고 한다. 전문가들은 애국을 외치는 그들의 논조는 논리를 가장한 모순이라고 말한다. 야스다는 "진짜 애국을 말하는 사람들과 달리 이들에게는 결정적으로 '가족'과 '지역사회'가 빠져 있다"라고 지적한다. 진정으로 국가를 걱정하는 사람들은 가족과 이웃을 생각하는 마음이 있는데, 이들은 그렇지 않다는 것이다. 그는 "역으로 말하면 이들에게는 가족과 이웃이 없는 것 아닐까, 가족과 이웃 안에 자기 자리가 없는 외로운 사람들이 아닐까 싶다. 그래서 초조함과 외로움 때문에 자신의 세계에 '국가'를 넣어서 일종의 애국심 팔이를 하는 것 같다"라고 말한다. 애국이라는 미명 아래 피해 의식과 피해망상, 심적 유약함을 감추고 있다고 진단한다.

사회학자인 기타다 아키히로는 넷우익은 집단 내에서 인정받고 인기를 얻고자 점점 더 과격해진 것이라고 분석한다. 그들은 승인 욕구, 인정 욕구가 원동력인 공허한 인정 게임을 하고 있는 것이다. 사회학자인 스즈키 켄스케도 넷우익의 행동은 자신들의 결속을 다지기 위한 이야깃거리를 공유하려는 목적이 크다고 말한다.

또 그들의 말이 대중에게 '먹히는' 이유는 진보 진영의 '평화를 지키자', '인권을 지키자'라는 말과 달리 '지금은 평화가 아니라 전쟁이다', '영토를 회복하자' 등 솔깃한 말을 하기 때문이다. 적이 명확해 대중에게 쉽게 다가가고, 기세와 힘이 느껴져 끌리게 된다는 분석이다. 여기에 강렬하지만 추악한 배타주의적 주장은 끈끈한 연대감을 준다. 일부 재특회 멤버들은 나카마, 즉 한 패거리가 됐다는 느낌에 난생처음으로 강한 소속감을 갖게 됐다고 말한다. 하층에 속한 사람들이 '민족주의'라는 깃발 아래 모인 셈이다.

"거품 세대의 막내인 40대가 넷우익의 핵심"

반면 이들이 '평범한 시민'이라는 시각도 있다. 넷우익 스스로 이런 주장을 한다. 그들은 자신들을 니트족이나 히키코모리와 연관 짓는 것 자체가 좌익의 음모라고 반발한다. 보통의 회사원과 학생이라는 것이다. 진보 성향의 사회학자인 히구치 나오토도 넷우익에 화이트칼라와 자영업자가 많다며 이를 '비주류의 반란'이 아닌 '중산층의 운동'으로 봐야 한다고 지적한다. 언론인 쓰다 다이스케도 넷우익에는 워낙 다양한 연령층과 계층이 섞여 있다고 말한다.

넷우익의 주요 연령대도 젊은 층보다는 40대라는 분석이 있다. 인기 블로거이자《일본 넷우익의 모순》의 공동 저자인 야마모토 이치로는 넷우익의 핵심이 1966~1970년생인 '거품 세대의 막내들'이라고 분석한다. 그들은 고도성장기의 혜택으로 과거 풍요로운 생활을 만끽했지만, 입사 후 거품이 꺼지면서 구조조정 대상이 되거나 회사에 남더라도 과중한 업무에 시달리며 스트레스를 받아 온 '불행한 세대'라는 것이다.

야마모토는 이들에 대해 "회사 이력은 자랑할 만한 것이 없고, 학력도 마찬가지, 집안도 마찬가지다. 일본인이라는 것밖에는 자랑할 게 없는 사람들이 무척 많다. 자신의 이상은 높은 곳에 있지만, 현실에서는 결코 다다를 수 없다. 그들 나름대로의 합리적 선택이 '우익적 발언'이고, 그래서 많은 이들이 넷우익이 됐다"라고 말한다. 그러면서 "아무것도 이루지 못한 자의 피난처는 애국이다"라는 말과 딱 일치하는 경우라고 말한다. 그보다 어린 세대와 달리 이들은 '그때는 좋았는데' 하는 향수에 젖어 오히려 더 큰 상실감을 느낀다고 분석한다.

히구치 교수 역시 경제성장과 연관 지어 분석한다. 〈마이니치신문〉의 지난 2014년 조사 결과, 혐한·혐중 서적을 읽었다고 답한 사람 가운데 45%가 60대 이상이었다고 한다. 과거 고도성장기와 거품경제의 '영광'을 맛본 세대이자, 한국과 중국의 급부상과 대지진으로 인한 일본의 '몰락'에 자존심이 상한 세대다. 과거에 무시했던 한국과 중국이 일본과 대등해졌다는 사실을 인정할 수 없는 세대인 것이다. 실제 이들의 경우 한국과 중국에 대해 유독 차별적 이미지를 많이 갖고 있는 것으로 조사됐다.

"일본인의 전통적인 배타주의 성향이 혐한을 키웠다"

하지만 아무리 상실감과 불안이 크다고 해도 그토록 극단적인 모습이어야 할까? 이에 대해 일본의 전통적인 배타주의 성향이 혐한을 키웠다는 분석도 있다. 사회학자 후지타 토모히로가 미국인과 일본인을 대상으로 외국인에 대한 생각을 조사한 결과, 미국인들은 외국인이 자국 경제에 공헌하지 않고 자신들의 일자리를 뺏으며 재정에 부담을 주기 때문에 그들의 권리를 인정할 수 없다고 여겼다. 반면 일본인들은 외국인이 범죄를 저지르기 때문에 단속을 강화해야 한다고 생각했다. 즉 미국인은 외국인의 '경제적' 측면에 주목한 반면, 일본인은 '사회 문화적' 측면에 민감했다. 미국인은 외국인이 무임승차처럼 실질적 피해를 줘서 싫다는 반응인 반면 일본인은 정서적인 측면, 외국인의 존재 자체에 대해 근원적 거부감을 갖고 있었다.

일본 네티즌은 특히 배타적이었다. 적극적인 인터넷 이용자일수록 아주 심한 배타성을 보였다. 외국인은 무조건 싫다는 식의 반사적 혐오 반응을 보였다. 반면 미국의 경우 댓글 등 인터넷 활동에 적극적인 사람일수록 배타성이 현저하게 낮았다.

특히 일본의 온라인 커뮤니티 2채널2ch의 이용자들은 극심한 배타성을 보였다. 뉴스를 읽거나 블로그를 이용하는 이들은 배타적이지 않았던 반면 2채널을 애용하는 네티즌일수록 배타적이었다. 외국인들이 일자리를 뺏는다는 피해 의식이 강했고, 이민자에게 자신들과 동등한 권리를 주는 것에 대한 반감이 유독 강했다.

2채널 = '넷우익의 놀이터'· '화장실 낙서로 가득 찬 곳'

넷우익의 놀이터로 불리는 2채널은 도대체 어떤 곳일까? 1999년에 개설된 익명 게시판으로 이용자는 1,000만 명이 넘는다. 글을 올리는 사람은 200만 명 안팎으로 추산되며, 남녀 비율은 6 대 4 정도다. 가장 큰 특징은 익명 투고의 무법 지대라는 점으로, 자신의 발언에 전혀 책임을 지지 않는다. 지명도가 없어도 자극적이고 재미있는 글을 쓰면 '유명인'이 될 수 있기 때문에, 조회 수나 댓글 수를 늘리기 위한 경쟁이 치열하다. 진실이 아닌 글이 진실로 둔갑되며, 지나치게 진지한 반응을 보일 경우 이른바 '진지충蟲'으로 찍힌다.

2채널의 글들에 대한 평은 무엇보다 '화장실 낙서'에 불과하다는 것이다. 가장 일반적인 평가로, 심지어 2채널 이용자들도 인정할 정도다. 천박한 문장과 더러운 말, 신뢰성 낮은 정보가 멋대로 올라온다. 토론이 아니라 배설이라고 보는 시각이 많다. 그래서 사이토 마야 등 일본의 연구자들은 과연 2채널에서 토론이 가능할지를 주제로 연구하기도 했다.

가끔 우리나라 네티즌들이 일본 네티즌의 반응을 본다며 2채널의 글들을 인용하는 경우가 있다. 그러나 이는 주소를 잘못 찾은 셈이다. 2채널은 익명 뒤에 숨어서 배설을 하고, 무조건 반대만 하는 공격성 강한 사이트이기 때문에 제대로 된 의견을 찾기가 어렵다. 한 일본인 지인은 "일본인들은 광장에 나와 토론하기를 꺼린다"라며, 2채널이라는 기괴한 사이트가 유독 일본에서 성행하는 이유를 설명했다.

넷우익과 일베는 샴쌍둥이?

앞에서 언급한 2채널의 특성을 어디서 많이 본 것 같지 않나? 그렇다. 수년 전부터 지탄받아 온 우리의 일베(일간 베스트 저장소)와 너무나 비슷하다. 극우 성향의 익명 게시판이라는 점, 정상적인 토론이 아닌 배설 사이트라는 점이 겹친다. 나는 2013년 5월 방송된 SBS 〈현장 21〉의 '일베에 빠진 아이들' 편 제작을 위해 당시 일베를 집중 취재한 적이 있는데, 일베가 2채널과 너무 닮아 깜짝 놀랐다. 샴쌍둥이 같다는 생각마저 들었다.

무엇보다 공통적인 모습은 둘 다 배타와 경멸, 혐오를 먹고 자란다는 점이다. 넷우익의 표적이 일본 사회 내 약자인 재일 교포인 것처럼, 일베는 여성과 특정 지역, 외국인이 주 공격 대상이다. 그들은 때리기 쉽고, 싸우기 쉽고, 저항도 적은 손쉬운 상대를 적으로 찾는다.

특정 인터넷 공간을 주 무대로 경쟁적으로 자극적인 게시물을 올리는 점도 비슷하다. 누가 더 관심을 끄느냐가 지상 과제. 경쟁은 극단으로 달려 도를 넘는다. 그들에게는 나카마, 즉 패거리로부터의 인정이 무엇보다 중요하다. 더 과격할수록, 더 폭력적일수록 영웅이 된다. 마치 게임을 하는 것 같은 경쟁 속에서 인권과 예의는 사라진다.

그리고 아무런 철학적 사고나 역사 인식도 없이, 떠도는 이야기 중 입맛에 맞는 것들만 찾아 역사적 진실로 둔갑시키는 모습도 비슷하다. 더덕더덕 붙여서 그것을 진실이라고 주장한다. 가해자가 피해자가 되고, 피해자가 가해자가 되는 일은 비일비재하다.

〰〰〰〰〰〰

혐한의 아이콘, 재특회 대표와 '말뚝 테러범'의 머릿속

'혐한' 하면 떠오르는 대표적 인물들이 있다. 재특회 회장 사쿠라이 마코토와 2012년 위안부 소녀상 말뚝 테러로 유명한 스즈키 노부유키다. 악명 높은 그들을 직접 인터뷰한 적이 있다. 그들의 겉모습은 평범한 일본인 아저씨다. 하지만 그들이 내뱉는 말은 친절하고 상대방을 배려하는 일본인과 달리 극단적이고 때로는 살기를 띤다.

특히 사쿠라이 마코토가 그랬다. 그는 인터뷰 내내 끊임없이 우리를 자극했다. "한국인이 거짓말하는 것 아닌가?", "당신들도 '일본인 죽어라'라고 말하지 않나, 왜 나는 못 하나?" 하며 야유를 보냈다. "한국 언론에서 나는 인기인이다. 줄을 섰다. 당신도 그중 하나일 뿐"이라며 시비도 걸었다. 얼굴이 붉어졌고, 정말 '패 주고' 싶은 충동을 여러 번 느꼈다. 그에게선 최소한의 인간적인 예의도 찾기 어려웠다.

'말뚝 테러'의 스즈키 노부유키는 사쿠라이 마코토과 비교하면 조금 점잖은(?) 편이었다. 재특회에 비해 세력이 약한 탓인지 그의 사무실은 작았다. 직원 1명이 유일했다. 그는 한국 언론의 주목을 받는 것이 무척 즐거운 모양이었다. 자신의 다음 테러 계획을 이야기하며 신이 났다. 이런 한심한 과대망상증 환자 때문에 위안부 할머니들과 국민들이 받은 상처를 생각하니, 참 어이가 없고 화가 났다.

이들을 인터뷰하다 보면 '도저히 말이 안 통한다'는 생각을 하게 된다. 마치 벽에다 이야기하는 것 같았다. 그들은 나름대로 논리적으로 이야기한다. 그러나 잘못된 지식을 마치 진실인 것처럼 전제하고 있기 때문에, 당연히 말도 안 되는 주장을 늘어놓는다. 일본이 한국을 침략한 적도 없고, 한국은 일본의 식민 통치 덕분에 큰 이득을 얻었으며, 위안부 할머니들은 모두 거짓말쟁이라고 말한다. 아예 딴 세상에 살고 있었다.

혐한에 맞서는 사람들 — "친하게 지내요"

우리 검찰도 어쩌지 못하는 말뚝 테러범 스즈키 노부유키가 몇 년

전 제대로 한 방을 먹은 적이 있었다. 지난 2013년 일본 참의원 선거에 출마했던 스즈키는 당시 도쿄 시내에서 거리 유세를 벌이다 톡톡히 망신을 당했다. 당시 그는 "나는 한국에서 가장 미움받는 일본 남자입니다. 저는 한국 입국이 금지되어 있습니다"라며 유세차 위에서 노골적으로 '혐한 팔이'에 열을 올리고 있었다. 그러나 그에게 쏟아진 것은 박수가 아닌 야유 세례였다. 10여 명의 일본인들이 "꺼져라, 일본의 수치!"라고 말하자 결국 그는 황급히 자리를 뜰 수밖에 없었다. 그 일이 있고 한 달 뒤에 스즈키를 인터뷰했는데, 그는 '당치도 않은 녀석들'이라며 당시의 수모를 삭이지 못하고 있었다. 분해하는 모습을 보니 꽤나 통쾌했다.

그에게 망신을 준 일본 시민들을 만났다. 혐한에 맞서는 일본인들은 정말 다양했다. 여대생에서 중년 남성, 그리고 '조폭'을 연상시키는 건장한 체격의 남성들도 있었다. 그들의 공통점은 '한국을 좋아한다'가 아니었다. 그들은 한결같이 "같은 일본인으로서 부끄럽다"라고 말했다. 혐한 시위대의 극단적인 말과 행동에 충격을 받고 자발적으로 모이기 시작했다고 한다. 특히 일본 중고생들이 SNS를 중심으로 혐한 시위대를 비판한 것이 모임 결성의 기폭제가 됐다. 젊은 층과 여성도 많았는데, 한 젊은 엄마는 초등학생인 딸을 데리고 와서 토론에 참여하기도 했다.

그들은 당시 자신들의 모임을 '친하게 지내요'로 명명했다. 한국인이든 일본인이든 사이좋게 지내자는 메시지를 다른 일본인들에게 전하고 싶어서라고 했다. 나중에 그들은 자신들을 '카운터스'라고 불렀다. 혐한 시위가 있는 날이면 SNS를 통해 자발적으로 모여 시위를 적극적으로 저지했다. 수적으로 압도하는 경우가 많아, 혐한 시위의 확산을 막는 데 큰 도움이 됐다. 당시 '시바키다이'라는 남성 행동대도 결성됐는데, 우익들은 한국인의 사주를 받은 직업 시위대라며 폄하했지만 당연히 거짓이다.

넷우익은 분노와 공포를 먹고 자라는 괴물

혐한에 반대하는 양심적인 일본인들을 취재해 '누가 혐한에 맞서나'라는 제목의 시사 프로그램을 보도하면서 적지 않은 보람을 느꼈다. 당시 우리나라에 일본의 혐한 시위 보도가 이어지면서 일방적으로 '일본인=혐한'으로 인식되는 경향이 있었는데, 이를 조금이나마 깬 것 같아 다행이었다. 일본이 우경화된 것은 분명히 사실이고 살기를 내뿜는 일본인이 있는 것도 맞지만, 여전히 일본에는 건전한 상식의 선량한 사람들이 많다는 것을 알리고 싶었다. 혐한 시위에 나서는 일본인이 일본을 대표하지는 않는다. 일베가 한국인을 대표하지 않듯이 말이다.

일본인 지인들은 한국 네티즌들이 일본을 지나치게 원색적으로 혐오하고 경멸하는 글을 올리거나 댓글을 다는 모습에 걱정을 한다. 요즘은 번역기를 이용해 일본 인터넷 사이트에도 바로 글을 쓰는데, 혐한 성향의 일본 네티즌들이 이런 글들만 갈무리해서 다른 게시판에도 올린다고 한다. 그들은 "한국인이 우리글 이렇게 힘오한다", "우리도 맞대응을 해야 한다" 하고 선동하면서 혐한 재료로 '유용하게' 활용한다고 한다. 한일 모두 사이버공간에서 증오의 악순환이 이뤄지는 셈이다. 넷우익은 분노와 공포를 먹고 자라는 괴물이다. 그들에게 빌미를 주지 않고 고립시키는 일이 최선일 것이다.

04

일본의 젊은 우익은
'원피스 보수'?

젊은 세대의 우경화

日 극우 정객의 '선전' — 젊은 세대가 몰표

지난 2014년 2월에 치러진 도쿄 도지사, 우리로 치자면 서울 시장 선거에서 한 인물이 스포트라이트를 받았다. 그는 당선자가 아니었다. 4위로 낙선한 다모가미 도시오였다. 화제를 모은 것은 대표적인 극우 인사로 손꼽히는 그가 정당 조직도 없는 무소속으로 출마해 예상외로 61만 표나 얻었다는 사실 때문이었다. 선거 캠프에서조차 30만 표 정도를 기대했는데, 예상을 훨씬 뛰어넘는 엄청난 선전을 벌인 셈이다. '선거의 최대 이변'이란 말까지 나왔다.

더욱이 놀라운 것은 20대가 그의 든든한 시원군이란 섬이였나. 〈아사히신문〉 출구 조사에서 그는 20대 유권자 24%의 지지를 얻어 2위를 차지했다. 정치계 거물인 호소카와 전 총리보다 2배 이상 많은 지지율이었다. 탈원전을 주장한 진보 후보들은 철저히 '외면'받았다. 일본의 젊은 세대가 우경화되고 있다는 우려의 목소리가 일본 국내외에서 터져 나왔다.

그도 그럴 것이 다모가미는 극우 중에서도 극우인 '꼴통' 인사였기 때문이다. 그의 주장은 도저히 납득하기 어려운 것들로 가득해서, 상식이 있는 사람이라면 표를 던지지 않을 것이란 예상이 많았다. 그는 현직 항공 막료장(공군 참모총장 격) 시절인 2008년 발표한 논문에서 일본이 미국의 책략에 의해 진주만을 폭격했고, 일본의 식민 지배로 한국과 중국이 오히려 이익을 얻었다며 터무니없는 주장을 펼쳤다. 또한국의 종군 위안부 할머니들은 거짓말쟁이이며, 난징 대학살은 날조된 사건이라고 떠들고 다니기도 했다. 일그러진 일본 극우의 화신인 셈이다. 많은 일본인들이 젊은 세대가 저런 인물에 열광하다니 일본의 미래가 걱정이라며 큰 충격을 받았다.

"日 젊은 세대의 우경화는 과대평가다" ― 한 젊은 평론가의 반론

그러나 다모가미의 선전을 일본 젊은 세대의 우경화 증거로 볼 수 없다며 30대 초반의 한 문화 평론가가 정면으로 반박했다. 후루야 쓰네히라는 《젊은이는 정말로 우경화되고 있는가》(국내 미출간)라는 책에서 "젊은 층의 투표율 자체가 극히 낮은 상황에서, 극우 성향 후보자의 득표율만으로 우경화라 단정할 수 없다"라고 주장했다. 다모가미에게 표를 던진 20대는 전체 20대의 6%에 불과하다는 것이다. 그는 정치에 무관심하거나, 업무와 학업에 바빠 투표하러 갈 상황이 안 되는 젊은이들이 많은 게 현실이라고 강조했다.

또 그는 몇 가지 사례를 들며 일본의 우익과 좌익 모두 일본 젊은이를 '오해'하고 있다고 주장했다. 그는 아베 총리의 야스쿠니신사 참배에 대해 20대의 60%가 찬성한 것은 우경화의 증거가 아니라 '나라를 위해 희생한 고인들에게 인간적인 고마움을 표시한 것일 뿐'이라고 해석했다. 한국과 중국에 대한 반감도 '일장기가 불태워지는 등 다른 나라로부터 부당한 대우를 받는 데 화가 난 것뿐'이라고 지적했다. 넷우익의 주 연령층도 실제로는 40대라고 말했다. 일본의 나이 든 우익들이 앞서 말한 현상을 근거로 "젊은 세대가 드디어 애국심에 눈을 떴다" 하며 감격하는 것은 자신들의 과도한 기대를 담은 것이며, 좌익들이 앞의 예를 나열하면서 "젊은 세대의 우경화가 걱정스럽다"라고 말하는 것도 과잉 경계라고 단언했다.

이런 주장을 펼치는 후루야는 '진보' 평론가일까? 전혀 그렇지 않다. 그는 스스로 '보수 논객'이라고 말하는 데다, 우리 입장에서 보면 전형적인 '꼴통 극우'에 가까운 인물이다. 1982년생인 그는 일제의 한국 식민지화를 정당화하는 망언을 하는가 하면, 독도에 몰래 잠입해 일종의 '다케시마 상륙기'를 써서 한국을 비난했다. 일본도 전쟁을 해야 한다고 말하는 이른바 '개헌파'이며, 일본의 교과서가 좌익의 자학사관自虐史觀에 물들어 있다고 비판하는 인사다. 그가 유명해진 계기도 후지TV를 상내보 했던 만反한류 시위에 참가한 경험을 쓴 책이 히트를 기록한 덕분이었고, 이후 '채널사쿠라'와 같은 우익 웹 사이트에서 단골 패널로 경력을 쌓아 왔다. 혐한 시위를 비난한다는 점이 우리로선 그나마 좋게 볼 수 있는 구석이다. 이 같은 이력에도 불구하고 여기서 그에 대해 많은 지면을 할애하는 이유는, 그가 펼치는 독특한 '일본 젊은이론論' 때문이다.

"일본의 젊은이는 원피스 보수"?

그는 일본의 젊은 세대를 '원피스 보수'라고 명명한다. 뜨거운 유대감으로 뭉친 만화 〈원피스〉의 루피 해적단처럼 젊은 세대가 무엇보다 나카마를 중시한다는 이유에서다. 가족과 친구, 더 나아가 지역공동체를 소중히 여기기 때문에, 그들이 곤란해지면 누구보다 적극적으로 도와주려는 세계관을 갖고 있다고 말한다.

원피스 보수의 가치관 형성 배경으로 그는 고도성장기를 누렸던 앞세대와 달리 장기 불황으로 심각해진 고용 문제와 빈곤을 든다. 지금의 젊은 세대는 경제적 이유로 독립하지 못한 채 부모와 함께 한집에 살면서 고향에 평생 머무를 수밖에 없는 경우가 많다. 그래서 큰 꿈을 꾸기보다는 그저 이웃과 사이좋고 편안하게 생활하기를 원하는 경향이 크다고 말한다. 가족, 지역공동체와 엮인 생활을 하다 보니, 친구와 가족, 이웃 등 나카마에 대한 애착이 남다르다고 설명한다. 따라서 역사나 이념에 대한 관심이 아니라 나카마와의 유대감이라는 연장선상에서 자연스레 애국심도 높아진 것인데, 이런 모습이 우경화라고 오해를 산다는 주장이다.

그는 반면 일본의 젊은 세대는 전통적인 좌익으로 오해될 만한 성향도 갖고 있다고 지적한다. 그들은 다른 세대보다 자신들을 옥죄는 고용과 빈곤 문제에 민감할 수밖에 없는데, 이 문제는 전통적으로 '좌파의 전매특허'로 간주되는 영역이란 것이다. 적극적으로 행동에 나서지는 않지만 무엇인가 잘못됐고 부당하다는 생각으로 문제 해결에 높은 관심을 갖고 있어서, 때로는 좌익의 입장에 동조하는 것처럼도 보인다고 분석한다. 따라서 후루야는 일본의 젊은 세대를 전통적인 이념 틀에 맞춰 좌익 또는 우익으로 나누는 것은 왜곡이자 오해라고 주장한다. 국가관은 우익에 가깝지만, 사회문제 해결에 대해서는 좌익과 가깝다고 말한다. 새로운 시각에서 일본의 젊은 세대를 바라봐야 한다고 강조한다.

"해맑게 일본 만세를 외치다"—'취미'가 된 민족주의

나는 후루야의 갖가지 주장 중 원피스 보수론만큼은 눈여겨볼 구석이 있다고 생각한다. 근거와 논리 전개는 어설프지만, 한번 생각해볼 가치는 있지 않을까 싶다. 그의 주장과는 결이 다르지만, 일본의 많은 진보 성향 학자들도 일본의 젊은 세대를 '다른 관점'에서 봐야 한다고 말한다.

정신과 의사이자 평론가인 가야마 리카는 일본 젊은 세대의 민족주의가 '십살 없이 태연하다'고 표현한다. 기존의 일본 민족주의는 심각함과 비장함으로 넘쳐 났는데, 이들은 해맑게 '일본 만세'를 외친다는 것이다. 가야마는 역사관과 이념이 배제된 소시민의 민족주의라는 의미에서 이를 푸치 내셔널리즘petit nationalism(소민족주의)이라고 부른다. 같은 일본인이라는 연대감이 유일한 바탕일 뿐, 그들은 심각한 문제에 직접적으로 부딪치는 것은 회피한다고 지적한다. 그래서 그들에게는 애국 행동이 일종의 축제나 유희처럼 여겨질 때도 있는 것 같다고 분석한다.

사회학자 다카하라 모토아키도 일본 젊은 세대의 민족주의를 '보수 vs 진보'의 틀로는 판단할 수 없다고 말한다. 그는 젊은 세대의 불안에 주목한다. 자신의 저서 《한중일 인터넷 세대가 서로 미워하는 진짜 이유》에서 과거 회사가 모든 것을 책임져 주던 일본 특유의 '안정 사회'가 붕괴되면서, 젊은 세대의 불안이 커졌다고 분석한다. 그들은 자신의 불안을 풀어 줄 가상의 적을 찾기 시작했는데, 그 대상이 한국과 중국이 됐다는 것이다. 비난해도 사회적 제재가 없기 때문이다. 이렇게 애국심이 자신들의 존재를 확인하는 불안 해소 수단이다 보니, 진지한 국가관이나 역사관과는 거리가 멀 수밖에 없다. 그들에게 중요한 것은 '내 편 들기'이기 때문이다. 다카하라는 일본 젊은 세대의 진정한 관심은 고용 등의 생활 문제라고 말한다. 그래서 '생활 보수주의'라고 표현한다. 애국심은 그저 불만을 푸는 하나의 취미가 됐다고 지적한다.

사회학자 혼다 유키도 한일 젊은 세대의 의식을 비교한 결과, 국가에 대한 불만 지점이 서로 달랐다고 말한다. 한국의 젊은이들이 국가 운용 등 추상적이고 큰 틀의 문제에 불만이 많은 반면, 일본은 구체적인 생활과 관련해 불만이 큰 것으로 나타났다. 고용과 복지 등 실생활에서 자신이 피부로 느끼는 부분에 강한 불만을 터트렸고, 생활수준과 교육, 치안과 안전에 대해 만족도가 낮았다.

"진보는 매력 없다" ― 만화 〈진격의 거인〉이 인기를 끄는 이유

그런데 왜 젊은 세대는 진보가 아닌 보수를 선택했을까? 전문가들은 "진보가 젊은 세대에게 매력적이지 않기 때문"이라고 딱 잘라 말한다. 기본적으로 젊은 세대는 세상을 바꾸고 싶어 하는데, '평화로운' 일본 사회에서 진보는 그런 비전을 제시하지 못한다는 것이다. 진보가 반전 평화를 외치지만, 전쟁이 없는 일본에선 너무 멀게 느껴져 젊은이에게 별다른 감흥을 일으키지 않는다고 말한다. 과거 1960년대 학생운동 전성기에 기성 체제에 반대하고 변화를 바란 젊은 세대로선 진보가 매력적이었지만, 평화가 오래 지속된 지금의 일본에서는 오히려 우익에 더 끌리게 된다고 지적한다.

여기에 보수의 슬로건인 '강한 일본'은 젊은 층을 자극한다고 말한다. 답답하고 비루한 현실을 벗어나 '강한 나'가 되고 싶다는 열망을 끓어오르게 한다는 것이다. 불안에 휩싸인 젊은 세대는 자신감을 갖고 싶어 하는데, 우익의 선동 문구를 들으면 '강한 일본＝강한 나'라는 공식에 빠져든다고 분석한다. 자신들을 위협하는 적이 한국과 북한, 중국으로 명확하게 설정돼 있는 것도 젊은 세대의 '감성'을 건드린다고 지적한다.

그리고 젊은이들의 이런 경향을 보여 주는 대표적 현상으로 만화

〈진격의 거인〉 신드롬을 드는 전문가들이 많다. 이 만화는 도서의 경우 시리즈 합산 4,000만 부가 넘게 판매되는 메가 히트를 기록했는데, 일본의 젊은 세대는 만화에 묘사된 거인을 중국으로 보고 일본은 침략을 당하고 핍박받는 작은 왕국으로 인식한다는 것이다. 만화 속 주인공의 대사처럼 현실에 안주하지 말고 (중국이라는) 거인에게 맞서야 한다고 믿는 젊은 세대가 적지 않다고 한다. 말 그대로 만화 같은 유치한 설정이지만, 그들은 만화 속 이야기에 공감하고 빠져들고 있다.

"진보는 꼰대" ─ 세대 갈등과 결합하기도

진보의 '꼰대' 이미지도 젊은 층이 멀어지는 원인으로 작용했다는 분석이다. 진보의 논리는 아무래도 사고와 지식을 요구하는데, 깊이 생각해야 하는 문제들을 피하고 싶은 젊은 층에게는 별로 매력적이지 않다는 설명이다. 그래서 일본의 젊은 세대는 진보를 '따분하고 어렵다', '권위적이다'라고 느낀다. 반면 보수의 단순한 논리와 화법이 그들에게 친근하게 다가온다. 전문가들은 도쿄 도지사 선거에서 극우인 다모가미가 선전한 것도 그의 말이 젊은 세대에게는 힘 있고, 직설적이며, 이해하기 쉬웠기 때문이라고 분석한다.

이 꼰대 이미지가 젊은 층의 고령층에 대한 반감, 즉 세대 갈등과 결합되는 점도 우려되는 부분이다. 전문가들은 젊은이들이 '노인 세대가 모든 것을 독점하고 있다'라며 격차 사회의 원인을 노인층에 돌리는 피해 의식이 상당한데, 우익이 이 점을 파고들고 있다고 우려한다.

우익은 시민운동을 하는 일본의 진보 인사들이 대부분 연로하다는 것을 이용해 "진보는 단카이세대團塊世代(1947~1949년에 출생한 일본의 베이비 붐 세대)의 회고 취미일 뿐"이라며 폄하하는데, 이런 논리가 생각보다 잘 먹히는 셈이다. 실제로 많은 젊은이들이 "진보는 나이 든 사람들이 학생운동 등 과거의 편향적 사상에 매몰된 채로 나약하게 향수에 젖어 하는 시시한 일"이라고 생각한다고 한다.

그런 대표적 사례로는 《만화 혐한류》의 저자 야마노 샤린의 2013년작 《젊은이 노예 시대》를 들 수 있다. 세대 간 차별을 주제로 한 이 책은 일본 젊은이들이 노인들에게 '착취'당하고 있다고 주장한다. 니트족이나 워킹 푸어(일하는 빈곤층), '넷카페 난민'처럼 일본 젊은이들이 처한 열악한 환경의 원흉이 고령자라고 주장한다. 저자는 한국인에 대해 겨눴던 창을 이제는 노인들에게 돌리고 있다.

실제로 일본의 세대 간 부의 불균형은 심각하다. 돈을 쥐고 있는 쪽은 노인이다. 젊은 층은 쓸 돈이 없다. 일본 총무성에 따르면 전체 금융 자산의 60%, 실물 자산의 55%를 60세 이상의 연령대가 보유하고 있다. 이들의 총자산은 1,000조 엔 이상으로 20~50대가 보유한 자산과 비교하면 훨씬 많다. 우익은 젊은 층의 이런 상대적 박탈감을 교묘히 이용하고 있다.

"할아버지가 잘못한 일을 왜 내가 사과해야 하나"— 사죄 피로감

과거사 사죄에 대한 피로감도 한몫한다는 분석이다. 일본의 젊은 세대는 왜 할아버지 때문에 자신들이 반성해야 하는지 모르겠다고 말한다. 또 한국과 중국에 언제까지 반성해야 끝이 나느냐고 반문한다. 그래서 일본의 젊은 세대는 '진보 진영의 역사관은 자학사관'이라는 우익의 말에 혹한다. 아베 총리가 2015년 한일 일본군 위안부 합의 성명 이후 "일본의 미래 세대가 더 이상 사죄하게 하고 싶지 않았다"라고 말한 것도 이런 정서를 겨냥했다는 분석이다.

더욱이 젊은 세대가 많이 이용하는 SNS에는 넷우익이 날조한 온갖 허위 정보가 도배돼 있어 편견을 강화한다. 사회심리학자 다카 후미아키가 일본인이 애용하는 트위터에서 한국인에 대한 발언을 수집했더니 부정적인 발언은 70%, 긍정적인 발언은 17.3%에 불과했다. 그들은 한국인을 범죄와 사건, 체포 등 도덕적 열등성과 관련된 단어들과 연관 지었다. 한국인을 범죄자 집단으로 묘사한 것이다. '여성'과도 연관된 경우가 많았는데, 한류에 취한 일본인 여성이 성폭행을 당했다는 내용을 유포하는 식이었다. 팔로어 수가 많은 소수가 차별적인 투고를 자주 했다.

〰〰〰〰〰

日 우익의 '피해자 코스프레' — 영화 〈나는 조개가 되고 싶다〉

전문가들은 일본 우익이 특히 청소년과 젊은 세대를 겨냥해 이른바 자학사관을 바꾸도록 공들이고 있다고 지적한다. 우익은 "일본은 잘못이 없어 사죄할 이유도 없는데, 전쟁에 져서 전범 국가로 낙인찍혔다"라는 논리를 펴며 젊은이의 애국심을 자극한다. 그중에서도 아베 정권은 알려진 대로 노골적인 '역사 뒤집기'를 시도하고 있다. 전쟁이 가능한 '보통 국가'가 되기 위해선 과거사의 전면 재수정이 필요하다는 계산 아래, 교과서 개정 등 역사 틀 바꾸기에 많은 힘을 쏟고 있다. 우치다 다쓰루 교수는 "아베는 과거사에 대한 최종 면죄부를 받은 것으로 '스스로' 자리매김하려 한다"라고 진단한다. 핵심은 그들이 가해자가 아니라 피해자임을 부각하는 일련의 '가해 물타기'다.

대표적인 것이 태평양전쟁의 일본인 A급 전범을 단죄한 1946년 도쿄전범재판을 정면으로 뒤집는 시도다. "연합국 측이 승자의 판단에 따라 단죄했다"라는 아베 총리의 2013년 발언처럼, 그들은 도쿄재판의 부당함을 주장한다. 재판이 단죄한 침략 전쟁의 심각성은 전혀 다루지도 않은 채, '승자의 재판'이었다는 점만 부각하고 있다. 도쿄재판은 전후 국제사회의 출발점인데, 이를 사실상 부인함으로써 역사의 '리셋'을 시도하고 있는 것이다.

숙명여대 신하경 교수는 도쿄재판을 다룬 일본 영화를 통해 우익의 교묘한 '피해자 코스프레'가 어떻게 이뤄지는지를 날카롭게 분석했다. 신 교수가 분석한 작품은 1959년에 처음 제작되고 2008년 리메이크된 영화 〈나는 조개가 되고 싶다私は貝になりたい〉다. 영화는 시골에서 이발소를 운영하는 평범한 남자 시미즈가 입대 통지를 받고 전쟁에 나가는 것으로 시작된다. 어느 날 추락한 B-29 미 폭격기의 탑승원을 붙잡게 되고, 적당히 처분하라는 상사의 명령을 받는다. 상명하복의 분위기에서 시미즈 이병은 명령을 거스르지 못하고 미군 병사를 총검으로 찌른다. 전쟁이 끝나고 그는 무사히 제대하지만 즉시 미군 포로 학대 죄로 체포돼 B·C급 군사재판에 넘겨지고, 결국 사형이 확정돼 형장의 이슬로 사라진다.

이 영화를 본 많은 일본인들이 시미즈 이병의 비극에 공감하며 눈물을 흘렸다고 한다. 1959년작의 경우 상당 부분은 시미즈 이병이 얼마나 선량했는지에 맞춰진다. 영화를 보다 보면 무고한 자의 희생에 분노하게 되고, 칼끝은 자연스레 '가해자'인 미국을 향하게 된다. 승전국이라는 우월한 지위를 이용해 '승자의 법정'에서 터무니없는 판결을 내렸으니 말이다.

그러나 신 교수는 이 영화가 '실화에 바탕을 둔 영화'라는 광고와는 달리 역사적 사실을 심각하게 왜곡하고 있다고 지적한다. 무엇보다 당시 전범 재판에서 사형당한 이등병은 없다는 점이다. 원작자는 영화의 재미를 위한 설정이라고 설명하지만, 일본 국민들은 대부분 이를 역사적 진실로 받아들였을 것이다. 그러한 왜곡에도 불구하고, 이 영화는 1950년대 말 당시 패전의 상흔을 봉합하고 일본의 국민적 자존심을 달래 준 것으로 평가받았다.

주인공이 바뀌고 반전 의식도 사라진 리메이크작

그런데 신 교수는 2008년 리메이크작은 원작과 완전히 다른 영화가 됐다며, 그 속에 숨은 우익의 의도를 날카롭게 지적한다. 무엇보다 2008년 작품은 주인공 시미즈에 대한 동정보다 그에게 잔인한 명령을 내린 일본군 야노 사령관의 '정당성'에 초점이 맞춰졌다고 지적한다. 야노 사령관이 얼마나 책임감 강하고 합리적인지 그의 훌륭한 성품을 내내 강조한다. 더욱이 1959년작에는 없었던, 미국 폭격을 비난하는 일장 연설도 길게 들어간다. 영화를 보다 보면 야노 사령관은 사형당해 마땅한 전범이 아니라, 책임을 지는 멋진 지도자로 여겨진다. "야스쿠니 전범은 나라를 지킨 애국자들"이라는 우익의 전범 미화와 참배 논리가 영화에 그대로 투영된 셈이다.

한편 1959년 원작과 비교했을 때 사라진 부분도 있다. 반전 의식이다. 원작에는 전쟁의 잔혹함을 알리며 재군비에 반대한다는 내용이 명확히 드러나 있다. 전쟁은 지긋지긋하다는 것이다. 그러나 2008년작에서는 결국 역사는 승자의 기록이라며 자국 방위의 필요성을 역설한다고 신 교수는 지적한다. 논리를 교묘하게 뒤집은 것이다.

아베의 진격을 막는 일본의 청년 단체 '실즈'

아베 정권은 지난 2016년 3월 집단 자위권의 행사를 용인하는 안보법안을 발효시켰다. 이제 일본은 전쟁을 할 수 있는 이른바 보통 국가로 전환하는 데 한걸음 더 다가섰다. 우경화 바람을 타고 차근차근 계획된 절차를 밟고 있는 셈이다. 우익의 바람대로 일본은 결국 우경화의 길로 치닫게 될까? 안타깝지만 그렇게 될 가능성이 높다는 전망이 우세하다.

그러나 최근 반전의 희망을 지피는 젊은이들의 신선한 움직임이 일본 국내외에서 비상한 관심을 모으고 있다. 실즈SEALDs(일본의 자유와 민주주의를 위한 학생 긴급 행동)라는 대학생 단체가 바로 그것이다. 실즈는 지난 2015년 5월 아베 내각의 안보법안 통과를 저지하기 위해 결성됐다. 이후 각종 안보법안 반대 시위에 적극적으로 나서며 시민운동을 주도하고 있다. 랩을 연상케 하는 세련된 구호와 감각적인 이미지, 동영상 등으로 SNS를 통해 사람들을 불러 모으고 시위를 조직했다. 언론은 '일본 학생운동의 부활'이라고 의미를 부여했고, 아베 정권의 진격을 막는 눈엣가시 같은 세력이 됐다는 평가도 듣고 있다. 기성세대들은 그동안 정치에 무관심하고 그저 무기력하고 순응적인 줄 알았던 젊은이들의 적극적인 모습에 놀랐다고 한다.

특히 사람들은 실즈의 결성 배경과 조직 구성, 소통 방식에 신선한 충격을 받았다. 일본 젊은 세대 우경화의 원인으로 지목되던 요소들이 실즈에는 거꾸로 긍정적인 요소로 작용했기 때문이다. 먼저 그들은 자신들이 달라진 계기가 동일본 대지진이었다고 말한다. 정부와 대기업, 언론에 대한 신뢰가 무너지면서 이대로는 안 되겠다는 위기감을 느꼈다는 것이다. 전문가들은 동일본 대지진으로 일본인의 자신감 상실이 가속화돼 우경화를 촉진했다고 바라봤다. 하지만 이들은 역으로 변화의 필요성을 깨닫는 기회로 삼았다.

또 그들은 기존 스타일과는 다른 민주주의 방식을 고집한다. 추상적인 구호를 외치는 대신 한 사람씩 연단에 올라가 자신의 이야기를 한다. "실즈의 의견은 없고, 개인의 의견이 있을 뿐이다"라는 이유에서다. 회장과 같은 감투를 없애고 소모임을 만들며, 소모임 리더 간에 수평적으로 소통한다. 강고한 조직이 아니라 느슨한 연대 체계에 가깝다. SNS도 적극적으로 활용한다.

원피스 보수가 아니라 '원피스 진보'!

전문가들은 일본의 젊은 세대가 '광장'으로 나오지 못하고 인터넷 익명 게시판에 숨어 있어 우경화된다고 분석했는데, 실즈는 이런 고정관념을 보기 좋게 날려 버렸다. 그들은 이전 세대보다 더 세련되고 진화된 방식으로 소통한다. 또 만화 〈원피스〉에서처럼 나카마를 중시하는 경향이 우경화로 이어진다는 공식도 그들에게는 통하지 않음을 보여 주고 있다. 그들은 과거 학생운동의 권위적이고 수직적인 방식을 버리고 나카마와의 수평적 방식을 선호한다. '원피스 보수'가 아니라, '원피스 진보'인 셈이다.

예상대로 실즈를 향한 우익의 탄압이 거세다. 리더들에 대한 치졸한 음해, 조직적이고 노골적인 방해 공작이 계속되고 있다고 한다. 깎아내리고 와해시키려 안간힘을 쓰고 있다. 그만큼 우익이 위기감을 느낀다는 증거다. 실즈가 기존의 예상을 뒤엎고 새바람을 몰고 왔듯, 비관적인 전망을 보란 듯이 깨고 계속 분투해 주기를 응원한다.

05

그 많던 한류 팬들은
어디로 갔을까

한류의 흥망성쇠

︿︿︿︿︿︿︿

"세월호 희생자들에게 '미안하다'는 한국인들에게 감동"

사망자 및 실종자가 300명이 넘는 한국의 세월호 침몰 사건. 수학여행을 떠났던 2학년 학생들이 사고에 휘말린 단원고의 정문 앞에는 날마다 애도의 꽃다발과 메시지가 쌓이고 있다. 21일 조문을 온 반백의 50대 남성이 무릎을 꿇고 깊이 고개를 숙여 애도했다. 취재에 응한 그는 '내 아이인가, 남의 아이인가는 중요하지 않다'며 말을 시작했다. 가족이나 지인이 희생된 것은 아니지만, 아픔을 참지 못해 택시를 타고 왔다고 한다. 남성은 '아이들을 지켜 주지 못해 정말 미안하다'고 말하면서 다시 목이 메었다. 세월호 운영 회사의 직원도, 학교 관계자도 아니다. 그런데 지금 한국에서는 택시 안의 라디오에서도 인터넷에서도 '미안하다'는 말이 넘친다. 학교 근처의 빈소에는 긴 줄이 늘어섰다. 슬픔을 함께하려는 많은 시민들의 마음이 천국에 닿아 위안이 되기를 기원한다.

—2014년 4월 26일 자 日〈마이니치신문〉사회면 칼럼 '미안하다'

가깝게 지내는 한국 주재 일본 특파원이 쓴 칼럼이다. 그와 나는 종종 만나 한일 양국의 현안과 문화에 대해 서로의 생각을 나누곤 했다. 세월호 사건이 터지고 한 달여 뒤 우리가 만났을 때, 자연스레 주제는 그 사건을 취재하면서 겪은 일들에 관한 것이었다. 나 역시 아이들에게 미안하다고 말했다. 참담하고 부끄러웠다. 한국의 적나라한 민낯을 고스란히 들킨 것 같았다.

하지만 그는 한국 사회의 문제점을 화제로 꺼내지 않았다. 내 심정을 배려해 준 것이다. 대신 세월호 희생자 조문 행렬을 이야기하며 강한 인상을 받았다고 했다. 일본에서는 상상할 수 없는 일이라는 것이다. 특히 그는 왜 한국인들이 '미안하다'라고 하는지 이해가 잘 안 된다고 했다. "직접적인 가해자가 아닌데 왜 미안해하죠? 일본선 사건의 직접적인 당사자들만 미안하다고 말합니다"라고 했다. 앞의 칼럼에 썼듯이 그는 남의 불행을 자기 일처럼 함께 아파하는 한국인의 모습에 신선한 충격을 받았다고 했다.

〰〰〰〰〰〰

"한국에는 일본인이 오래전 잃어버린 정情과 순수가 있다"

다른 일본인 지인들도 같은 이야기를 했다. 비극이 너무 안타깝고 한국 정부가 한심하지만, 국민 모두가 하나가 돼 애도하는 모습은 무언가 뭉클했다고 말했다. 한국인은 희생된 학생들을 자기 아이처럼 여기기 때문에 사고의 슬픔을 더욱 온몸으로 느끼는 것 같다고 했다. 그들은 눈물을 흘리는 한국인의 모습에서 일본인에게서는 느낄 수 없는 '사람 냄새'가 난다고 말했다.

한류 팬들도 한국의 매력으로 단연 이 사람 냄새를 든다. 친한 지인 가운데 지금까지 한국을 수십 번 방문한 40대 여성이 있다. 그녀가 그토록 한국을 자주 찾는 이유는 한류 스타 때문이 아니다. 따뜻한 '정情' 때문이다. 그녀는 올 때마다 어느 허름한 식당에 간다. 그곳에 그녀가 좋아하는 한국인이 있어서다. 처음 한국에 왔다가 우연히 그곳에 들렀는데, 식당의 주인 할머니가 자신을 딸 대하듯 푸근하게 대해 줬다고 한다. 힘들고 지칠 때마다 그분 생각이 났고, 그때마다 마음의 위로를 받기 위해 한국을 찾게 됐다고 한다.

그녀가 한국을 좋아하게 된 계기는 그 또래 여느 한류 팬처럼 드라마 〈겨울 연가〉였다. 동화와 같은 비현실적인 이야기라고 생각하면서도 푹 빠졌다. 특히 드라마에서 그리는 가족의 정, 순수한 사랑, 우정, 인간미를 보며 '한국이라는 나라가 이렇게 매력적이었나' 하며 신선함을 느꼈다고 한다. 그동안 한국에 전혀 관심이 없었지만, 호기심이 들었다고 한다.

많은 전문가들이 일본 내 한류 붐의 이유로 일본인들의 '과거에 대한 그리움과 향수'를 꼽는다. 한국의 드라마에는 당시 일본 드라마에 없는 꿈과 열정, 그리고 순수가 담겨 있어, 그들의 마음을 움직였다고 분석한다.

연령대가 높은 한류 팬일수록 현재의 한국에서 과거 '아름다웠던 일본'의 모습을 찾았다. 취재하면서 만난 70대 일본 여성들은 한국에 포장마차가 사라진 점을 아쉬워하기도 했다. 어느 일본 지상파방송의 전직 임원은 한국 드라마에서 1990년대 전성기를 누리던 일본 드라마의 모습이 겹쳐진다고 했다. 그들에게 한국은 아련한 과거의 이상적인 일본으로 읽힌다.

"한류 통해 나를 찾고 삶의 의욕도 느껴요"

한류 붐에 대한 또 다른 이유로, 한류 충성도가 가장 높은 중년 여성들의 '자아 찾기'를 꼽기도 한다. JP뉴스의 '간노 아줌마 기자의 제멋대로 서울 이야기'에 소개된 한 한류 팬의 인터뷰에 이런 마음이 잘 표현돼 있다.

남편과 아이를 위해서 악착같이 살았고, 자식도 품을 벗어나서 드디어 내 인생이 시작됐다고 생각했을 때에는 이미 나이 든 아줌마. 그러나 한류 스타의 팬이 됨으로써 한국에 가는 첫 해외여행도 즐길 수 있고, 게다가 일본인이라는 외국인이니까 모두가 상냥하게 해 줍니다. 그건 정말 기뻐요. (중략) 아, 여기서는 한 사람의 여성으로서 대접받고 있는 것 같은 뻔뻔한 생각을 하기도 해요.

필자인 간노 도모코는 이를 '미묘하게 보일 듯 말 듯한 여심'이라고 표현했다. 그들도 현실에는 '욘사마'가 없다는 것을 잘 안다. 하지만 그들은 한류를 통해 다시 꿈을 꾸고 설레어 한다. 다시 사랑의 감정을 느끼는 셈이다. 덕분에 삶의 의욕을 찾고, 때로는 구원을 얻는다.

마쓰무라 야스코 교수는 자신의 욕구에 눈을 돌릴 시기의 중년 여성들이 스스로를 위로하는 도구로 〈겨울 연가〉를 택했다고 해석한다. 그는 "여성들을 진지하게 생각해 주고 솔직하게 감정을 표현하는 모습은 일본의 가까운 남성에게서 결코 발견할 수 없는 모습"이어서 일본 여성들이 열광했다고 분석한다. 연세대학교 문화인류학과 김현미 교수 역시 자기중심적인 일본 남성과는 달리 강인함이 내재된 상냥함, 그러면서도 여성을 소중히 하는 남성상을 체현한 드라마 속 배용준의 모습을 통해 일본 중년 여성들이 그동안 잊고 지내거나 억눌렀던 자신의 욕망에 눈을 뜨게 됐다고 설명한다.

한국의 재발견 ― "전혀 몰랐던 존재가 갑자기 아주 멋있게 등장"

한류의 배경 분석에서 공통된 점은 한국과 한국인에 대한 일본인의 인식이 획기적으로 바뀌었다는 것이다. 여러 전문가들은 일본인이 한류를 통해 한국을 '재발견'했다고 말한다. '재발견이라니, 바로 옆나라인데 그동안 몰랐단 말인가?' 우리 입장에서는 상당히 불쾌한 표현이지만 그동안 일본이 한국에 철저하게 무관심했던 것은 사실이다.

'한류 전도사'로 유명한 배우 구로다 후쿠미는 JP뉴스에 게재한 '일본이 한국에 관심이 없었던 이유'라는 칼럼에서 1980년대까지만 해도 자신을 포함한 상당수 일본인에게 한국은 '투명한 나라'였다고 한다. 그녀는 "한국인에게는 죄송한 이야기지만 당시 한국은 그 존재조차 실감하는 것이 불가능한 나라였다"라고 말한다. 정보를 얻을 기회가 극단적으로 없었기 때문이다.

그녀는 그 근거로 1984년 〈동아일보〉와 〈아사히신문〉의 한일 공동 여론조사 결과를 제시한다. "'한국' 하면 무엇이 떠오르는가?"라는 질문에 1위가 김치와 한국 요리 등 먹는 것(8%)이었고, 2위가 민족의상과 춤, 문화(8%), 3위는 일본이 침략하고 학대한 것(4%), 4위는 서울올림픽(4%)이었다. 하지만 실질적으로 가장 많은 비율인 34%의 일본인이 선택한 대답은 '특별히 없음'이었다. 1, 2위도 사실상 일본 내 재일교포가 운영하는 야키니쿠(고기구이) 음식점과 조선학교 여학생들의 치마 등을 떠올린 것일 터이니 사실상 한국이라기보다는 '일본 내 한국'의 이미지에 불과했을 것이다. 그만큼 한국은 심정적으로 멀리 있는 나라였다.

2008년 '일본 대중문화 개방 10주년 기념 한일 전문가 좌담'에 참가했던 한국의 채지영 박사와 일본의 오구라 기조 교수도 비슷한 취지의 이야기를 했다. 채 박사는 1998년 일본 대중문화 개방 당시 일본은 한국 문화에 대해 우리가 인도네시아나 수단에 대해 가졌던 것 정도의 인식밖에 없었다고 지적했다. 그래서 많은 일본인들이 한국 문화를 사실상 처음 '대면'한 것이었다고 분석한다.

오구라 교수는 처음 일본 사람들이 받아들인 한류를 한마디로 '충격'이리고 표현했다. 진어 골랐던 콘새가 삽사기 아수 멋있게 등장한 것과 같았다고 한다. 한류는 일본인들이 막연히 한국에 대해 가졌던 거리감을 완전히 없애는 충격적인 문화 현상이었다고 풀이했다. 그는 그 전까지 보통의 일본인들은 자신이 한국 문화를 받아들이지 않고 있었다는 사실조차 몰랐다면서, 한국 대중문화 개방 소식에 비로소 그 이유를 생각하게 됐다고 했다.

과거 한국을 찾은 일본인 85%는 중년 남성 — '기생 관광'의 그늘

일본에 오래 거주한 한국인 지인들도 비슷한 이야기를 했다. 한류 바람이 불기 전까지 많은 일본인들은 한국을 더럽고, 반일 감정이 심하고, 가난한 나라쯤으로 여겼다고 한다. 특히 1980년대에 한국관광공사 도쿄 주재원으로 있었던 지인의 일화는 믿기지 않을 정도였다. 당시 우리 정부 측에서 일본 유명 인사들을 한국에 종종 초청했는데, 많은 인사들이 자신이 방한한다는 사실을 비밀로 해 줄 것을 부탁했다고 한다. 당시 일본 남성들이 한국에 가면 '기생 관광'을 간다고 여겼기 때문에, 오해받을 것이 싫다는 이유였다.

자료를 찾아봤더니, 그 말은 놀랍게도 사실이었다. 1970년대 이후로 오랫동안 한국을 찾은 일본인 단체 관광객의 상당수는 기생 관광 목적의 30~50대 남성들이었다. 1979년의 경우 약 65만 명의 일본인 관광객 가운데 약 85%가 남성이었다고 한다. 기생 관광 실태가 심각해 신문사의 르포 기사도 쏟아졌고, 한일 여성 단체가 공항에서 반대 시위를 벌일 정도로 사회문제가 되기도 했다. 정부는 외화 벌이를 명목으로 이를 사실상 허용했는데, 1978년에 기생 관광으로 벌어들인

수입만 약 700억 원에 달했다고 한다.

기생 관광은 1990년대 들어서야 정부의 강력한 처벌로 된서리를 맞았고, 그들의 자리는 이른바 '에스테ェステ 관광', 즉 미용을 목적으로 하는 일본 싱글 여성들의 관광이 채웠다. 주로 20대인 이들은 마사지와 피부 관리 등으로 구성된 코스를 받고 일본으로 돌아갔다. 서울의 명동이 유명했는데, 일부에서는 '때밀이 관광'으로도 불렸다.

지금과 달리 과거 일본 서점에는 한국 관련 서적이 매우 적었고, TV에서 한국 문화를 소개하는 프로그램도 거의 없었다고 한다. 신문에서는 역사, 정치 등 일반인들이 호기심을 갖고 접근하기에는 딱딱한 주제만 언급됐고, 엽기적인 사건 사고들만 과장되게 보도돼 한국의 이미지가 상당히 나빴다고 한다. 1990년대 후반 한국 대중문화 개방, 2002년 한일 월드컵 개최, 그리고 2003년 초 〈겨울연가〉의 일본 내 방영을 통해 한류 붐이 일기 전까지, 보통의 일본인에게 한국은 정말로 특별한 인연이 있거나 노력을 하지 않고서는 잘 알 수 없는 나라였다.

화려했던 한류 절정기 ― "한국이 너무 좋아요"

일본에 있는 동안 지인들이 과거 일본이 갖고 있던 한국에 대한 이미지를 들려줄 때면 사실 딴 나라 이야기 같았다. 게이오대 방문 연구원으로 지낸 1년과 특파원으로 있던 3년 중 대부분은 한류가 절정을 이루던 때였기 때문이다. 한류 덕분에 나는 '코리안 디스카운트'가 아닌 '코리안 프리미엄'을 누렸다.

당시 일본의 TV 방송은 내가 봐도 과하다 싶을 정도로 한국 콘텐츠로 '도배'를 했다. 특히 위성방송(BS) 채널은 한국 드라마가 없었다면 과연 어떻게 채널을 운영할까 싶을 정도로 하루 종일 한국 드라마를 편성했다. 교양 및 예능 프로그램도 한국에 대해서 소개하거나 한국 문화를 주제로 하는 경우가 많았고, 뉴스에도 한국 연예인 소식이 자주 등장했다. 일본의 많은 유명 연예인들이 한국과의 인연이나 경험을 이야기하며 앞다퉈 지한파知韓派임을 내세웠다. 2011년 당시 후지TV를 상대로 반한류 시위대가 "(한류에 빼앗긴) 일본 방송을 되찾자!"라고 외치며 '소외감'을 주장할 정도로 일본의 콘텐츠 시장은 '한류 천국'이었다.

덕분에 특파원으로 있는 동안 관련 보도를 많이 했다. 케이팝이 한창 달아오를 때여서 한류 콘서트 현장을 보도하거나, 한류와 관련된 각종 재미난 현상을 기획 취재해 SBS 〈8시 뉴스〉에 보도했다. 케이팝 댄스의 인기, '근짱'으로 불리는 배우 장근석 열풍 등 당시 한류는 결코 식지 않을 것 같았다.

특히 고무적인 것은 젊은 한류 팬들이 늘고 있다는 점이었다. 그들은 케이팝을 자신의 감성을 대변해 주는 음악으로 여겼고, 케이팝 스타들에게서 '이상적인 나'의 모습을 찾았다. 그들이 빅뱅이나 소녀시대 같은 케이팝 스타들에게 가장 많이 쓰는 표현은 갓코이이格好いい, 즉 '멋있다'였다. 그들에게 한국 스타는 롤모델이며, 한류는 세련된 문화로 읽혔다.

동일본 대지진에도 식지 않은 한류 열기

　3.11 동일본 대지진 이후 일본 사회는 큰 변화를 맞았지만, 한류의 기세는 여전했다. 한국인들이 거액의 대지진 성금을 모은 사실과 그해 5월 한중일 정상회담에 참석한 이명박 전 대통령이 후쿠시마를 방문해 오이를 먹은 것도 호감도 상승에 기여했다. 한 일본인 지인은 "북한과 일본이 경기를 하는데 한국 유학생 친구들이 북한을 응원해서 놀랐다. 일본을 응원해야 하는 것 아닌가?"라며 진지하게 묻기도 했다. 그만큼 한국에 대한 '친근감'을 느끼고 있었다.

　당시의 분위기를 상징적으로 보여 주는 것이 도쿄 코리아타운인 오오쿠보의 활황이었다. 대지진 여파로 다른 지역은 불황을 면치 못했지만, 코리아타운만은 더욱 문전성시를 이뤘다. 유명 삼겹살집은 주말 피크 타임에 2시간을 기다려야 할 정도로, 권리금만 수억 원이라는 소문도 돌았다. 일본의 경제 시사 주간지 〈니케이비즈니스〉가 2012년 2월에 '오오쿠보의 자석 같은 매력'이란 제목으로 커버스토리를 실을 정도였다. 이 주간지는 오오쿠보의 성공 비결이 다양성을 수용하는 포용성과 한국 상인들의 도전 정신이라며 한껏 치켜세웠다.

이명박 전 대통령 '일왕 사죄 발언' 이후, 180도 반전

　그러나 2012년 여름 이명박 전 대통령의 독도 방문과 일왕 사죄 발언 이후 분위기는 180도 급반전되었다. 특히 일왕 사죄 발언은 감정적 충격파를 키웠다. 일본은 무섭게 변했다. 먼저 일본 언론은 일제히 한국과 관련된 긍정적 보도를 일절 하지 않았다. TV 프로그램에서도 한류 관련 코너는 서서히 줄어들었다. 한국 드라마의 방송편성도 눈에 띄게 축소됐다. 뿐만 아니라 한국 식당을 찾는 일본인이 급감하는 등 변화는 곳곳에서 피부로 감지됐다. 마치 마법이 풀린 듯 한류는 급속히 한류寒流가 됐다.

특히 2012년 말 아베 정권이 출범하면서 한일 관계는 완전히 경색됐다. 일본에서는 혐한 바람이 불기 시작했다. 혐한 시위가 벌어졌고, 양국의 관계에 대해 좋지 않은 뉴스만 들려왔다. 갈수록 악화 일로로 치달았다.

한류가 떠난 빈자리는 봇물처럼 쏟아진 혐한 서적들이 차지했다. 특파원 임기를 마치고 귀국하기 전 들른 대형 서점에는 혐한·혐중 책들이 주요 코너를 차지하고 있었다. 한때 한류 서적들이 채우던 자리였다. 혐한 시위가 절정을 이루던 2013년, 혐한 서적도 불티나게 팔렸다. 여러 주간지 역시 혐한·혐중 기사로 도배됐다.

각종 여론조사도 일본인의 악화된 반한 감정을 보여 준다. 한일 언론사들은 지난 2015년 한일 수교 50주년을 맞아 공동으로 여론조사를 벌였는데, 두 나라 일반 국민의 상대 국가에 대한 감정은 어느 쪽할 것 없이 역대 최악으로 나타났다. 이 가운데 눈길을 끈 것은 〈중앙일보〉와 〈니혼게이자이신문〉의 공동 여론조사 결과 중 상대국에 악감정을 갖는 이유였다. 한국인은 가장 큰 이유가 과거사 문제(54.8%)인 반면, 일본인은 한국인의 국민성(35.2%)을 이유로 들었다. 즉 한국인들은 역사 및 정치 문제 때문에 일본인이 아닌 '일본이라는 나라'가 싫다는 태도고, 일본인들은 한국이 아닌 '한국인의 국민성이 싫다'라며 지극히 감정적으로 반응하고 있는 것이다. 다른 말로 하면 '한국인에게 감정이 상했다'는 이야기다.

일본인들의 이런 태도는 우리로선 불쾌할 수밖에 없다. '국민성'을 운운하는 것은 한국인을 무시하는 듯한 느낌이기 때문이다. 가해자인 그들이 제대로 사과하지 않아도 우리는 일부 일본 우익 탓이라고 객관적으로 바라봤는데, 오히려 일본인들이 한국 전체를 싸잡아서 '한국인이 싫다'고 나오니 말이다. 일본 우익은 괘씸하지만 일반 일본인들은 무슨 죄가 있겠냐고 이해해 왔던 터라 배신감마저 든다. 그들은 왜 감정적으로 접근할까?

日 언론 "한국인의 기준은 움직이는 골대"

전문가들은 가장 큰 이유로 정치 외교적 이유를 든다. 한일 관계가 악화되면서 일본인의 '국민감정'도 그에 따라갔다는 것이다. 특히 일본 언론의 반한 감정 부추기기가 결정적으로 작용하고 있다고 분석한다. 아베 정권의 등장 이후 더욱 심해져, 과거의 보도 행태로 돌아갔다는 비판까지 나오고 있다. 게이오대 오이시 교수는 〈아사히신문〉과의 인터뷰에서 "언론사들이 한일 대립을 (왜곡해) 보도한 것이 혐한 바람의 원인이다. 보도 전반에 대한 검증이 필요하다"라고 진단했다. 일본 언론이 한일 국민을 '이간질'한 셈이라는 것이다.

구체적으로 전문가들은 일본 언론이 예민한 사안이 발생했을 때 한국을 '이상한 나라'로 묘사하며 한국인은 믿을 만하지 못하다는 식으로 보도하는 점이 한국인의 국민성 문제로 이어지는 것 같다고 분석한다. 한국인은 그때그때 기준이 달라진다며, '움직이는 골대'로 야유하는 기사들이 대표적이다. 신뢰는 일본 사회에서 인간성과 직결되는 단어다. 따라서 한국인에 대한 인상이 전체적으로 나빠졌다고 분석한다.

이런 '불신'을 굳히는 데는 중국의 존재도 한몫했다고 지적한다. 일본인은 동아시아에서 한국을 든든한 '내 편'이라고 생각하고 있었는데, 한국이 역사 문제 등에서 중국과 같은 입장을 취하자 심한 배신감을 느꼈다는 것이다. 특히 2012년 센카쿠 열도 분쟁을 계기로 중국을 '가장 위협적이고 실질적인 적'으로 여기는 일본인들이 크게 늘었는데, 믿었던 한국이 중국 편을 들자 배신감이 배가됐다는 설명이다. 실제로 주한 일본 특파원들과 이야기하다 보면, 한국이 중국과 가까워지는 것에 대한 일본 내 경계와 우려가 우리의 생각 이상으로 크다는 것을 알 수 있다.

"일본은 한국을 좋아하는데, 한국은 일본을 미워한다"?

또 다른 원인으로 일본 전문가들은 한국인의 반일 감정을 든다. 과거 일본인은 한국에 워낙 무관심했기 때문에 한국인의 반일 감정이 존재하는지조차 몰랐지만, 한류로 관심이 늘고 덩달아 한국인의 반일 감정 실태를 알게 되면서 불쾌함과 동시에 본인들이 짝사랑을 하는 것 아닌지 생각하게 됐다고 지적한다.

특히 일본에서는 한류가 인기인데, 왜 한국에서는 이른바 일류日流가 불지 않느냐며 한일 문화 '불균형'을 지적하는 일본인이 많다고 분석한다. 즉 일본인은 한국인을 좋아하는데, 한국인은 일본인을 미워한다는 인식이 대표적이다. 《폭주하는 일본의 극우주의》 저자 히구치 나오토 교수는 '한국=반일' 인식에서 혐한 현상이 불거졌으며, 한국을 더 이상 짝사랑하는 건 억울하다는 감정적 측면이 크게 작용하고 있다고 말한다.

한류로 교류가 늘었지만, 양국 문화에 대한 이해가 아직 부족한 점도 반한 감정을 부채질한다고 지적한다. 한국과 일본은 겉보기와 달리 문화적 차이가 큰데, 이런 '다름'이 한류 붐을 형성하는 데 매력적으로 작용했지만 한류가 식으면서는 오히려 부정적 요소가 됐다는 것이다. 예를 들어 인간미와 정은 '한국인 후진성'의 사례로, 한국인 특유의 솔직함과 직접적 감정 표현은 '강한 자기주장, 노골적인 감정 표현, 품격 없음'으로 전혀 다르게 해석된다고 한다.

실제 한국을 좋아하는 일본인들은 한일 문화 차가 양날의 칼이 될 수 있다고 말한다. 한 20대 일본 여성은 한국이 좋아 3개월간 어학연수를 왔는데 문화 차이로 너무나 힘들었다고 했다. 본인은 이를 극복하고 한국을 더 좋아하는 계기로 삼았지만, 적지 않은 친구들이 한국에 실망하고 도리어 한국을 싫어하게 됐다. 그들은 지나친 사생활 간섭과 직설적인 감정 표현 등을 못 견뎌 하며 '한국인은 예의가 없고 배려가 부족하다'고 느꼈다고 한다.

더불어 '대세를 따라야 한다'는 일본 사회 특유의 압박감이 반한
바람에 부정적 영향을 미쳤다는 분석도 있다. 학자들은 일본에서는
'분위기'에 편승하지 못하면 왠지 낙오자가 된 것 같아 불안해하는 사
람들이 많다고 지적한다. 이런 성향 덕분에 한류 붐이 커졌지만, 반대
로 이 때문에 반한 붐도 키웠다는 설명이다.

위안부 피해 할머니들 "우리는 일본 사람들과 싸우는 게 아니다"

일본에 다시 한류가 불 수 있을까? 많은 전문가들은 이제 그럴 가
능성은 없다고 본다. 하지만 비정상적인 반한 감정은 어느 정도 진정
될 것으로 보고 있다. 또 붐은 일지 않겠지만 한국을 사랑하는 일본
인이 많아 하나의 문화로는 받아들여질 것으로 예측하고 있다. 특히
젊은 세대의 케이팝 선호도가 여전히 높다는 점은 희망적인 요소로
여겨진다.

2016년 4월 구마모토현 대지진 당시 한국 내의 구호금 모금 실적이
극히 저조했다고 한다. 최악의 한일 관계를 반영한 셈이다. 2011년 동
일본 대지진 때 불과 1개월여 만에 588억 원 이상이 모인 것과 대조
적이다. 이는 우리 국민이 해외 지원을 위해 모금한 성금 가운데 역대
최고액이었다.

그런데 이런 분위기 속에 일본군 위안부 피해자인 김복동 할머니와
길원옥 할머니가 구마모토현 지진 구호금으로 130만 원을 내놓았다.
할머니들은 "바로 옆 나라에서 일어난 참상을 보고만 있을 수 없다.

조금씩이라도 도와주자", "우리는 일본 사람하고 싸우는 게 아니다"라고 말했다. "어려울 때 돕는 것이 이웃이다. 국가를 넘어 그 나라 사람까지 미워하면 한일 관계는 완전히 깨질 수 있다"라고도 했다. 이런 마음이 보통의 한국인과 일본인이 갖고 있는 서로에 대한 오해를 풀수 있지 않을까. 할머니들의 그 '넓은 마음'을 닮고 싶다.

06

톱스타 아무로 나미에는 왜 기미가요를 부르지 않았나

오키나와

〰〰〰〰〰

아무로 나미에는 왜 기미가요를 부르지 않았을까

2015년 11월, 제이팝J-pop의 여신으로 불리는 일본 톱스타 아무로 나미에가 11년 만에 내한했다. 방한과 함께 그녀의 '기미가요 제창 거부 사건'이 다시 화제에 올랐다. 국내 언론은 이 사건에 대해 "오키나와 출신인 아무로 나미에가 지난 1990년대 일왕 주최 피로연에 참석해 기미가요 제창을 거부했다. 거부 이유는 명확히 밝혀지지 않았지만, 일본 우익들로부터 맹공을 당했다"라고 소개했다. 이 일화 덕분에 그녀는 '반일' 연예인으로 여겨져 더욱 뜨거운 관심을 모았다.

당시 자료를 찾아봤다. 다행히 당시 동영상, 정확히 말하면 TV 생중계 화면이 남아 있었다. 문제의 행사는 1999년 11월 12일에 있었던 아키히토 현 일왕의 즉위 10년을 축하하는 국민 축제였다. 약 6만 명이 모인 행사에는 일본 정재계뿐만 아니라 문화 예술계 등 각계의 대표들이 초대되었고, 아무로 나미에도 가수 대표로 참석했다.

사건은 식순 중 '기미가요 제창' 시간에 벌어졌다. 행사를 생중계하는 TV 카메라가 각 인사들의 제창 모습을 비추었는데, 공교롭게 아무로 나미에가 노래를 부르지 않는 모습이 잡힌 것이었다. 당시 화면을 보면 단독으로 4~5초간 클로즈업된 장면에서 분명히 아무로 나미에는 기미가요를 부르지 않고 있었다. 입을 살짝 움직이듯 해 보였지만, 누가 봐도 확연히 노래를 부르지 않고 있음을 알 수 있는 모습이었다.

왜 그녀는 기미가요를 부르지 않은 것일까? 일왕을 찬양하는 내용의 기미가요는 일본 군국주의의 상징으로 특히 우리에게는 일제강점기의 아픈 역사가 얽혀 있는 노래다. 하지만 1999년부터 일본 공식 국가가 됐기 때문에, 표면적으로 보면 일본 국민이 일본 국가를 부르지 않은 셈이다. 일본 내에서 큰 논란이 되진 않았지만, 일부 우익은 이를 문제 삼았다. 그녀의 '공식' 답변은 "기미가요 자체를 배운 적이 없어서, 노래를 몰라 부를 수가 없었다"였다. 기대(?)했던 답은 아니지만 당시 정황을 보면 이 말은 사실인 것 같다. 그래도 의문은 남는다. 왜 그녀는 학교에서 기미가요를 배우지 못했을까?

오키나와의 한 섬마을, 교과서 때문에 아베와 '맞짱'

2014년 4월 일본 오키나와의 한 작은 섬 다케토미가 일본 언론의 집중 조명을 받았다. 우리의 교육부 장관에 해당하는 문부성 장관이 이례적으로 이 마을 교육위원회를 강하게 공개 비판했기 때문이다. 그는 '상당한 유감', '태만' 등 강도 높은 표현을 쓰며, 직접 시정을 요구하는 강수를 뒀다. 장관의 요구 사항은 하나. 정권이 권장하는 우익 성향의 중학교 교과서를 채택하라는 것이었다. 우리로 치자면 교육부 장관이 제주도 마라도 학교의 교과서 채택을 놓고 노골적으로 압박을 가한 꼴이다.

다케토미 섬의 인구는 불과 4,000명, 중학생 수도 약 46명뿐이었다. 하지만 당시 우익 성향 교과서 채택에 역점을 두고 있던 아베 총리는 규모에 상관없이 섬마을의 저항을 못 견뎌 했다. 모든 행정력을 동원해 압박했고 우익도 '매국노'라며 위협했지만, 이 섬마을은 2년 넘게 온갖 협박과 회유에도 아랑곳하지 않고 꿋꿋이 버텼다. 일개 섬마을이 정부를 상대로 '맞짱'을 뜬 셈이다. 외로운 투쟁을 돕기 위한 시민 단체까지 결성되면서 이 문제는 '일본 우익 vs 양심 세력'의 대리전이 됐다. '교과서 전쟁'으로도 불렸다. 국내 언론도 관심 있게 보도했는데, 당시 나 역시 기사로서 가치가 크다고 보고 출장을 계획했던 이슈였다. 결국 이 싸움은 그해 8월 다케토미 섬마을의 승리로 마무리됐다. 왜 주민들은 그토록 강하게 교과서 채택을 거부했던 것일까?

〰〰〰〰〰〰

일본 영토에서 벌어진 미일 간 유일한 지상전 — 오키나와 전투

두 사건은 오키나와 사람들의 정서가 '본토' 일본인과 다르다는 점을 상징적으로 보여 준다. 그들은 일본 정식 국가를 배우지도 않고, 친정부적인 교과서도 거부한다. 이른바 강한 반골 성향을 보이는 셈이다. 특히 '일본 민족주의', 즉 우익 성향에 대한 반감과 저항이 강한데, 오키나와의 참혹한 근현대사를 알면 왜 그들이 그럴 수밖에 없는지 이해하게 된다.

사실 한국인들이 오키나와 하면 가장 먼저 떠올리는 것은 휴양지와 미군 기지다. 최근에는 드라마 촬영지로 각광을 받으면서 빼어난 풍광의 로맨틱한 섬이라는 이미지가 더 강해졌다. 평화로워 보이는 이 섬은 그러나 안으로는 깊은 슬픔을 간직하고 있다. 역사적으로 일본 본토로부터 끊임없이 고통과 희생을 강요당했고, 지금도 차별과 냉대를 받고 있다. '일본이지만 일본이 아닌 곳'이 오키나와다.

오키나와는 17세기 초까지만 해도 일본이 아니었다. 류큐琉球라는 정식 국명을 가지고 중계무역을 통해 번성하던 독립 왕국이었다. 일본보다는 중국과 가까웠다. 그러나 17세기부터 일본 본토의 침략을 받아 사실상 지배를 받다가, 19세기 후반 일본에 강제 편입돼 완전히 멸망한다. 여기까지는 어쩌면 힘없는 작은 섬나라로서 겪을 법한 역사라고 말할 수 있을지 모른다. 그러나 태평양전쟁이 끝으로 치닫던 1945년 봄, 감당하기 어려운 비극의 역사가 시작된다. 바로 미일 간 전투 중 제일 치열해 가장 많은 피를 흘렸다는 '오키나와 전투'다.

일본 영토 내에서 일어난 미군과 일본군의 최초이자 최후의 지상전인 이 전투에서 오키나와 주민은 공식 통계로만 15만 명이 사망한다. 미군 전사자 1만 4,000명과 일본군 전사자 7만 7,000명을 합친 수보다 많은 것으로, 당시 오키나와 인구의 3분의 1에 해당한다. 그래서 오키나와 가정의 기일忌日은 대부분 봄에 집중돼 있다.

"오키나와는 100% 희생돼도 괜찮다" — 집단 자결의 비극까지

민간인 희생자의 규모도 엄청나지만, 더 어처구니없는 것은 그처럼 희생이 커진 이유와 내용이다. "오키나와는 100% 희생돼도 괜찮다"라는 당시 일본군 수뇌부의 '결사 항전' 전략 때문에 이런 엄청난 수의 민간인이 숨졌다는 점이다. 당시 오키나와 방위 부대의 사명은 주민의 안전과 생명이 아니었다. 일본 본토, 더 나아가 천황제를 지키기 위해 최대한 시간을 버는 것이었다. 어린 소년부터 70대 노인까지 마구잡이로 군대에 끌고 가 '총알받이'로 썼다. 또 주민들에게 폭탄을 안고 미군 탱크로 뛰어들게 하는 등 민간인의 희생은 아랑곳하지 않고 최대한 버텼다. 당시 오키나와 주민은 일본 본토의 방위를 위해 '버리는 돌'에 불과했다는 것이 일본 학계의 정설이다.

더욱이 충격적인 것은 광기와 공포에 휩싸인 일본군의 만행이다. 일본군은 주민들을 미군의 스파이로 몰아 학살하거나, 총칼로 위협하며 스스로 목숨을 끊을 것을 강요했다. 특히 끔찍한 것은 이른바 집단 자결, 아니 집단 학살이다. 일본군의 집단 자결 명령에 의해 오키나와 주민 수천여 명이 동굴 안에서 일본군이 건넨 수류탄을 터트리거나 극약을 먹고 죽었다. 당시의 상황은 생존자의 증언을 통해 전해지고 있는데, 일본군은 자결을 강요하면서 미군에게 잡히면 탱크 밑에 깔리는 등 더 비참한 죽음을 당할 것이라며 극도의 공포심을 불어넣었다고 한다. "일본군에게 죽거나, 미군에게 죽거나, 아니면 스스로 목숨을 끊는 방법밖에 없어 자결을 택한 주민이 많았다"라고 그때의 악몽을 증언한다.

왜 일본군은 이 정도로까지 주민들의 죽음을 강요했을까? 바로 오키나와 주민에 대한 차별과 오랜 불신 때문이었다고 한다. 당시 일본군 수뇌부는 오키나와 주민들의 국가 충성도가 너무 약해서, 만일 미군의 포로로 잡히면 군사기밀을 누설한 것이라고 여겼다. 특히 당시 주민 대부분이 군 비행장과 진지 구축에 동원된 탓에 군사시설의 위치를 알고 있어 불안해했다고 한다. 사실상 오키나와 사람을 '진짜' 일본 국민이 아니라고 생각했던 것이다.

차별받는 오키나와인 ─ 오키나와는 여전히 '버리는 돌'

오키나와 전투가 끝나고 2개월도 되지 않아 일본은 무조건항복을 선언했다. 그러나 오키나와는 일본으로 되돌아가지 못했다. 미국이 오키나와를 강제로 합병된 이민족 국가로 분류하고 미국령 영토로 편입한 것이다. '천연 방어진'이라고 불릴 만큼 지리적으로 요충지에 위치한 오키나와의 전략적 가치가 컸기 때문에 미국이 일본과 분리했다는 해석이 많다. 오키나와는 이후 27년간 미국의 통치를 받다 1972년에야 일본으로 '복귀'했다.

그러나 오키나와의 질곡의 역사는 여전히 현재진행형이다. 크게 2가지로, 계속되는 일본 본토와의 차별과 역사 왜곡 문제다. 앞서 오키나와 전투에서 드러났듯이 일본 본토의 뿌리 깊은 차별은 정치·경제·사회 모든 면에서 오키나와를 일본의 변방에 머물게 하고 있다. 또 역사 왜곡은 젊은 세대의 정체성 혼란으로 이어지고 있다고 한다.

차별의 대표적인 사례가 미군 기지 존속에 대한 일본 정부의 태도다. 오키나와의 면적은 일본 전체의 0.6%에 불과하지만 미군 기지의 75%가 집중돼 있다. 섬의 균형적 발전이 불가능할 뿐만 아니라, 빈발하는 미군 성폭행 사건과 소음 공해 등은 주민들의 생활에 큰 고통을 주고 있다. 하지만 일본 정부는 이 문제의 해결에 소극적인 자세로 일관하고 있다. 때문에 오키나와 사람들은 여전히 일본 정부가 자신들을 버리는 돌 정도로 여기고 있다고 생각한다.

경제적 차별도 계속되고 있다. 오키나와는 일본 내에서 가장 소득 수준이 낮고 실업률은 가장 높은데, 이는 일본 정부의 산업 정책 탓이라고 생각하는 학자들이 많다. 관광 이외에는 적극적으로 다른 산업을 유치하거나 육성할 의지가 없다 보니 낙후될 수밖에 없다고 분석한다. 결국 먹고살 거리는 관광과 아이러니하지만 미군 기지 관련 수입이다. 관광 수입마저도 대부분 오키나와 자산의 상당 부분을 소유하고 있는 일본 본토인 차지다. 빈곤의 악순환이 계속될 수밖에 없는 상황이다.

이렇게 '이민족에다 가난한 오키나와인'이다 보니 일본 내에서 받는 사회적 차별도 크다. 특히 취직이나 결혼에서 유·무형의 차별을 받고 있다. 스포츠와 연예계로 진출하는 오키나와인이 유독 많은 데에는 이런 차별이 결정적으로 작용했다는 분석이 많다. 오키나와인을 받아 주는 일반 회사가 워낙 적기 때문이다. 아무로 나미에를 비롯해 드

라마 〈고쿠센ごくせん〉으로 유명한 나카마 유키에가 대표적인 오키나와 출신 연예인이다.

끝나지 않은 전쟁 — 역사 왜곡 문제

오키나와에서 현재진행형인 또 하나의 문제는 역사 왜곡이다. 대표적으로 일본군 강요에 의한 집단 자결을 교과서에서 끊임없이 왜곡해 왔다. 증인들이 생존해 있고 관련 미군 기록도 남아 있지만, 일본 정부와 우익 세력은 공식적인 일본군 문서 기록이 없다며 인정하지 않고 있다. 당시 일본군 방위 부대가 궤멸됐고 군 문서가 전부 소각됐다는 사실을 알면서도 억지 논리를 펴는 것이다.

집단 자결에 관한 내용이 교과서에 처음 실린 것은 1982년이었다. 오키나와 주민들의 거센 요구에 일본 문부성이 마지못해 실었다고 한다. 하지만 가해 주체인 '일본군'은 뺀 채 "집단적인 자살이 있었다"라는 식의 애매모호한 표현으로 얼버무렸다. 주민들은 반발해 집단소송을 벌였고, 6년 뒤인 1988년에서야 겨우 승소한다. 그러나 2007년 일본 정부는 또다시 '일본군 강제'라는 표현을 전면 삭제하라는 지침을 내렸다. 역사적 사실을 여전히 부인하고 있는 것이다.

이런 행태는 우리에게 익숙한 모습이다. 일본 정부와 우익이 일본군 위안부 피해자 할머니들에게 보이는 태도와 흡사하기 때문이다. 생존자들의 생생한 증언에도 불구하고 그들은 공식 문서가 없었다는 이유로 '일본군 강제'를 부인한다. 그리고 끊임없이 역사 왜곡을 시도하고, 이를 교과서에 반영하기 위해 집요하게 노력한다.

집단 자결 외에도 오키나와에 대한 일본 정부와 우익의 역사 왜곡은 곳곳에서 행해지고 있다. 그중 하나가 학도병으로 전쟁에 동원됐다가 숨진 130여 명의 오키나와 여고생, 이른바 '히메유리姬百合 학도병'에 대한 이미지 조작이다. 천진난만한 여고생들이 어쩔 수 없이 전쟁에 휩쓸려 희생된 비극적인 사건을 일본 우익은 젊은이들이 애국심, 아니 일왕에 대한 충성심으로 나라를 위해 목숨을 바쳤다는 이른바 '순국 미담'으로 미화하고 있다. 이런 시각은 히메유리 학도병을 소재로 일본 본토에서 제작된 상당수의 소설과 영화에도 투영돼 있다. 미군의 항복 권유를 '의연히' 거부하고, 비장하게 절벽으로 일제히 몸을 던져 산화했다는 식이다.

〰〰〰〰〰〰

"내 아이에게 거짓 역사를 가르칠 수는 없다" — 주민들의 저항

일본 정부와 우익의 이런 왜곡 음모에 맞선 주민들의 저항은 필사적이다. 역사 왜곡은 억울하게 희생된 이들을 두 번 죽이는 일이고, 무엇보다 자신들의 정신적 뿌리를 흔드는 일이기 때문이다. 특히 오키나와의 젊은 세대들이 학교에서 배운 교과서 또는 영화의 내용이 부모의 말과 달라 정체성에 혼란을 겪는 모습을 보면서, 더욱 절박하게 노력하고 있다고 한다.

앞서 언급했던 다케토미 섬마을이 일본 정부와 우익의 교과서 채택에 그토록 저항한 이유도 여기에 있다. 오키나와 전투 당시 일본군의 강요로 다케토미와 주변 마을에서만 3,000명이 넘는 주민이 희생됐다고 한다. 하지만 정부가 요구한 우익 성향의 교과서에서는 "미군의 맹공격으로 도망갈 곳을 잃고 집단 자결을 하는 사람도 있었다"라며 모두 미군 탓으로 돌렸다. 반면 다케토미 마을이 채택한 교과서는 "일본군에게 살해당한 주민도 각지에 있었다. 일본군에 의해 피난호에서 쫓겨나자 집단 자살을 하기도 했다"라며 일본군의 만행을 기록했다. 다케토미 마을 사람들은 정부가 채택한 교과서로는 평화와 인권의 가치에 대해 제대로 가르칠 수가 없다고 반발 이유를 밝혀 왔다. 최소한 자신의 아이들에게 거짓을 알릴 수는 없기 때문에 필사적으로 저항하고 있는 것이다.

아무로 나미에의 기미가요 사건 배경에도 일왕에 대한 오키나와인의 저항과 반감이 있다. 오키나와 전투 당시 가해자의 정점에 일왕이 존재했기 때문이다. 기미가요는 일왕의 만수무강과 일본 왕가의 영원을 기원하는 내용이다. 수많은 오키나와인을 죽음으로 내몬 전쟁의 책임자를 단죄하지 못하고 오히려 찬양하는 것은 희생자들에 대한 커다란 모독이나 다름없기 때문에, 도저히 받아들이지 못하는 것이다. 어린 세대에게 기미가요를 가르치지 않음으로써 '최소한의 저항'을 한 셈이다.

실제 오키나와에서는 기미가요 이외에도 일본의 다른 지역에서는 상상할 수 없는 '신성 모독' 사건이 벌어지곤 했다. 1975년 오키나와를 방문한 당시 황태자(지금의 일왕)에게 오키나와 청년 2명이 화염병을 투척하기도 했다. 일장기를 불태우거나 하수구에 저박기노 했다.

동병상련 — 차별받는 재일 교포와 오키나와인

오키나와의 슬픈 역사를 알게 된 것은 게이오대 방문 연구원 시절이었다. 언론사 선배가 오키나와의 역사를 알아야 동아시아 근현대사를 제대로 볼 수 있다며 강력히 추천한 영향이 컸다. 다음 해 봄 가족 여행을 겸해 현지를 돌아다니고 자료도 구하는 동안 우리의 아픈 역사가 계속 겹쳐졌다. 우리와 마찬가지로 일본군의 만행과 전쟁 동원으로 무수한 생명이 희생되는 고통을 겪은 현장에서는 울분이 느껴졌다. 일본 우익의 역사 왜곡과 날조로 여전히 힘든 싸움을 벌이는 모습을 보며 함께 응원해 주고 싶었다.

실제로 오키나와는 그 자체로 우리에게 아픈 역사의 현장이다. 전쟁 막바지에 우리의 할아버지 세대 1만여 명이 일제에 강제로 징용돼 군사시설 공사장 또는 전쟁터에서 목숨을 잃었다. 우리의 할머니 세대는 일본군의 성 노예로 끌려와 100곳이 넘는 군 위안소에 수용돼 고통을 겪었다. 당시의 비참한 생활과 죽음에 대한 기록과 증언은 아직 오키나와 곳곳에 남아 있다.

오키나와인은 재일 교포와 더불어 일본 사회에서 가장 심하게 차별을 당한다. 동병상련을 느끼게 된다. 이는 오키나와인과 재일 교포의 피해 의식이 아니고, 많은 일본인들이 인정하는 '객관적인 사실'이기도 하다. 2005년 일본 정부 조사에서 "재일 교포가 차별받고 있다"라고 답한 일본인은 전체의 58.2%에 달했다. 특히 30대 후반 일본인들이 그렇다고 답한 경우는 74.5%에 달했다. 직업별로는 공무원과 교원의 83.2%가 차별을 인정하고 있었는데, 공직에 종사하는 이들일수록 현장에서 차별을 더 피부로 느끼고 있음을 알 수 있다. 취업에 불리하다고 인식하는 비율도 63.3%로 높게 나타났다.

슬픈 '동양의 하와이', 오키나와

오키나와를 바라보는 시각은 참 다양하다. 일본인에게, 오키나와인에게, 그리고 우리에게도 말이다. 대다수 일본인에게 오키나와는 하와이나 사이판 같은 휴양지다. 한편 일본 우익에게 오키나와는 야스쿠니신사와 같이 성전聖戰의 순례지고, 반전 시민 단체에게는 전쟁의 교훈을 새길 수 있는 거대한 체험관으로 여겨진다. 오키나와인에게도 마찬가지다. 많은 오키나와인이 전쟁의 아픔을 기억하고 진실을 알리려고 애쓰는 반면, 어떤 오키나와인은 이제 그런 과거사는 적당히 묻어 두고 현실과 타협해 '진정한 일본인'이 되자고 한다.

관광객 입장에서 '동양의 하와이'로 불리는 오키나와의 바다 빛깔은 다채롭고 강렬하며 매혹적이다. 또 오키나와 사람들은 별걱정 없이 넉넉한 삶을 영위하는 것처럼 보인다. 그렇지만 이 섬이 머금은 아픔을 상기하고 바라보면, 그 풍경들은 전혀 다르게 다가온다. 오히려 그 아름다움과 평화로움 때문에 오키나와의 슬픔이 더 짙고, 더 깊게 느껴지는 것 같다.

참고문헌

* 특히 한성열·한민·이누미야 요시유키·심경섭 공저의 《문화심리학》(2015, 학지사)과 홍민표 교수의 《언어행동문화의 한일 비교》(2010, 한국문화사)는 이 책의 집필에 많은 참고가 됐습니다. 저자분들에게 감사합니다.

Part 1 일본 젊은 세대의 심리 코드

01 프렌드 렌탈 서비스를 아시나요 | 대인 관계

1) 和田秀樹 〈なぜ若者はトイレで「ひとりランチ」をするのか〉, 祥伝社 (2010)

2) 町沢静夫 〈学校, 生徒, 教師のための心の健康ひろば〉, 駿河台出版社 (2002)

3) 岡田努(2010). 〈青年期の友人関係と自己—現代青年の友人認知と自己の発達〉, 世界思想社 岡田努(2011). 〈現代青年の友人関係と自尊感情の関連について〉, パーソナリティ研究
〈青年期の「ふれ合い恐怖的心性」と「傷つけ合うことを回避する」傾向の関連について〉(2012), 日本教育心理学会総会発表論文集(54)
〈現代青年の友人関係とふれ合い恐怖的心性再考〉(2011), 日本教育心理学会総会発表論文集(53),

4) 高橋正臣, 秋山俊夫, 鶴元春, 上野徳美(1995), 〈人間関係の心理と臨床〉, 北大路書房

5) 趙善英(2012), 〈公的自己意識と対人不安および自己顕示性における自尊感情の役割の日韓大学生の比較〉

6) 趙善英,松本芳之,木村裕(2009), 〈公的自己意識と対人不安, 自己顕示性の関係への自尊感情の調節効果の日韓比較〉, 心理学研究 80
趙善英·松本芳之·木村裕 (2011), 〈回想された親の養育行動が大学生の自尊感情に及ぼす影響の日韓比較：行動分析学的な解釈〉, 社会心理学研究, 27

7) 水野正憲·李 正姫(2012), 〈自我同一性に関する日韓大学生の比較〉, 岡山大学大学院教育学研究科研究集録 第1号

8) 金美伶(2005), 〈韓国と日本の大学生における対人不安と同一性, 公的自己意識, 相互依存的自己との関係〉, パーソナリティ研究, 14

9) 北山忍(1995), 〈文化的自己観と心理的プロセス〉, 社会心理学研究 10

10) 堀井俊章(2011), 〈大学生における対人恐怖心性の時代的推移〉, 横浜国立大学教育人間科学部紀要 1. 教育科学 13

11) 小川捷之·林洋一·永井徹·白石秀人(1979), 〈対人恐怖症者に認められる対人不安意識に関する研究(1)比較文化的視点から〉, 横浜国立大学教育学部紀要 19

12) 厚生労働省(2003), 〈ひきこもり対応ガイドライン〉

13) 北山忍,高木浩人,松本寿弥(1995), 〈成功と失敗の帰因:日本的自己の文化心理学〉, 心理学評論 38

14) 吉富千恵(2011), 〈日本人の卑下的呈示行動に関する検討：発話者の身内を卑下する動機と聞き

手の返答および印象〉,対人社会心理学研究. 11

15) 山岸俊男(2008), 〈日本の「安心」はなぜ消えたのか―社会心理学から見た現代日本の問題点〉, 集英社

16) 高田利武·丹野義彦·渡辺孝憲(1987), 〈自己形成の心理学―青年期のアイデンティティとその障害〉川島書店

17) 高田利武(2004), 〈日本人らしさ」の発達社会心理学 自己·社会的比較·文化〉, ナカニシヤ出版

18) 菅原健介(1992), 〈対人不安の類型に関する研究 社会心理学研究〉, 7

02 '친구 지옥'에 빠진 젊은이들 | 세계관

1) 鈴木貴博(2011), 「ワンピース世代」の反乱, 「ガンダム世代」の憂鬱, 朝日新聞出版

2) 土井隆義(2008), 〈友だち地獄―「空気を読む」世代のサバイバル〉, 筑摩書房
   한국어판: 〈친구지옥〉, 신현정 옮김, 새움, 2016

3) 古市憲寿(2011), 〈絶望の国の幸福な若者たち〉, 講談社
   한국어판: 〈절망의 나라의 행복한 젊은이들〉, 이언숙 옮김, 오찬호 해제, 민음사, 2014

4) 宮台真司(1994), 〈制服少女たちの選択〉, 講談社

5) 原田曜平(2010), 〈近頃の若者はなぜダメなのか-携帯世代と「新村社会」〉, 光文社新書

6) 三浦展,原田 曜平 共著(2009), 『情報病 なぜ若者は欲望を喪失したのか?』,角川oneテーマ21

7) 山本七平(1983), 〈「空気」の研究〉, 文藝春秋

8) 金子満(2009), 〈場の空気を読む子どもたち」に関する実証研究〉, 鹿児島大学教育学部教育実践研究紀要 19

9) 大石千歳(2011), 〈運動部場面と友人関係場面の「空気の読めなさ」の比較研究 - 社会的スキルおよび個人·社会志向性との関連をふまえて〉, 東京女子体育大学·東京女子体育短期大学紀要 46

10) 日高美咲·小杉考司(2012), 〈「空気を読む」という表現の社会心理学的研究〉, 山口大学教育学部研究論叢第3部, 62

11) 鴻上尚史(2009), 〈「空気」と「世間」〉, 講談社現代新書

12) 瀬沼文彰(2015), 〈若い世代の闇の笑い―人は笑うのか, 笑わなければならないのか〉, 日本笑い学会『笑い学研究No . 21』〈なぜ若い世代は「キャラ」化するのか〉, 春日出版, 2009

13) 宇野常寛(2008), 〈ゼロ年代の想像力〉, 早川書房

14) 후루이치노리토시(2016), 〈희망난민〉(혼다유키 해설, 이언숙 옮김), 민음사

15) 三浦展(2005), 〈下流社会: 新たな階層集団の出現〉, 光文社新書

03 연애자본주의의 음모에 맞서다! | 오타쿠

1) 中野独人(2004), 〈電車男〉, 新潮社

2) 本田透(2005), 〈電波男〉, 三才ブックス

3) 佐々木隆(2012), 〈オタク文化論〉, イーコン

4) 東浩紀(2008), 〈動物化するポストモダン-オタクから見た日本社会〉, 講談社

5) 岡田斗司夫(2008), 〈オタクはすでに死んでいる〉, 新潮社.

6) 岡田斗司夫(2000), 〈オタク学入門〉, 新潮社

7) 정원식, 〈떳떳해진 덕후들, "우리는 루저 아닌 능력자"〉, 〈집 밖으로 나온 덕후〉, 경향신문, 2016.1. 22.

04 일본판 〈마흔 살까지 못 해 본 남자〉| 男 연애관

1) 森岡正博(2008), 〈草食系男子の恋愛学〉, メディアファクトリー
2) 森岡正博(2011), 〈「草食系男子」の現象学的考察〉, The Review of Life Studies
3) 牛窪恵(2008), 〈草食系男子「お嬢マン」が日本を変える〉, 講談社
4) 結婚相談所パートナーエージェント(2011), 〈「草食男子」と「肉食女子」に関する意識調査〉
5) 石田信夫(2013), 〈女子からのダブルメッセージ:「草食男子」のイメージを読む〉, 比治山大学現代文化学部紀要(20)
6) 中村淳彦(2015), 〈ルポ 中年童貞〉, 幻冬舎
7) 구로다 후쿠미, 〈일본인의 속마음을 알기 어려운 이유〉, JP뉴스, 2010. 1. 24
8) 高田利武(2004), 〈「日本人らしさ」の発達社会心理学-自己·社会的比較·文化〉, ナカニシヤ出版

05 '가베돈'은 왜 여성들의 판타지가 됐을까 | 女 연애관

1) 中本泰代, 〈現代女子論:第21講 壁ドン「草食」時代, 積極男子に酔う〉, 毎日新聞, 2014. 11. 14.
2) 福光恵, 〈壁ドン―女子憧れの胸キュンシーン(コトバ百貨店)〉, 日経プラスワン, 2014. 6. 7.
3) 熊澤志保, 〈「壁ドン」はパーソナルエリアの侵害?結婚不向きの声も〉, AERA, 2015. 2. 9.
4) 四方田犬彦(2006), 〈「かわいい」論〉, ちくま新書
   한국어판: 〈가와이이 제국 일본〉, 장영권 옮김, 펜타그램, 2013
5) TBS, 〈〈らべる〈らべら―〉, 2011. 2. 2.
6) 梶原しげる, 〈梶原しげるの「プロのしゃべりのテクニック」/「話しかけられるのが「面倒くさい症候群」が広がっている〉, 日経Bizアカデミー, 2013. 8. 29.
7) 小林小夜子 細井静香(2011), 〈女子大学生の恋愛の進展による恋愛類型に関する日韓比較研究〉, 日心第75回大会
8) 신진우, 〈한중일 마음 지도 - 한중일 3천명 결혼관 조사해 보니〉, 동아일보, 2011. 8. 13.
   민동용, 〈한중일 마음 지도 - 일본 20대 여성 공격적, 30대 남성은 외로워〉, 동아일보, 2011. 5. 21.
9) 久野和子(2009), 〈若者の結婚意識についての日韓比較分析―アンケート調査に基づいて〉, 神戸山手短期大学紀要(52)
10) 北方晴子·大石さおり(2013), 〈現代日本社会における男らしさ測定尺度の作成〉, 文化学園大学紀要服装学·造形学研究 第44集
11) 高井範子·岡野孝治(2009), 〈ジェンダー意識に関する検討Ⅱ―軟弱な青年男子が増えているのか?〉日本心理学会『日本心理学会第73回大会発表論文集』
12) 岡田祥平(2015), 〈新語·流行語に与えるマス·メディアの影響力:「壁ドン」の二つの意味を例に考える〉, 新潟大学教育学部研究紀要人文·社会科学編
13) 〈日本人女性の"想い"と"言葉"に関する調査〉(2014), 株式会社アテニア
14) 〈東アジア5都市の女性のライフスタイル調査〉(2010), カネボウ化粧品·美容研究所
15) 金仙美(2005), 〈日本と韓国のしつけ文化―『クレヨンしんちゃん』の表現に対する母親の反応から〉, 東北大学大学院教育学研究科研究年報 54
16) 〈Domestic violence perception: A comparative study of Japan, China and the U.S.(1)〉, Morinaga, Y., Nguyen, T.T., Frieze, I.H., Doi, A., Hirai, T., Cheng, J., Li, M., Li, C., &Joo, E., 日本社会心理学会第53回大会, 2012年11月
17) 村澤博人(2007), 〈顔の文化誌〉, 講談社

18) 高井範子, 岡野孝治(2009), 〈ジェンダー意識に関する検討-男性性·女性性を中心にして-〉, 太成学院大学紀要 11

06 한국은 성형 대국, 일본은 시술 대국? | 성형과 화장

1) 국제미용성형수술협회(ISAPS), http://www.isaps.org/news/isaps-global-statistics
2) 谷本奈穂(2008), 〈美容整形と化粧の社会学 プラスティックな身体〉, 新曜社
3) 谷本奈穂(2012), 〈美容整形·美容医療を望む人々-自分·他者·社会との関連から〉, 関西大学総合情報学部紀要「情報研究」第37号
4) 谷本奈穂(2014), 〈社会学からひもとく美容整形と美容医療〉, 国民生活
5) 金聡希, 大坊郁夫(2011), 〈大学生における化粧行動と主観的幸福感に関する日韓比較研究〉, 対人社会心理学研究, 11
6) 大坊郁夫(2007), 〈社会的脈絡における顔コミュニケーションへの文化的視点〉, 対人社会心理学研究, 7
7) 大坊郁夫·趙 鏞珍·村澤博人(1994), 〈魅力的な顔と美的感情—日本と韓国における女性の顔の美意識の比較〉, 感情心理学研究, 2
8) 조용진(2007), 〈미인〉, 해냄출판사
9) 村澤博人·大坊郁夫·趙 鏞珍(2005), 〈日本人と韓国人の化粧観の比較研究—男女学生のアンケート調査から—コスメトロジー研究報告〉, 13
10) 村澤博人(2003), 〈日本人は『かわいらしさ』の文化から脱皮できるのか〉, 『化粧文化』43号 ポーラ文化研究所
11) 大坊郁夫·村澤博人·趙 鏞珍·李 当岐(2002) 〈日韓中男性人物についての美意識の研究(2)-認知次元の検討〉, 第10回国際美術解剖学シンポジウム論文集
12) 村津博人(2006), 〈メイクの社会的意味を問う—文化的な視点から見た個の全体性〉, Fragrance-Journal, 34
13) 木戸彩恵(2009), 〈化粧行為にみられる自己—他者間の対話的関係性への考察〉, 京都大学教育学研究科紀要, 55
14) 木戸彩恵(2015), 〈化粧を語る·化粧で語る〉, ナカニシヤ出版:京都
15) 竹内一郎(2005), 〈人は見た目が9割〉, 東京新潮社
16) 石井政之·石田かおり(2005), 〈[見た目」依存の時代—「美」という抑圧が階層化社会に拍車を掛ける〉, 東京原書房
17) 平松隆円, 〈化粧規範に関する研究,—化粧規範意識を規定する個人差要因(他者意識·自意識·形式主義·独自性欲求)〉, 繊維製品消費科学 55(11)
18) 平松隆円(2009), 〈化粧にみる日本文化 だれのためによそおうのか〉, 水曜社
19) 김완석, 김정식(2007), 〈동아시아 여대생들의 신체가치관과 신체존중감: 한국,중국,일본의 비교〉, 한국심리학회지: 사회문제, Vol.13, No.4 김완석, 박은아, 다케모토(2009), 〈객체화 신체의식과 신체 존중감, 자기 해석의 관계: 한국, 중국, 일본 여대생 비교〉, 한국심리학회지 여성, Vol.14, No. 1 김완석, 유연재(2012), 〈한국 대학생의 신체 이미지: 일본,중국과의 비교를 토대로〉, 한국심리학회지: 사회문제, Vol.18, No.2
20) 김기범, 차영란(2006), 〈여성의 화장을 통한 美와 자기개념의 사회문화적 의미 분석〉, 한국심리학회지: 여성, Vol.11, No.1 김양하, 김기범, 차영란(2007), 〈화장의 자의식적 특성 분석과 화장 마음의 사

회인지모형 검증〉, 한국심리학회지: 여성, Vol.12, No.2

21) 박은아(2003), 〈화장의 심리사회적 의미: '보여주기'의 미학〉, 한국심리학회지: 소비자 광고, Vol.4, No.2

22) 松村健(2014), 〈コスプレに見るファッションと社会〉, 神戸大学出版

23) 平松隆円(2014), 〈邪推するよそおい〉, 繊研新聞社

24) 米澤泉(2008), 〈コスメの時代「私遊び」の現代文化論〉, 勁草書房

Part 2 커뮤니케이션 심리 코드

01 "왜 괴로운 표정의 이재민 인터뷰가 없지?" 도쿄 특파원은 억울하다! | 감정 표현

1) Ekman, P. & Friesen, W. V.(1971) 〈Constants across culture in the face and emotion〉, Journal of Personality and Social Psychology, 17

2) 유재순, 〈日 배우, 부인 자살에도 공연 강행한 이유?〉, JP뉴스, 2010. 12. 4.

3) 夏目誠(2006), 〈「スマイル仮面」症候群〉, 日本放送出版協会

4) 홍민표(2010), 〈언어행동문화의 한일비교〉, 한국문화사

5) 任栄哲, 井出里咲子(2004), 〈箸とチョッカラク—ことばと文化の日韓比較〉, ドルフィン・ブックス

6) 木野和代(2000), 〈日本人の怒りの表出方法とその対人的影響〉, 心理学研究, 70

7) 木野和代(2004), 〈対人場面における怒りの表出方法の適切性・効果性認知とその実行との関連〉, 感情心理学研究

8) 大渕憲一(1993), 〈ひとを傷つけるこころ〉, サイエンス社

9) 大渕憲一(2015), 〈紛争と葛藤の心理学：人はなぜ対立し, どう和解するのか〉, サイエンス社

10) 宮部みゆき(1992), 〈火車〉, 双葉社

11) 高橋直樹, 大坊郁夫(2006), 〈感情教示法を用いた怒りの表情表出における日韓比較〉, 日本社会心理学会第47回大会

12) 박유리, 〈세켄 속에 사는 일본인, 오카에시의 쓸쓸함 – 한국인과는 다른 5가지 시선〉, 국민일보, 2011. 3. 24.

13) 高橋直樹, 大坊郁夫, 趙鏞珍(2007), 〈感情教示法を用いた幸福と怒りの表情表出における日韓比較〉, 対人社会心理学研究

14) 李善姫(2006), 〈日韓の「不満表明」に関する一考察：日本人学生と韓国人学生の比較を通して〉, 社会言語科学 8(2)

15) 陸英善(2012), 〈感情抑制スキルに関する日韓比較研究〉, 日本社会心理学会大会発表論文集, 第53回 大会

16) 山岸俊男, 増田貴彦(2010), 〈文化心理学 上下: 心がつくる文化·文化がつくる心 心理学の世界 専門編〉, 培風館

17) 増田貴彦(2010), 〈ボスだけを見る欧米人 みんなの顔まで見る日本人〉, 講談社+α新書

02 뮤지컬 〈빨래〉의 日 배우들이 가장 이해하기 어려웠던 장면 | 프라이버시

1) 金庚芬(2006), 〈「ほめの談話」に関する日韓対照研究〉, 東京外国語大学博士学位論文

2) 奥山洋子(2002), 〈質問と自己開示による情報収集の韓日比較大学生同士の初対面の会話資料

をもとに〉, 中央大学校大学院 日語日文学科 博士学位論文

3) 秦秀美(2013), 〈日韓における謝罪の「定型表現」の使用について〉, 外国語教育フォーラム 第12号

4) 斉藤明美(2005), 〈ことばと文化の日韓比較〉, 世界思想社

5) 홍민표(2010), 〈언어행동문화의 한일비교〉, 한국문화사

6) 山崎瑞紀,張日昇(2009), 〈友人関係を維持する方法における日中文化比較〉, 武蔵工業大学環境情報学部紀要 第10号

7) 呉映姸(2009), 〈接触行動の異文化比較:心理学的研究の展望〉, 神戸大学鶴山論叢 (9)

8) 曺美庚·釘原直樹(2013), 〈身体接触行動の異文化比較-日米韓の大学生の比較〉, 日本心理学会 第79回大会

9) 曺美庚(2001), 〈日本人と韓国人の異文化コミュニケーション〉, 人間環境学入門.中央経済社 .

10) Barnlund, D. C.(1975), Communication styles in two cultures: Japan and the United States. InA. Kendon, R. M. Harris, and M. R. Key (eds) Organization of Behavior in Face-to-FaceInteraction, The Hague: Mouton

11) 任炫樹(2002), 〈断りとアイ·コンタクト〉, 言葉と文化/名古屋大学大学院国際言語文化研究科日本言語文化専攻 編

12) 任炫樹(1999), 〈日本語と韓国語の断り表現〉, 『ことばの科学』第12号, 名古屋大学言語文化部言語文化研究会

13) 生越まり子(1995), 〈しぐさの日朝対照研究—お辞儀について—〉, 『日本語学』3月号 明治書院

14) 井上忠司(1982), 〈まなざしの人間関係〉, 講談社現代新書

15) 古田暁 等(2001), 〈異文化コミュニケーション·キーワード〉, 有斐閣

16) 유주현, 〈"얼룩 같은 어제 지우고 싶은 건 모두 마찬가지죠"〉(뮤지컬 〈빨래〉 연출가 추민주 인터뷰), 중앙선데이, 2012. 3. 4.

17) 渡辺吉鎔(1985), 〈会話分析にみる日韓コミニケーション·ギャップ〉, 『言語·文化コミニケーション』12, NO.1 慶応義塾大学紀要

03 일본인은 왜 CEO보다 사장님 호칭을 선호할까 | 보통 지향

1) 土居健郎(1971), 〈甘えの構造〉, 弘文堂

2) 山岸俊男(2008), 〈日本の「安心」はなぜ消えたのか—社会心理学から見た現代日本の問題点〉, 集英社

3) Kim. G. & Markus. H.R.(1999), 〈Deviance or uniqueness, harmony or conformity?〉, A cultural analysis Journal of Personality and Social Psychology, 77

4) 안민정(2015), 〈일본 엄마의 힘〉, 황소북스

5) 한성열, 한민, 이누미야 요시유키, 심경섭 공저(2015), 〈문화심리학〉, 학지사

6) Matsuda,N.(1985), 〈Strong,quasi- and weak conformity among japanese in the modified Ash procedure〉, Journal of Cross-cultural Psychology〉 16

7) 大橋恵(2005), 〈「ふつうさ」の固有文化心理学的研究：人を形容する語としての「ふつう」の望ましさについて〉, 実験社会心理学研究, 44

8) 大橋恵(2010), 〈「ふつう」の望ましさについての発達的変化—小学生·中学生·大学生の比較—〉, 東京未来大学研究紀要 2010年 第3号

9) Hofstede, G.(1980), 〈Cultural consequences: International differences in work-related

values〉, Beverly Hills, CA: Sage.

10) Kim, U., Triandis, H. C., Kagitcibasi, C., Choi, S. C., &Yoon, G.(1994), 〈Individualism and collectivism〉, Thousand Oaks, CA: Sage

11) Markus, Hazel R.; Kitayama, Shinobu(1991), 〈Culture and the self: Implications for cognition, emotion, and motivation〉, Psychological Review, Vol 98(2)

12) 鈴木孝夫(1973), 〈ことばと文化〉, 岩波新書 C98

13) 大橋恵・山口勧(2005), 〈「ふつうさ」の固有文化心理学-人を形容する語としての「ふつう」の望ましさについて-〉, 実験社会心理学研究, 44

14) 北山忍・唐沢真弓(1995), 〈自己-文化心理学的視座-〉, 実験社会心理学研究, 35

15) 高田利武(2006), 〈日本文化における自己卑下と自己高揚-実験的検討〉, 宮城学院女子大学研究論文集, 103

16) 田崎勝也, 二ノ宮卓也(2013), 〈日本人のレスポンス・スタイル：構造方程式モデリングを用いた探索的研究〉, 社会心理学研究 第29巻 第2号 2013年,

17) 斉藤勇, 遠藤みゆき, 荻野七重(2003), 〈自己卑下的帰属錯誤の日韓文化比較心理学的研究〉, 立正大学心理学部研究紀要 1

18) 斉藤勇, 遠藤みゆき(2000), 〈日韓の帰属過程の比較文化心理学的研究:大学生の入試・恋愛・就職の成功・失敗について〉, 日本性格心理学会大会発表論文集(8)

19) 潘怡安・村本由紀子(2010), 〈パッケージ化された個性:日本の雑誌記事が台湾の若者に与える印象〉, 日本社会心理学会第51回大会, 広島大学

20) Harvey A. Hornstein(1986), 〈Managerial Courage: Revitalizing Your Company Without Sacrificing Your Job〉, Wiley; 1 edition

21) 鈴木賢志(2012), 〈日本人の価値観 - 世界ランキングを読み解く〉, 中公選書

22) 尾形真実哉(2012), 〈日韓大学生のキャリア観と行動特性に関する実態比較〉, 甲南大学経営学部

23) 佐々木健一・任妍淑(2008), 〈韓国マネジメントの道しるべ:日本企業の陥りやすいマネジメントの罠と解決法〉, 『NRI Management Review』第20巻

24) 東洋(1994), 〈日本人のしつけと教育〉, 東京大学出版会

25) 釜屋健吾, 浜村武, Heine Steven, 堀和泉(2007), 〈成功を求める北米人, 失敗を避ける日本人―制御焦点と情報処理の比較文化研究〉, 日本社会心理学会大会発表論文集 2007

26) Heine, S. J., Kitayama, S., Lehman, D. R., Takata, T., Ide, E., Lueng, C., & Matsumoto, H.(2001), 〈Divergent Consequences of Success and failure in Japan and North America: An Investigation of Self Improving motivation and malleable selves〉, JPSP, 81

27) 정욱, 한규석(2005), 〈자기고양 현상에 대한 조절변인으로서 자존감〉, 한국심리학회지: 사회 및 성격, 19(1)

28) Scott Aubrey(2009), 〈A Cross-Cultural Discussion of Japan and South Korea and How Differences Are Manifested in the ESL/EFL Classroom〉, Asian Social Science May, 2009

29) Beckham-Brito,K.(2003), 〈Classroom Etiquette: A Cross-Cultural Study of Classroom Behaviors,Arizona Working Papers in Second Language Acquisition Teaching〉(SLAT), 10(1)

30) 구로다 후쿠미, 〈한국과 일본의 일처리 방식 차이는?〉, JP뉴스, 2009. 12. 20.

04 국민 그룹 SMAP의 멤버들은 왜 항복 선언을 할 수밖에 없었나 | 신뢰

1) 山岸俊男(2008), 〈日本の「安心」はなぜ消えたのか—社会心理学から見た現代日本の問題点〉, 集英社

2) Kanetsuma& Smith,P.K.,T.(2002), 〈Pupil Insights Into Bullying, and Coping with Bullying. England, A Bi-National Study in Japan and England〉, Journal of School Violence, VCol.1(3)

3) 森田洋司(2010), 〈いじめとは何か〉, 中央公論新社

4) 山田順子, 鬼頭美江, 結城雅樹(2015), 〈友人·恋愛関係における関係流動性と親密性—日加比較による検討—〉, 実験社会心理学研究 Vol. 55. No.1

5) 小松瑞歩,結城雅樹,三船恒裕(2012), 〈善行を罰する社会 – 関係流動性が突出協力者に対する評価に与える影響〉, 日本社会心理学会大会発表論文集(第53回大会), 〈関係流動性が突出協力行動の自己規制に与える影響〉(2013年 第54回大会)

6) Michele J. Gelfand, et al(2011), 〈Differences Between Tight and Loose Cultures: A 33-Nation Study〉, Science 332, 1100(한국은 성균관대학교 심리학과 김기범 교수 참여)

7) 齋藤高史,大渕憲一(2010), 〈日本人の葛藤回避における性差 —親密性に注目して—〉, 日本社会心理学会大会発表論文集(第51回大会)

8) Fukuyama F(1995), 〈Trust: the social virtues and the creation of prosperity〉, New York: Free Press

9) 진현정(2006), 〈광우병 발생에 대한 대중매체의 보도와 국내육류소비에 대한 소비자의 반응〉, 한국식품위생안전성학회 Safe Food 1(2)

10) 박희봉, 이희창(2009), 〈한국과 일본의 신뢰 특성 비교: 신뢰 유형별 특성 및 제도신뢰에 미치는 영향 분석〉, 한국 행정학보 제43권 제4호(2009 겨울)

11) 針原素子(2010), 〈地下鉄内における見知らぬ他者との相互作用の日韓米文化比較〉, 日本社会心理学会大会発表論文集(第51回大会), 〈一般的他者への態度に及ぼす社会的ネットワークの影響〉(2013), 日本社会心理学会大会発表論文集(第54回大会)

12) 山岸俊男(1998), 〈信頼の構造: こころと社会の進化ゲーム〉, 東京大学出版会

13) Igarashi T, Kashima Y, Kashima ES, Farsides T, Kim U, et al.(2008), 〈Culture, trust, and social networks〉, Asian J Soc Psych 11: 88

14) Yoshimichi Sato(2010), 〈A Comparative Study of Trust in Japan and Korea: How Can We Solve Korean Puzzles in the Study of Trust?〉, New Asias: Global Futures of World Regions, Seoul: Seoul National University Press

15) 山岸俊男(2011), 〈「しがらみ」を科学する:高校生からの社会心理学入門〉, ちくまプリマー新書

05 그들은 왜 식당에서 50엔 때문에 20분간 진땀 흘렸을까 | 온가에시

1) 아르바이트 전문 포털 '알바천국', 2016년 3월, 20대 대학생 897명 대상 조사(홈페이지)

2) 呉宣児·山本登志哉·片 成男·高橋 登·サトウタツヤ·竹尾和子(2006), 〈異文化理解における多声性の方法(マルチボイスメソッド) – 子ども同士のおごり合い現象をどう見るかに焦点を当てて-〉

3) 呉宣児(2003), 〈子どもの小遣い買い物にみる日韓の異なる論理〉, AERA Mook,新心理学がわかる, 朝日新聞社

4) 呉宣児(2012), 〈お小遣い·お金と金銭感覚 : 日韓中越の子どもたちの生活世界の豊かさ·貧しさの考察〉, 共愛学園前橋国際大学論集 No.12

5) 田島信元(2008), 〈文化心理学〉, 朝倉書店

6) 루스 베네딕트, 〈국화와 칼〉(2008), 오인석, 김윤식 역, 을유문화사

7) 武光誠(2007), 〈常識として知っておきたい日本のしきたり〉, 廣済堂出版

8) 成田善弘(2003), 〈贈り物の心理学〉, 名古屋大学出版会

9) 伊藤幹治(2011), 〈贈答の日本文化〉, 筑摩書房

10) 文化庁文化部国語課編(2007), 〈漫画異文化手習い帳~日本語で紡ぐコミュニケーション〉

11) 久米昭元, 長谷部典子(2007), 〈ケースで学ぶ異文化コミュニケーション―誤解, 失敗, すれ違い〉, 有斐閣選書

12) 小坂貴志(2007), 〈異文化コミュニケーションのA to Z〉, 研究社

13) 一言英文, 新谷優, 松見淳子(2008), 〈自己の利益と他者のコスト-心理的負債の日米間比較研究〉, 感情心理学研究 16(1)

14) Greenberg, M. S., & Westcott, D. R.(1983), 〈Indebtedness as a mediator of reaction to aid〉, New direction in helping. Vol. 1. Recipient reaction and aid. New York: Academic Press

15) 相川充(1988), 〈援助に対する被援助者の認知的反応に関する研究―心理的負債の決定因に関する研究〉, 宮崎大学教育学部紀要 社会科学, 63

16) 泉井みずき(2009), 〈幼児期からの被援助時の不快感情の発達―いつから助けられることに不快感情を感じるのか〉, 東京学芸大学学校教育学研究論集, 20

17) 大橋卓真, 橋本博文, 山口勧(2013), 〈ソーシャル・サポートの要請がサポート提供に及ぼす効果の文化差〉, 日本社会心理学会大会 発表論文集(第54回大会)

18) 任栄哲, 井出里咲子(2004), 〈箸とチョッカラク―ことばと文化の日韓比較〉, ドルフィン・ブックス

19) 조선영, 이누미야 요시유키, 김재신, 최일호(2005), 〈한국과 일본에서 상호독립적-상호협조적 자기관이 대인불안에 미치는 영향: 자아존중감과 공적자기의식의 매개효과를 중심으로〉, 한국심리학회지: 사회 및 성격, 19(4)

20) 大崎正瑠(1998), 〈日韓異文化コミュニケーション:対人レベルを中心に〉, 大妻女子大学紀要 30

21) 山崎瑞紀, 張日昇(2009), 〈友人関係を維持する方法における日中文化比較〉, 武蔵工業大学環境情報学部紀要 第10号

22) 冨田裕香(2014), 〈日本人学生と中国人留学生における友人同士の贈答行動と文化的自己観の関連〉, お茶の水女子大学人文科学研究 14

23) 加賀美常美代(2012), 〈グローバル社会における多様性と偏見〉, 加賀美常美代・横田雅弘・坪井健・工藤和宏編著『多文化社会の偏見・差別―形成のメカニズムと低減のための教育』, 明石書店

06 일본인이 2~3초마다 맞장구를 치는 이유 | 소통법

1) 李善雅(2001), 〈議論の場におけるあいづち-日本語母語話者と韓国人学習者の相違-〉, 日本語教育論集 世界の日本語教育11 国際交流基金日本語国際センター

2) 李吉鎔(2001), 〈日・韓両言語における反対意見表明行動の対照研究-談話構造とスキーマを中心として〉, 阪大日本語研究 13

3) 任炫樹(2004a), 〈日韓断り談話におけるポジティブ・ポライトネス・ストラテジー〉, 社会言語科学6(2), 任炫樹(2004b), 〈日韓断り談話に見られる理由表現マーカー-ウチ・ソト・ヨソという観点から-〉, 日本語科学 15, 国立国語研究所

4) 任栄哲・李先敏(1995),〈あいづち行動における価値観の韓日比較〉,日本語教育論集 世界の日本語教育5 国際交流基金日本語国際センタ-

5) 任栄哲・井出里咲子(2000),〈似ていて違う?ことばと文化の日韓比較〉,言語7-12月号大修館書店

6) 尾崎喜光(2005b),〈依頼行動と感謝行動から見た日韓の異同〉,日本語学24(7),明治書院

7) 水谷信子(1996),〈日本語学と対照言語学:言語生活の対照〉,日本語学15(8),明治書院

8) メイナ-ド,K・泉子(1993),〈会話分析〉,東京:くろしお出版

9) 柳慧政(2001),〈日本語話者と韓国人日本語学習者の依頼行動の比較研究-ポライトネスストラテジ-の観点から〉,学芸日本語教育3

10) 堀江薫(2005),〈欧米における日本語研究・韓国語研究-日韓言語学会(Japanese/Korean-Linguistics Conference)を中心に-〉,日本語学』24(7),明治書院

11) 홍민표(2010),〈언어행동문화의 한일비교〉,한국문화사

12) 任栄哲,井出里咲子(2004),〈箸とチョッカラク-ことばと文化の日韓比較〉,ドルフィン・ブックス

13) 頼美麗(2008),〈依頼場面における「謝罪」と「感謝」:「待遇コミュニケ-ション」の観点から〉,早稲田大学博士学位申請論文

14) 生越まり子(1993),〈謝罪の対照研究-日両対照研究-〉,日本語学12巻12号 明治書院

15) 池田理恵子(1993),〈謝罪の対照研究-日米対照研究-faceという視点からの一考察-〉,日本語学12巻12号,明治書院

16) メイナ-ド・K・泉子(1993),〈会話分析〉,くろしお出版

17) 西田司(2008),〈日本人のコミュニケ-ション行動の特質〉,西田ひろ子編『グロ-バル社会における異文化間コミュニケ-ション』,風間書房

18) 尹秀美(2010),〈日本人と韓国人の発話理解の責任主体:テレビドラマの会話分析に基づいて〉,〈話し手責任と聞き手責任: 発話理解における話し手の貢献度の日韓比較〉,論文集: 金沢大学経済学部社会言語学演習

19) 尹秀美(2008),〈夫婦間の呼びかけ表現の日韓比較: コンテクスト化のアイズという観点から〉,金沢大学経済学部社会言語学演習

20) 尹秀美,陶 琳,西嶋義憲(2012),〈「丁寧さ」・「礼貌」・「공손(恭遜)」:"Politeness"に対する日常的個別概念の日・中・韓比較〉,語彙研究,10

21) 鄭亨児(2011),〈謝罪行動とその反応に関する日韓対照研究―ポライトネス理論の観点から〉,東京外国語大学大学院,言語・地域文化研究 No.7

22) 鄭賢熙(2005),〈日韓両言語における不満表明に関する一考察-異文化によるもめごとでの行動および言語表現を中心として〉,新潟大学国際センタ-紀要1

23) 金順任(2013),〈日中韓の大学生の断り談話に関する一考察〉,明海日本語 18

24) 石田滋子(2004),〈「ほめ」の韓日比較〉,〈日本學報〉제60호,韓國日本學會

25) 具軟和(2006),〈広告文の伝達様式: 日本と韓国の広告文の比較から〉,お茶の水女子大学大学院人間文化研究科,人間文化論叢 Vol. 9

26) 李在溶(2012),〈人間関係による意識と言語・非言語行動の違い-日韓大学生の感謝と挨拶程度の場面に対する行動を中心に〉,言語科学論集 第16号

27) 洪眠杓(2000),〈日韓両国人の言語行動の違い―感謝と謝罪表現の日韓比較-〉,『日本語学』25-5明治書院

28) 廬姃鉉(2012),〈親疎上下関係による不満表明の日韓比較―行動主体の意識に注目して-〉,『日本

語学研究34』, 韓国日本語学会

29) 大崎正瑠(1998), 〈韓国人とつきあう法〉, ちくま新書

Part 3 가정과 일상의 심리 코드

01 일본판 '땅콩 회항 사건' | 독박 육아

1) さかもと未明, 〈再生JALの心意気〉, 「PHP Biz Online 衆知(Voice)」, 2012年 12月号

2) 〈さかもと未明氏´飛行機で泣く子供にブチ切れたことを告白´ツイッターで物議醸す〉, livedoor News, 2012年 11月 20日

3) 〈さかもと未明の「赤ちゃんは飛行機乗せるな」意見に約半数が´同意〉, NewsCafe, 2012年 11月 20日

4) 朝日新聞出版, 〈現代に子どもを育てる親たちはワガママ? 子育て阻む「言論」の壁〉, AERA 編集部: 小林明子, AERA 2014年 4月 21日号

5) 田房永子(2014), 〈ママだって´人間〉, 河出書房新社

6) 朝日新聞出版, 〈保育園「子どもの声」問題ツイートで逆効果?〉(AERA 2014年 11月 17日号), 〈園児の声に苦情 幼稚園が1千万円かけ3mの防音壁〉(AERA 2012年 11月 23日号), 〈保育園は「迷惑施設」か近隣トラブルの裏に世代の差〉(AERA 2015年 4月 24日号), 〈「子どもの声がうるさい!」保育園新設に苦情7割〉(AERA 2016年 4月 15日号), 〈「世田谷の保育園は東大より難関」保活ママは必死〉, (AERA 2015年 4月 10日号)

7) 中谷奈津子, 森田美佐(2014), 〈育児をめぐる迷惑意識が母親の育児行動に及ぼす影響: 行為者側からみた公共の場における社会的迷惑〉, 大阪府立大学紀要(人文·社会科学) 62

8) 中谷奈津子(2008), 〈子どもから離れる時間と母親の育児不安〉, 大和礼子·斧出節子他編『男の-13—育児·女の育児』, 昭和堂

9) NHK(2012), 〈子どもは社会の"迷惑"か〉, NHK週刊ニュース深読み, 2012. 12. 22.

10) 손영미, 박정열, 전은선(2015), 〈한국, 일본, 영국 기혼여성근로자의 일과 가족 양립 관련 가치관에 대한 비교연구〉, 한국 심리학회지: 문화 및 사회문제, Vol. 21. No. 2

11) 황성하, 남미경, 서혜전(2010), 〈한국과 일본 취학 전 유아 어머니의 육아 및 육아지원에 대한 인식과 실태 비교〉, 생태유아교육연구, 9(2)

12) Mori E, Liu C, Otsuki E, Mochizuki Y, Kashiwabara E.(2012), 〈Comparing child-care values in Japan and China among parents with infants〉, International Journal of Nursing Practice(2012) 18(Suppl. 2)

13) 〈일본 내각부 2015년판 남녀공동참가 백서〉(日本内閣府 平成27年版男女共同参画白書)

14) 永久ひさ子·柏木惠子·姜蘭惠(2004), 〈父親における子どもの価値と子どもを持つ負担感-日韓比較研究-〉, 文京学院大学研究紀要 Vol. 6, No.1

15) 相馬直子(2012), 〈圧縮的な家族変化と子どもの平等: 日韓比較を中心に考える〉, 人口問題研究 (J.of Population Problems) 68-3

16) 宮木由貴子(2004), 〈「ママ友」の友人関係と通信メディアの役割—ケータイ·メール·インターネットが展開する新しい関係 —〉, ライフデザインレポート

17) 大嶽さと子(2014), 〈「ママ友」関係に関する研究の概観〉, 名古屋女子大学紀要 60(人·社)

18) 大原美和子(2002),〈育児不安と虐待―子育ては楽しいですか?―〉,国際基督教大学学報Ⅰ-A教育研究, 44
19) 宮坂靖子(2000),〈育児不安と育児ネットワーク「公園づきあい」の視点から〉,家族研究論叢6
20) 實川慎子・砂上史子(2012),〈就労する母親の「ママ友」関係の形成と展開―専業主婦との比較による友人ネットワークの分析―〉,千葉大学教育学部研究紀要, 60
21) 中山満子(2011),〈ママ友という対人関係―意外と大変、ママ友とのお付き合い―〉,地域保健42(3)

02 일본 아이들은 왜 공감 능력의 발달이 늦을까 | 가정교육

1) 東洋(1994),〈日本人のしつけと教育―発達の日米比較にもとづいて〉,東京大学出版会
2) 小林千枝子(1995),〈6か国の比較からみた日本の家族・家庭教育: 家庭教育に関する国際比較調査の結果から〉,青少年問題, 42
3) 唐澤真弓,平林秀美(2011),〈思いやりの文化的基盤―就学前教育にみる他者理解の比較文化的研究〉,東京女子大学比較文化研究所紀要
4) 風間みどり, 平林秀美, Tardif,T., 唐澤真弓(2010),〈日本の母親の養育態度の文化的意味: SOMAによる検討〉,日本教育心理学会第52回総会論文集
5) Naito, M. & Koyama, K.(2006),〈The development of false-belief understanding in Japanese children: Delay and difference?〉, International Journal of Behavioral Development 30
6) 篠原郁子(2011),〈母親のmind-mindednessと子どもの信念・感情理解の発達: 生後5年間の縦断調査〉,発達心理学研究, 22
7) 東山薫(2011),〈5,6歳児の心の理論と母親の心についての説明との関連〉,教育心理学研究 59
8) 東山薫(2008),〈母親の言語と幼児の心の理論: 図形伝達課題を用いた検討〉,発達研究 22
9) 小川絢子(2011),〈心の理論と実行機能の関連に文化はどのように影響するか:比較文化研究からの示唆〉,京都大学大学院教育学研究科紀要 57
10) Oh, S. & Lewis, C.(2008),〈Korean preschoolers' advanced inhibitory control and its relation to other executive skills and mental state understanding〉, Child Development 79
11) Sabbagh, M. A., Xu, F., Carlson, S. M., Moses, L. J., & Lee, K.(2006),〈The development of executive functioning and theory of mind: A comparison of Chinese and U.S. Preschoolers〉, Psychological Science 17
12) 松井洋(2004),〈社会的迷惑行為に関する研究〉,川村学園女子大学研究紀要 第15巻 第1号
13) 松井洋(1999),〈日本の中学生・高校生の価値観に関する研究―日本,アメリカ,中国,韓国,トルコ,キプロス,ポーランドとの国際比較研究―」,「川村学園女子大学研究紀要」第10巻, 松井洋(2000),〈日本の若者のどこがへんなのか―中学生・高校生の国際比較から―〉,川村学園女子大学研究紀要」,第11巻 第1号
14) 松井洋(2002),〈日本の中学生の親子関係と非行的態度〉,川村学園女子大学研究紀要. 第13巻1
15) 松井洋, 中村真, 堀内勝夫, 石井隆之(2006),〈子ども比較文化研究からみた日本の子ども〉,川村学園女子大学研究紀要,第17巻 第1号
16) 趙善英 松本芳之 木村裕(2011),〈回想された親の養育行動が大学生の自尊感情に及ぼす影響の日韓比較: 行動分析学的な解釈〉,社会心理学研究, 27
17) 伊藤忠弘(2011),〈他者志向的達成動機と親からの期待―自己志向的動機と他者志向的動機の

関連づけに影響する要因の検討一〉, 日本教育心理学会 第53回総会発表論文集

18) 伊藤忠弘, 上淵寿, 藤井勉, 大家まゆみ(2013), 〈達成動機づけにおける重要な他者の果たす役割—日本と韓国の比較研究—〉, 学習院大学東洋文化研究叢書調査研究報告 No.58

19) Peterson,C., & Slaughter,M.(2003),〈Opening windows into the mind: Mothers' references formental state explanations and children's theory of mind〉, Cognitive Development 18

03 지하철 내 쓰레기 방치보다 더 나쁜 '유모차 승차' | 민폐

1) 吉田俊和·安藤直樹·元吉忠寛他(1999), 〈社会的迷惑に関する研究(1)〉, 名古屋大学教育學部紀要.心理学 46

2) 石田靖彦·吉田俊和·藤田達雄他(2000), 〈社会的迷惑に関する研究(2)〉, 名古屋大学大学院教育発達科学研究科紀要.心理発達科学 47

3) 吉田俊和, 斎藤和志, 北折充隆(2010), 〈社会的迷惑の心理学〉, ナカニシヤ出版

4) 平松隆円(2014), 〈化粧規範に関する研究-社会的場面と化粧基準の評定に基づく化粧規範意識の構造化-〉, 日本繊維製品消費科学 55(2)

5) 平松隆円(2013), 〈化粧をはじめとする若者の電車内迷惑行為と個人差要因との関連性〉, 佛教大学教育学部学会紀要 第12号

6) 国土交通省(2014), 〈公共交通機関等におけるベビーカー利用に関する協議会とりまとめ〉

7) 大森宣暁(2013), 〈ベビーカーでの公共交通利用に対する意識の国際比較〉, 公共交通機関等におけるベビーカー利用に関する協議会, 国土交通省

8) 西本由紀子, 上野勝代, 梶木典子(2010), 〈公共交通機関におけるベビーカー利用者の行動特性に関する研究〉, 日本建築学会技術報告集 第16巻 第33号

9) 日本民営鉄道協会, 〈2014年度 駅と電車内の迷惑行為ランキング〉

10) 北折充隆(2013), 〈迷惑行為はなぜなくならないのか?「迷惑学」から見た日本社会〉, 光文社新書

11) 北折充隆(2008), 〈電車内の迷惑行為評価に関する検討: 悪質行為はKYか?'金城学院大学論集 人文科学編〉, 5(1)

12) 小池はるか·吉田俊和(2012), 〈共感性·社会考慮が公共の場における迷惑認知に与える影響〉'高田短期大学紀要, 30

13) 谷芳恵(2008), 〈共感性が公共場面における迷惑行為に与える影響〉, 神戸大学大学院人間発達環境学研究科研究紀要 第2巻 第1号 7

14) 中村真(2011), 〈恥意識が向社会的行動および社会的逸脱行為の促進·抑制に及ぼす影響 仲間との不一致に起因する恥意識は向社会的行動を抑制し, 社会的逸脱行為を促進するのか〉, 日本パーソナリティ心理学会第20回大会発表論文集

04 일본에서는 정말 혈액형 따라 유치원 반까지 나눌까 | 혈액형 성격론

1) 오기현(2011), 〈혈액형과 성격〉, 다은출판사

2) Sakamoto,A., & Yamazaki,K.(2004), 〈Blood-typical personality stereotypes and self-fulfilling prophecy: A natural experiment with time-series data of 1978-1988〉, Progress in Asian Social Psychology, 4

3) 縄田健悟(2014), 〈血液型と性格の無関連性—日本と米国の大規模社会調査を用いた実証的論

拠—〉, 心理学研究 2014年 第85巻 第2号

4) 長谷川芳典(1988), 〈血液型と性格—公開講座受講生が収集したデータに基づく俗説の再検討〉, 長崎大学医療技術短期大学部紀要, 1

5) 菊池聡(2012), 〈なぜ疑似科学を信じるのか—思い込みが生みだすニセの科学—〉, 化学同人

6) 久保義郎・三宅由起子(2011), 〈血液型と性格の関連についての調査的研究〉, 吉備国際大学研究紀要(社会福祉学部), 21

7) 大村政男(2012), 〈新編 血液型と性格〉, 福村出版

8) 山岡重行(2006), 〈血液型性格項目の自己認知に及ぼすTV番組視聴の影響〉, 日本社会心理学会第47回大会発表論文集

9) 山岡重行(2011), 〈テレビ番組が増幅させる血液型差別(特集 偏見とステレオタイプの心理学)〉, 心理学ワールド(52), 5-8

10) 上村晃弘・サトウタツヤ(2006), 〈疑似性格理論としての血液型性格関連説の多様性〉, パーソナリティ研究 , 15

11) 上瀬由美子・松井豊(1996), 〈「血液型ステレオタイプ変容の形—ステレオタイプ変容モデルの検証—〉, 『社会心理学研究』, 11(3)

12) 佐藤達哉・宮崎さおり・渡邊芳之(1991), 〈「血液型性格関連説に関する検討(3)ステレオタイプから偏見へ〉, 『日本発達心理学会 第2回大会発表論文集』

13) 放送倫理・番組向上機構[BPO]放送と青少年に関する委員会(2004), 〈「血液型を扱う番組」に対する要望〉

14) 天谷祐子(2009), 〈血液型ステレオタイプの変容-男女大学生を対象とした上瀬・松井(1996)の追試-〉, 東海学園大学研究紀要 シリーズB 人文学・健康科学研究編 14

15) 村上宣寛(2005), 〈心理テストはウソでした〉, 日経BP社

16) ウィキペディア日本語版, 〈血液型性格分類〉

17) 橋本剛(2014), 〈血液型ステレオタイプ肯定論者/否定論者に対するステレオタイプ:ステレオタイプ内容モデルの観点から〉, 人文論集, 64(1-2)

18) 佐藤達哉(1993), 〈血液型性格関連説についての検討〉, 社会心理学研究 1

19) 송길영(다음소프트), 〈"A형 소심하다"는 당신, 편견에 중독됐군요〉, 매일경제, 2015. 7. 10.

20) 久保田健市(2007), 〈潜在的な血液型ステレオタイプ信念と自己情報処理〉, 日本社会心理学会大会発表論文集

05 부탄 국왕 부처의 방일은 왜 신드롬을 일으켰나 | 행복

1) 강철원, 채지은 외, 〈한국일보 2016년 신년 기획 '저성장 시대, 행복 리포트'〉, 한국일보, 2016. 1.

2) Uchida,Y., Norasakkunkit,V., & Kitayama,S,(2004), 〈Cultural constructions of happiness: Theory and empirical evidence〉, Journal of Happiness Studies, 5

3) 日本内閣府(2010), 〈第7回高齢者の生活と意識に関する国際比較調査結果〉

4) 宮下史明(2009), 〈GNH(国民総幸福量)の概念とブータン王国の将来-, GNPからGNHへ-〉, 早稲田商学第 420・421 合併号

5) 萱野智篤(2013), 〈研究ノートブータンの国民総幸福(GNH)政策と伝統文化振興による社会経済的平等—GNH政策の意義と課題についての予備的考察—〉, 北星論集(経)第53巻 第1号

6) 内田由紀子(2013), 〈日本人の幸福感と幸福度指標〉, 「心理学ワールド」

7) 大石繁宏(2009), 〈幸せを科学する: 心理学からわかったこと〉, 新曜社

8) 北山忍(2012), 〈個人主義と幸福: 内田・荻原論文へのコメント〉, 心理学評論 55

9) Uchida, Y. & Kitayama, S.(2009), 〈Happiness and unhappiness in east and west: Themes and variations〉, Emotion, 9

10) Uchida,Y. Kitayama, S., Mesquita, B., Reyes, J. A. S. &Morling, B.(2008), 〈Is perceived emotional support beneficial? Well-being and health in independent and interdependent cultures〉, Personality and Social Psychology Bulletin, 24

11) 内田由紀子・荻原祐二(2012), 〈文化的幸福観: 文化心理学的知見と将来への展望〉, 心理学評論 55

12) 幸福度に関する研究会(2011), 〈幸福度に関する研究会報告—幸福度指標試案—〉

13) 前野隆司(2013), 〈幸せのメカニズム—実践・幸福学入門〉, 講談社現代新書

14) 前野隆司(2015), 〈幸せの日本論 日本人という謎を解く〉, 角川新書

15) ニック・ポータヴィー, 内田由紀子(2013), 〈不幸せな日本: 平和, 繁栄, 民主主義の下で不機嫌なのはなぜか〉

16) Park Joonha(2012), 〈Self and subjective well-being in Japan and South Korea〉, 日本社会心理学会大会 発表論文集, 第53回大会 ポスター発表

17) 荻原祐二, 内田由紀子,楠見孝(2013), 〈日本社会の個人主義化は幸福をもたらすか?文化の変容と個人の適応に関する経時的検討〉, 日本社会心理学会大会発表論文集, 第54回大会 口頭発表

18) 荻原祐二, 内田由紀子, 宮本百合(2010), 〈日米の青年期における主観的幸福感—自己価値と対人関係からの検討—〉, 日本社会心理学会大会発表論文集, 第51回大会 ポスター発表

19) 竹村幸祐,佐藤剛介(2012), 〈幸福感に対する社会生態学的アプローチ(特集:幸福感と文化)〉, 心理学評論, 55(1)

20) Ohbuchi. K. &Saito. T.(2007), 〈Cognitive causes of conflict avoidance among japanese: An approach from pluralistic ignorance〉, Progress Asian Social Psychology 6

21) 松島みどり, 立福家徳,伊角彩, 山内直人(2013), 〈現在の幸福度と将来への希望〜幸福度指標の政策的活用〜〉, 内閣府経済社会総合研究所 New ESRI Working Paper No.27

06 왜 일본 야구 대표 팀의 별칭은 '사무라이 재팬'일까 | 스포츠

1) 内田雅克(2010), 〈大日本帝国の「少年」と「男性性」—少年少女雑誌に見る「ウィークネス・フォビア」〉, 明石書店

2) 内田雅克(2012), 〈少年雑誌が見せた「軍人的男性性」の復活 - 占領下のマスキュリニティーズ-〉, ジェンダー史学 Vol.8,

3) 飛田穂洲(1986), 〈飛田穂洲選集〉, ベースボール・マガジン社

4) 神門兼之(2004), 〈球聖飛田穂洲伝〉, 柘植書房新社

5) 中村哲也(2005), 〈戦後日本における学生野球の制度とその理念:飛田穂洲と関連して〉, スポーツ史研究, 18

6) 桑田真澄(2011), 〈野球道〉, ちくま新書

7) 内田隆三(2007), 〈ベースボールの夢—アメリカ人は何をはじめたのか〉, 岩波新書

8) 金﨑泰英(2013), 〈日本野球界における職業野球と課外活動野球の相互関係の検討〉, 現代社会

文化研究 No.56

9) 서형욱, 〈[서형욱의 월드컵IN] 왜 일본 축구는 세계 무대에서 안 통할까〉, 2010.3.9. 《〈가디언〉지 조나단 윌슨 기자의 인터뷰 기사 中》

10) 李宇賤(2010), 〈サッカ―における攻撃のための認知的側面を含めたトレ―ニングの有效に關する研究-日本と韓國の比較をもとにして〉, 日本體育大学大学院博博士論

11) 李宇賤, 川田尚弘, 大平正軌, 松本直也, 吉村雅文, 大嶽真人, 有山逸平, 飯田義明(2015), 〈日本の大学サッカ―選抜チ―ムにおけるゲ―ムコンセプトに關する検討: 日·韓大学サッカ―選抜戦のゲ―ム分析を通して〉, 専修大学スポ―ツ研究所紀要 8

12) 日下裕弘, 夫基源, 西嶋尚彦(1993), 〈大学運動選手(アスリ―ト)の生活価値観とスポ―ツ観に関する日韓比較研究〉, 茨城大学教養部 紀要論文

Part 4 대지진과 불안의 심리 코드

01 후쿠시마산 농산물을 먹은 아이돌은 정말 암에 걸렸을까 | 방사능 불안

1) 瀬川至朗(2011), 〈原発報道は「大本営発表」だったか 朝·毎·読·日経の記事から探る(検証 3·11報道)〉, ジャ―ナリズム(255)

2) 関谷直也(2012), 〈東日本大震災後の不安と情報行動〉, 情報の科学と技術 62(9)

3) 佐野和美(2014), 〈福島第一原子力発電所事故後の週刊誌報道の分析と情報の扱われ方〉, 日本マス·コミュニケ―ション学会·2014年度 春季研究発表会·研究発表論文

4) 荻上チキ(2011), 〈検証 東日本大震災の流言·デマ〉, 光文社新書

5) 中谷内一也·編(2012), 〈リスクの社会心理学〉, 有斐閣

6) 中村陽人·山口真季·安田俊哉(2013), 〈福島県産農産物に対する消費者の態度と行動-居住地域と子どもの成長段階が及ぼす影響-〉, 商学論集, 第82巻 1号

7) 小山良太(2012), 〈福島県における放射能汚染問題と食の安全対策〉, 田代洋一, 岡田知弘(編), 『復興の息吹き-人間の復興·農林漁業の再生-』, 農山漁村文化協会

8) Tsuda Toshihide, Tokinobu Akiko; Yamamoto, Eiji; Suzuki, Etsuji(2016), 〈Thyroid Cancer Detection by Ultrasound Among Residents Ages 18 Years and Younger in Fukushima, Japan: 2011 to 2014〉, Epidemiology 2016 May

9) 川上憲人(2014), 〈福島県における放射線健康不安の実態把握と効果的な対策手法の開発に関する研究〉, 第11回東京電力福島第一原子力発電所事故に伴う住民の健康管理のあり方に関する専門家会議 資料

10) 消費者庁(2015), 〈風評被害に関する消費者意識の実態調査(第5回)について～食品中の放射性物質等に関する意識調査(第5回)結果～〉

02 천만 관객 영화 〈해운대〉는 왜 일본 흥행에 참패했나 | 대지진 공포

1) 橋本剛(2012), 〈東日本大震災における非被災地住民のメディア利用と震災関連行動の関連〉, 人文論集, 62(2)

2) 内田由紀子(2013), 〈東日本大震災後の幸福:震災がもたらした人生観と幸福感の変化〉, 環境研究

3) 内田由紀子, 高橋義明, 川原健太郎(2011), 〈東日本大震災直後の若年層の生活行動及び幸福度に対する影響〉, 内閣府経済社会総合研究所 New ESRI Working Paper No. 24

4) 関谷直也(2011), 〈風評被害—そのメカニズムを考える〉, 光文社

5) 中谷内一也(2012), 〈東日本大震災後のリスク不安の変化〉, 日本社会心理学会大会発表論文集, 第53回大会

6) 松井豊(2011), 〈東日本大震災における惨事ストレスについて〉, 報道人ストレス研究会, 日本記者クラブ シリーズ企画「3．11大震災」資料

7) 永井雅人, 矢部博興 等(2016), 〈東日本大震災の避難者の避難状況と運動習慣-福島県「県民健康調査」〉, 日本公衆衛生雑誌 63(1)

8) 慶應義塾パネルデータ設計・解析センター(2012), 〈東日本大震災に関する特別調査〉

9) NHK放送文化研究所(2014), 〈日本人の意識・40年の軌跡(1)～第9回「日本人の意識」調査から～〉, [放送研究と調査] 2014年 8月号

10) NHK放送文化研究所(2015), 〈世論調査でみる日本人の「戦後」～「戦後70年に関する意識調査」の結果から～〉, [放送研究と調査] 2015年 8月号

11) 香山リカ(2014), 〈劣化する日本人自分のことしか考えられない人たち〉, ベストセラーズ, 〈ベスト新書 443〉

12) 橋本剛(2012), 〈東日本大震災における非被災地住民のメディア利用と震災関連行動の関連〉, 人文論集, 62(2)

13) 脇本竜太郎(2012), 〈存在脅威管理理論への誘い—人は死の運命にいかに立ち向かうのか(セレクション社会心理学)〉, サイエンス社

14) Solomon, S., Greeenberg, J., & Pyszczynski, T.(1991), 〈A terror management theory of social behavior: The psychological functions of self-esteem and cultural world views〉, Advances in Experimental Social Psychology, 24

15) Hoyt, C. L., Simon, S., & Reid, L. (2009), 〈Choosing the best (wo)man for the job: The effects of mortality salience, sex, and gender stereotypes on leader evaluations〉, The Leadership Quarterly, 20(2)

16) Harmon-Jones, E., Simon, L., Greenberg, J., Pyszczynski, T., Solomon, S., & McGregor, H.(1997), 〈Terror management theory and self-esteem: Evidence that increased self-esteem reduces mortality salience effects〉, Journal of Personality and Social Psychology, 72

03 일본의 '넷우익'과 한국의 '일베'는 삼쌍둥이? | 넷우익과 혐한

1) 週刊ポスト 2015年5月1日号, 〈韓国大使館施設放火39歳男「俺はこの程度じゃない」が口癖〉

2) 安田浩一(2012), 〈ネットと愛国 在特会の「闇」を追いかけて〉, 講談社
한국어판: 〈거리로 나온 넷우익〉, 김현욱 옮김, 후마니타스, 2013

3) 安田浩一, 山本一郎, 中川淳一郎(2013), 〈ネット右翼の矛盾: 憂国が招く「亡国」〉, 宝島社新書
한국어판: 〈일본 넷우익의 모순〉, 최석완, 임명수 공역, 어문학사, 2015

4) 櫻井よしこ, 〈ネット右翼が偏狭な国粋主義に陥ることを危惧〉, SAPIO 2012年 8月 22・29日号

5) 辻大介(2008), 〈インターネットにおける「右傾化」現象に関する実証研究〉, 財団法人日本証券奨学財団

6) 辻大介(2009),〈調査データから探る「ネット右翼」の実態〉, Journalism, 226号

7) 히구치 나오토(2015),〈폭주하는 일본의 극우주의: 재특회, 왜 재일 코리안을 배척하는가〉, 김영숙 옮김, 미래를소유한사람들

8) 北田暁大(2003),〈ネット世論嗤う日本のナショナリズム―「2ちゃんねる」にみるアイロニズムとロマン主義〉,『世界』第720号, 岩波書店

9) 濱野智史, 佐々木博(2012),〈日本的ソーシャルメディアの未来〉, ソーシャルメディア・セミナー編, 技術評論社

10) JCAST News,〈小林よしのり「フジデモ」痛烈批判「ネトウヨ」は年収200万円以下の下層でしょ?〉, 2011. 10. 4.

11) 鈴木謙介(2005),〈カーニヴァル化する社会, 講談社現代新書

12) 湯浅誠×やまもといちろうリベラル対談,〈ネトウヨは、卒業することを知らない〉, 東洋経済オンライン, 2014. 7. 28.

13) 藤田智博(2011),〈インターネットと排外性の関連における文化差: 日本・アメリカ比較調査の分析から〉, 年報人間科学, 32

14) 齋藤真也(2010),〈2ちゃんねるで議論は成り立つか‐1000 レスの特性と相互連関に着目した分析方法に基づく調査‐〉, 群馬大学 社会情報学部

15) 이일화,〈카운터스〉, 21세기북스, 2016

04 일본의 젊은 우익은 '원피스 보수'? | 젊은 세대의 우경화

1) 다카하시 켄이치로(2016),〈우리의 민주주의거든〉, 조홍민 옮김, 글항아리

2) 古谷経衡(2013),『ネット右翼の逆襲「嫌韓」思想と新保守論』, 総和社

3) 古谷経衡(2014),〈若者は本当に右傾化しているのか〉, アスペクト

4) 香山リカ(2002),〈ぷちナショナリズム症候群―若者たちのニッポン主義〉, 中公新書ラクレ

5) 高原基彰(2006),〈不安型ナショナリズムの時代〉, 洋泉社
   한국어판:〈한중일 인터넷 세대가 서로 미워하는 진짜 이유〉, 정호석 옮김, 삼인, 2007

6) 高原基彰(2010),〈日韓中のナショナリズムと情報社会化によるその変動の比較考察〉, 情報社会学会誌, Vol. 5 No. 2

7) 本田由紀(2006),〈日韓の若者におけるナショナリズムと雇用・教育〉, CREP セミナー報告

8) 山野車輪(2010),『「若者奴隷」時代』, 晋遊舎ムック

9) 高史明(2014),〈日本語 Twitter ユーザーのコリアンについての言説の計量的分析〉

10) 高史明, 雨宮有里, 杉森伸吉(2015),〈大学生におけるインターネット利用と右傾化: イデオロギー在日コリアンへの偏見〉, 東京学芸大学紀要 総合教育科学系, 66(1)

11) 荻上チキ(2007),〈ウェブ炎上: ネット群衆の暴走と可能性〉, 東京: 筑摩書房

12) 申河慶(2010),〈大衆文化からみるBC級戦犯裁判と「責任」〉, 第4回 国際日本学コンソーシアム, 大学院教育改革支援プログラム「日本文化研究の国際的情報伝達スキルの育成」活動報告書

13) 小林よしのり(1998),〈新ゴーマニズム宣言戦争論〉, 幻冬舎; 田中宏己(2002),〈BC 級戦犯〉, ちくま新書

05 그 많던 한류 팬들은 어디로 갔을까 | 한류의 흥망성쇠

1) 간노 도모코, 〈간노 아줌마 기자의 제멋대로 한국 이야기: 한국 오는 日 아줌마 한류 팬 진짜 속내는?〉, JP뉴스, 2010. 5. 9.

2) 安 貞美(2006), 〈日本における韓国大衆文化受容―『冬のソナタ』を中心に〉, 人文社会科学研究 第16号

3) キム・ヒョンミ(2005), 〈韓流と親密性の政治学〉, 『グローバル時代の文化翻訳―ジェンダー、人種'階層の境界を越えて』, 図書出版

4) 松村泰子(2004), 〈テレビに見るジェンダー関係の再生産と変容の契機〉, 視聴率グループ『放送研究と調査』9月号『ジェンダー百書3 -女性とメディア』

5) 구로다 후쿠미, 〈일본이 한국에 관심이 없었던 이유〉, JP뉴스, 2009. 6. 19.

6) 연합뉴스, 〈日 대중문화개방 10년 무엇을 남겼나〉, 2008. 10. 7.

7) 박종성(1994), 〈한국의 매춘〉, 인간사랑

8) 최미솔(2010), 〈일제 시대의 잔재 '기생관광'〉, 한중일 비교문화 논문공모전 수상집

9) 日経ビジネス, 〈韓流ブームに沸き立つ"オオクボ"の磁力:韓流の聖地から見える日本の未来〉, 2012. 2. 20.

10) 加賀美常美代, 朴志仙, 守谷智美, 岩井朝乃(2010), 〈韓国における小学生・中学生・高校生・大学生の日本イメージの形成過程: 日本への関心度と知識との関連から(佐々貴義式(佐々木嘉則)先生追悼記念号)〉, お茶の水女子大学日本言語文化学研究会, 言語文化と日本語教育 Vol. 39

11) 纓坂英子(2008), 〈韓流と韓国・韓国人イメージ〉, 駿河台大学論叢(36)

12) 斉藤慎一, 李津娥, 有馬明恵, 向田久美子, 日吉昭彦(2007), 〈日韓イメージとメディア〉(1~4), 日本社会心理学会大会発表論文集 第48回大会

13) 채지영(2010), 〈일본인의 한국 대중문화 소비 특성에 관한 연구: 한국 드라마 소비를 중심으로〉, 한국심리학회지: 소비자 광고 Vol.11 No.4

14) 채지영, 윤유경(2006), 〈일본인의 한국 대중문화 수용실태 및 소비경험에 관한 연구〉, 한국심리학회지: 소비자 광고 Vol.7 No.3

15) 최상진, 김기범(2011), 〈문화심리학 – 현대 한국인의 심리분석〉, 지식산업사

06 톱스타 아무로 나미에는 왜 기미가요를 부르지 않았나 | 오키나와

* 2008년 방문한 오키나와 평화기념공원 자료관, 히메유리 기념관 등에서 수집한 자료와 시민 단체가 소장하고 있던 과거 〈류큐일보〉, 〈오키나와 타임즈〉 등의 기사를 토대로 했습니다. 오키나와의 역사에 대한 내용은 주로 현지 취재를 통해 얻었으며, 아무로 나미에와 다케토미 섬 관련 내용은 당시 여러 편의 일본 신문 기사를 참고했습니다.

* 본문은 2008년 SBS 블로그에 '좌충우돌 일본 정착기: 슬픈 섬 오키나와 – 끝나지 않은 전쟁'이라는 제목으로 게재했던 글을 업데이트해 다시 쓴 것입니다.

일본인 심리상자

1판 1쇄 발행 | 2016년 8월 25일
1판 7쇄 발행 | 2023년 4월 20일

지은이 유영수
펴낸이 김기옥

경제경영팀장 모민원
기획 편집 변호이, 박지선
마케팅 박진모
지원 고광현, 김형식, 임민진

인쇄 에스제이

펴낸곳 한스미디어(한즈미디어(주))
주소 121-839 서울특별시 마포구 양화로 11길 13(서교동, 강원빌딩 5층)
전화 02-707-0337 | 팩스 02-707-0198 | 홈페이지 www.hansmedia.com
출판신고번호 제 313-2003-227호 | 신고일자 2003년 6월 25일

ISBN 979-11-6007-023-1 03180